Deutsches

Bau- und Nachbarrecht

unter

besonderer Berücksichtigung der preuß. Landesgesetzgebung

von

W. Müller,

Amtsgerichtsrat.

Zweite, umgearbeitete Auflage

des „Baurechts in den landrechtlichen Gebieten Preußens".

Berlin 1903.

Verlag von H. W. Müller.

W. Potsdamerstr. 121 K.

Vorwort zur 1. Auflage.

Zur Herausgabe des vorliegenden Buches veranlaßte mich die in meiner Tätigkeit als Mitglied einer städtischen Baukommission gewonnene Überzeugung, daß in baupolizeilichen und baurechtlichen Fragen im allgemeinen eine große Unsicherheit herrscht, und es z. B. für einen gewissenhaften Verwaltungsbeamten, für den Bauherrn wie für den Bauunternehmer äußerst schwierig ist, sich genügend zu orientieren.

Anfangs war es meine Absicht, beides: das Baurecht und das Baupolizeiwesen, zu bearbeiten.

Es ergab sich indessen bald, daß auf dem Gebiet der Baupolizei so wenig einheitliche gesetzliche Bestimmungen für ganz Preußen existieren, daß das Material, wenn es umfassend sein sollte, nach Provinzen hätte zusammengestellt werden müssen.

Namentlich aber wurde der Umstand entscheidend, daß eine neue Bauordnung in Aussicht steht, durch welche die teils veralteten, teils zu beengenden Vorschriften auf diesem Gebiet eine einheitliche Regelung für den ganzen Umfang der Monarchie erfahren sollen. (Vgl. Reskript des preuß. Ministers für öffentliche Arbeiten v. 28. August 1880.)

Dieses alles bestimmte mich schließlich, die Baupolizei trotz der unternommenen Vorarbeiten vorläufig ganz außer Betracht zu lassen und mich lediglich auf das Baurecht zu beschränken.

Da aber zur vergleichenden Beurteilung unserer Bestimmungen auch die außerpreußische Gesetzgebung Berücksichtigung finden mußte, war es unvermeidlich, dort auch hin und wieder Material aus dem Baupolizeiwesen hineinzuziehen.

Wenn ferner das Buch zwar nur für die landrechtlichen Gebiete Preußens bestimmt ist, so war es doch gerechtfertigt, die namentlich für die Rheinprovinz geltenden Vorschriften des Code civil wenigstens in dem historischen Teil eingehender zu behandeln.

Im übrigen wird das Ganze als ein wenn auch mangelhafter, so doch berechtigter Versuch gelten dürfen: alle in das Baurecht einschlagenden gesetzlichen Bestimmungen vollständig wiederzugeben und das zu ihrer Erläuterung dienende, aber vielfach zerstreute Material aus Entscheidungen der Gerichtshöfe und Werken der Wissenschaft zusammenzufassen.

Nachdem nun seit 20 Jahren auf diesem Gebiete Ausführliches nicht erschienen, dürfte schon deshalb diese Bearbeitung immerhin als ein bequemes Handbuch erwünscht sein, für den Richter nicht weniger wie für den Anwalt.

Eingedenk des Wortes: habent sua fata libelli schließe ich mit dem Wunsche, daß dieses Buch als der erste literarische Versuch eines Praktikers nachsichtige Beurteilung finden möge.

Bocholt, den 2. März 1883.

Vorwort zur 2. Auflage.

Das Inkrafttreten des Bürgerl. Gesetzbuchs für das Deutsche Reich ließ es wünschenswert erscheinen, das noch unter der Geltung der partikulären Rechte entstandene Buch einer neuen Durchsicht zu unterziehen und es den gegenwärtigen Rechtsbestimmungen entsprechend umzugestalten.

Da das Bürgerl. Gesetzbuch über das Gebiet des eigentlichen Baurechts hinausgehend das gesamte Nachbarrecht umfaßt, war auch der Titel der ersten Auflage danach zu erweitern. In Anbetracht, daß das neue Recht auf dem bisherigen Rechte und zwar im wesentlichen auf dem preußischen beruht, ist die bisherige preußische Rechtsprechung im vollen Umfang herangezogen worden, denn die im Gebiete des Allg. Landrechts über streitige Rechtsfragen ergangenen Urteile der Gerichte werden immerhin ein wichtiges Hilfsmittel zur Lösung der auch künftig zu erwartenden Kontroversen bieten.

Eine zusammenfassende Darstellung der hier interessierenden Vorschriften des Reichs- und Landesrechts ist bisher nur für Bayern (von Rechtsanwalt Chr. Meisner in Würzburg) erschienen, und so hofft der Verfasser, daß die Gegenüberstellung der früher und heute geltenden Rechtsgrundsätze unter besonderer Berücksichtigung der preußischen Landesgesetzgebung in vorliegendem Werkchen eine wohlwollende Aufnahme bei dem Fachmann sowohl wie bei Nichtjuristen in Preußen und darüber hinaus finden werde.

Arnsberg, den 15. Juni 1903.

Der Verfasser.

Inhaltsübersicht.

Erster Teil.

Allgemeines.

Zweiter Teil.

Nachbarrechte.

Dritter Teil.

Grunddienstbarkeiten.

Anhang.

Druckfehlerberichtigungen.

S. 38 Zeile 5 v. u.: **in den** statt inden.
„ 46 „ 12 „ „: **zu**zuführen statt zuführen.
„ 55 „ 12: **dieses findet auch bei den §§ 125, 126, 127** I 8 Anwendung, statt daher findet ꝛc.
„ 63 „ 20 v. u.: **Licht** statt Luft.
„ 67 „ 8 „ „: **den** Geltungsbereich statt das.
„ 73 „ 13 „ „: ist das erste Wort „der" zu streichen.
„ 79 „ 8 „ „: **Ein**friedigung statt Befriedigung.
„ 84 „ 9: Ein**bil**dung statt Einblildung.
„ 88 „ 12 v. u.: **Grenz**scheidungsklage statt Grundscheidungsklage.
„ 90 „ 2 „ „: entgegenstehen**den** statt entgegenstehendem.
„ 112 „ 5: Unter**halt**ungspflicht statt Unterstützungspflicht.
„ 116 „ 10: **das** BGB. statt der BGB.

Erster Teil.

Allgemeines.

Kapitel 1.

Rechtshistorisches.

Einleitung.

Das Recht des Eigentümers „seinen Grund und Boden mit Gebäuden zu besetzen“ ist ein Ausfluß des Eigentums am Grundstück. Deshalb gehört das Baurecht zum Sachenrecht, zu dem Recht an körperlichen und zwar speziell unbeweglichen Gegenständen. Wie das Eigentum das Recht der ausschließlichen und unbeschränkten Herrschaft der Person über eine Sache bedeutet, so muß auch die Baufreiheit im Prinzip rechtlich als unbeschränkt gelten, während sie tatsächlich nur soweit ausgeübt werden kann, als die Gesamtheit oder der einzelne nicht darunter leidet.

Aus dieser Kollision ergeben sich die notwendigen Einschränkungen, sowie auch die Scheidung des Bauwesens in Baupolizei und Baurecht, je nachdem die öffentlichen oder die Privatinteressen in Betracht kommen.

Bei dem Baupolizeiwesen ist es der Staat, welcher kraft seiner Polizeigewalt Beschränkungen auferlegt, die als ein Teil des öffentlichen Rechts absolut zu befolgen sind, und durch Vertrag, Verzicht oder Verjährung nicht geändert werden können. Wahrung dieser öffentlichen Interessen ist lediglich Sache der Polizei- resp. Verwaltungsbehörden.

Das Baurecht dagegen, bei welchem das berechtigte Subjekt immer eine Privatperson ist, umfaßt die auf gesetzlichen oder Privatrechtstiteln beruhenden Beschränkungen zum Besten der Nachbarn. Dieselben enthalten dispositives Recht, kommen also nur hilfsweise zur Anwendung, wenn Vertragsbestimmungen nicht vorliegen. Alle hierhin gehörenden Normen sind als Gegenstand des Privatrechts der Entsagung und Verjährung unterworfen, erforderlichen Falles aber einzig und allein im Rechtswege zur Geltung zu bringen, während polizeiliche Mitwirkung hier nur beiläufig und provisorisch eintreten kann.

Mancherlei Berührungspunkte zwischen den baupolizeilichen Vorschriften und dem Baurecht sind unverkennbar, insofern inhaltlich beide vielfach dieselben Rechtsverhältnisse zum Gegenstand haben. Deshalb werden die baupolizeilichen Vorschriften auch als öffentliches Baurecht oder als Baurecht im objektiven Sinne bezeichnet, dagegen die rein rechtlichen Bestimmungen als privates Baurecht zusammengefaßt.

Ein einheitliches Baurecht hat Preußen, soweit mit dem 1. Jan. 1900 die Reichsgesetzgebung kodifizierend gewirkt hat, durch das BGB. erhalten. Dieses behandelt aber in den §§ 906—924 das Baurecht nicht erschöpfend, läßt vielmehr in dem Art. 124 des Einf.Gesetzes der Landesgesetzgebung weiten Spielraum, weil derartige Rechtsmaterien nur nach dem örtlichen Bedürfnis und den territorial gegebenen Verhältnissen größerer oder kleinerer Distrikte geregelt werden können. Um also die Kodifizierung nicht zu hindern, durften hier nur die Grundprinzipien zur gemeinschaftlichen Regelung in das BGB. übernommen werden. Motive III S. 259.

So gibt das BGB. nur die für alle örtlichen Verhältnisse des Deutschen Reiches passenden Normen, während die Landesgesetzgebung die lokalen Besonderheiten der einzelnen Landesteile berücksichtigt.

Bezüglich des Baurechts kommen deshalb für Preußen ferner die durch Art. 89 des Ausf.Gesetzes v. 20. Sept. 1899 aufrecht erhaltenen Paragraphen des ALR. T. I Tit. 8, sowie für die Rheinprovinz die Art. 640—643, 645, 671, 672, 674—681 des code civil in Betracht.

1. Römisches Recht.

Das Baurecht umfaßt also außer den allgemeinen gesetzlichen auch diejenigen Beschränkungen zum Besten des Nachbarn, welche auf besonderm Privatrechtstitel beruhen. Das römische Recht hat zwar die mannigfachsten gesetzlichen Beschränkungen, die sog. Legalservituten, aber speziell im Gebiet des Baurechtes überließ man es doch mehr den Privaten, ihre Nachbarinteressen durch Konstituierung von Servituten zu wahren.

Von diesen Servituten interessieren hier nur die Realservituten, und zwar speziell die servitutes praediorum urbanorum.

Die serv. praediorum sind die ältesten und rühren schon zum Teil aus der Zeit des XII-Tafelgesetzes her, während sämtliche Personalservituten viel später entstanden sind, und überhaupt erst in der Kaiserzeit die Bezeichnung servitus erhielten.

Von den serv. praediorum sind wiederum die ältesten:

1. aquaeductus — 2. haustus — 3. iter — 4. actus — 5. cloaca.

Nur für diese fünf Servituten gibt es besondere Interdikte zu deren possessorischem Schutz, während bezüglich aller übrigen später entstandenen Servituten derartige eigene Interdikte fehlen, und hier andere entsprechende Rechtsmittel Platz greifen mußten.

Von den genannten 5 gehören den XII Tafeln an: aquaeductus — haustus — iter — actus, welche ursprünglich ihre Benennung nach dem unmittelbaren Objekt der resp. Dienstbarkeit hatten, nämlich rivus — aqua — iter — actus. So ist z. B. bei dem haustus Wasserschöpfrecht aqua das unmittelbare Objekt, und deshalb war aqua gleichzeitig die älteste technische Bezeichnnng der Dienstbarkeit selbst; die Ausdrücke haustus oder aquaehaustus gehören erst einer späteren Zeit an.

Diese vier in dem XII-Tafelgesetz schon sich vorfindenden Servituten sind sämtlich servitutes praediorum rusticorum und haben zunächst das Interesse der Landwirtschaft im Auge; während die serv. cloacae als einzige s. praediorum urbanorum in das Baurecht gehört und aus der Zeit des Wiederaufbaues Roms nach dem gallischen Brande im Jahre 390 v. Chr. herstammt.

Die serv. cloacae ist die Berechtigung, die Tage- und Unratswässer in unterirdischen Leitungen durch des Nachbars Grundstück abzuführen. Im alten Rom stand die cloaca privata regelmäßig in Verbindung mit der öffentlichen cloaca maxima, welche sämtliche Abwässer in sich aufnahm. Beim Aufbau Roms nach dem gallischen Brande waren nun verschiedentlich abweichend von den früheren regelmäßigen Straßenfluchten Häuser auf dem Traktus der cloaca maxima erbaut, und damit andere Häuser von letzterer abgeschnitten worden. Dieses ergab das Bedürfnis, durch des Nachbars Grundstück hindurch Privatkloaken anzulegen, um so die Verbindung mit der öffentlichen Kloake zu gewinnen.

Nachdem so gegen Ende des 4. Jahrhunderts v. Chr. die serv. cloacae entstanden war, entwickelten sich weitere Bauservituten im 2. resp. Anfang des 3. Jahrhunderts v. Chr., und zwar in Veranlassung der maßlos zunehmenden städtischen Bevölkerung, was die völlige Umgestaltung der römischen Miethäuser in ihrer baulichen Anlage zur Folge hatte. Vgl. Moritz Voigt in den Berichten der philologisch-historischen Klasse der Kgl. Sächs. Gesellschaft der Wissenschaften, Leipzig 1874 S. 196 ff.

Bereits während des zweiten punischen Krieges von 203 v. Chr. an beginnt die Masseneinwanderung von Italikern nach Rom; 186 v. Chr. wurden schon 12000 Latini et socii ausgewiesen, derartige Ausweisungen wiederholten sich im Jahre 176 (Lex Claudia) und nochmals im Jahre 172. Vgl. Friedländer, Sittengeschichte I, 3 ff.

Bei der dadurch eingetretenen Wohnungsnot verfiel die Spekulation notwendig darauf, an Stelle einstöckiger Häuser nun mehrstöckige zu errichten und auch seitwärts die Höfe und Gärten zu bebauen.

Hieraus aber entwickelten sich ganz neue Rechtsverhältnisse, namentlich gewisse bauliche Eigentumsbeschränkungen, ein spezielles Bauservitutenrecht, besonders auch das Institut des paries communis. Die Erhöhung der Gebäude machte nunmehr die servitus luminum, das Aneinanderrücken der Häuser die servitus stillicidii notwendig; der paries communis rief die servitus oneris ferendi hervor.

Alle diese Ergebnisse fallen in das 2. Jahrhundert, und so hatten sich bis zum Ende der Republik 12 verschiedene Servituten herausgebildet, von welchen hier nur wieder die serv. praediorum urbanorum speziell zu erwähnen sind, und zwar als drei verschiedene Gruppen von Baugerechtigkeiten.

a. jura stillicidiorum:
 1. serv. cloacae mittendae,
 2. — stillicidii fluminisque;
b. jura parietum:
 1. serv. oneris ferendi,
 2. serv. projiciendi;
c. jura luminum.

Diese bisher erwähnten Rechtsinstitute sind nicht als geschlossenes Baurecht in den römischen Rechtsbüchern, sondern zerstreut und zwar bei den Bestimmungen der negatoria actio, cautio damni infecti, aquae pluviae arcendae actio anzutreffen. Dagegen hat die Kaiserzeit, mit welcher die Legalservituten erst in den Vordergrund treten, einige das ganze Baurecht umfassende Gesetze aufzuweisen, so namentlich von den Kaisern Augustus, Nero und Trajan; dann aus dem Jahre 406 n. Chr. Edikte von Arkadius und Honorius. Namentlich aber interessieren hier die bald nach dem großen Brande von Konstantinopel — 469 n. Chr. — entstandenen Bauordnungen des Kaisers Leo I. und seines Nachfolgers Zeno.

Die Bestimmungen des Kaisers Leo und die ersten Erlasse Zenos über den betr. Gegenstand sind in die Konstitutionensammlung des Justinian nicht aufgenommen und für uns völlig verloren. Auch die leges und Edikte der früheren Kaiser sind in die Pandekten vermutlich deshalb nicht aufgenommen, weil die umfassende Bauordnung des Zeno solches überflüssig erscheinen ließ. Sogar letztere war in den für das Abendland gefertigten Abschriften verschwunden, ist erst später wieder aufgefunden in den Handschriften der griechischen Novellen, und findet sich nun in der Konstitutionensammlung von Justinian, wo der Codex lib. VIII tit. 10 de aedificiis privatis, tit. 12 de operibus publicis handelt.

Dieses vom Kaiser Zeno in griechischer Sprache verfaßte Regulativ über die baulichen Anlagen der Privathäuser in Konstantinopel ist von großer Ausführlichkeit, und enthält, wenngleich vorwiegend baupolizeilichen Inhalts, doch auch in vielen Punkten wesentlich baurechtliche Bestimmungen.

Justinian hat später durch ein eigenes Gesetz c. 13 Cod. 8, 10 dieses ursprüngliche Stadtrecht von Konstantinopel zu einem allgemeinen Landesrecht für das ganze römische Kaiserreich erhoben. Später in der Novelle 63 ist dieses dahin deklariert, daß einzelne Vorschriften des Zeno als ausschließlich für Konstantinopel geltend zu betrachten seien. Bei verschiedenen ist diese lokale Beziehung auch schon daraus zu folgern, daß sie nur Bezug haben auf gewisse Eigentümlichkeiten des griechischen Baustils in Konstantinopel.

Im allgemeinen liegt dem Baugesetz des Zeno die Tendenz zu Grunde, in der damals eingeäscherten Stadt die Baulust zu beleben, und deshalb möglichst von allen Beschränkungen der Baufreiheit abzusehen. Daher die Begünstigungen für Häuser von 100 Fuß Höhe.

Während in Rom es noch verboten war, Gebäude über die Höhe von 60 bis 70 Fuß aufzuführen, wurde hier nach c. 12 § 4 Cod. 8, 10 bei Häusern von 100 Fuß Höhe gestattet, dem Nachbar selbst die Aussicht auf das Meer zu entziehen. So auch die Bestimmungen in c. 12 § 5 Cod. 8, 10 über das geringste Maß der Entfernung von angrenzenden Häusern. Bei dem legitimum spatium findet das Fensterrecht Erwähnung mit der Unterscheidung der fenestrae prospectivae und luciferae, sogar mit der Spezialität, daß letztere unter Umständen nur in der Höhe von 6 Fuß über dem Boden des Zimmers zulässig sind, und dabei kein terrassiertes Parket zu dulden sei. c. 12 § 3 Cod. 8, 10. Vgl. auch Vitruvius II, 8 und III, 2.

2. Gemeines deutsches Recht.

Für das gemeine deutsche Recht, welches das römische in Deutschland rezipierte Recht sowie die speziell germanischen Rechtsinstitute in seiner Verschmelzung umfaßt, ist zunächst der Umstand hier von Wichtigkeit, daß alle baupolizeilichen Bestimmungen der Pandekten als Teil des öffentlichen Rechts in Deutschland durchweg keine Anwendung gefunden haben. Dieses gilt von den rein polizeilichen Bestimmungen sowohl, wie auch von denjenigen, welche obschon polizeilicher Natur doch mit privatrechtlichen Wirkungen verbunden sind. Aber auch die rein privatrechtlichen Satzungen konnten teilweise wegen der durch Klima und Kultur bedingten abweichenden Einrichtungen nicht rezipiert werden. Zudem fand sich in Deutschland, als das fremde Recht aufgenommen wurde, ein reiches einheimisches Material vor. Die Rechtsbücher des Mittelalters, namentlich die vielen Stadtrechte mit vollständigem baurechtlichen Apparat, standen schon in altem Ansehen und unbestrittener Geltung; das römische Recht dagegen enthielt gerade bei dieser Materie die meisten Kontroversen in der Praxis wie Wissenschaft. So kann also in diesem Punkt von einer positiven Anwendbarkeit des römischen Pandektenrechts im allgemeinen keine Rede sein. Vgl. Hesse, über die Rechtsverhältnisse zwischen Grundstücksnachbarn II, S. 271 bis 278 und Savigny, System I. S. 69, 73.

Auch unter den speziell germanischen Rechtsinstituten finden sich Einschränkungen bezüglich der Baufreiheit, und zwar in der Form der Servituten wie auch direkt im Gesetz. Hier aber überwiegen wesentlich die Partikularrechte, während die Einheit der Rechtsbildung zu vermissen ist, so daß im allgemeinen auf diesem Gebiet das deutsche Recht gemeinrechtlich nur wenig zu bedeuten hat.

Von gesetzlichen Eigentumsbeschränkungen kennt das deutsche Recht gemeinrechtlich nur den Notweg. In den Partikularrechten aber finden sich daneben als auf dem Gesetz direkt beruhend eine große Zahl, z. B. das Anwenderecht: den Pflug auf des Nachbars Acker zu wenden; das Hammerschlags- oder Tretrecht: des Nachbars Grundstück zu betreten zum Zwecke des Bauens oder Reparierens angrenzender Gebäude; das Leiterrecht: zum gleichen Zweck Gerüste darauf zu errichten; das Licht- und Fensterrecht u. dgl.

Die genannten Eigentumsbeschränkungen auf dem Gebiet des Baurechts sind aber nicht überall als gesetzliche zu finden, sondern häufig ist auch hier dem nachbarlichen Interesse erst geholfen durch Bestellung von Servituten. So kommen das Hammerschlags-, Leiter- und Lichtrecht auch als Gegenstand der eigentlichen Servituten vor, und beruhen also dann lediglich auf besonderem Privatrechtstitel.

Als eine Besonderheit sind zu bezeichnen die deutschrechtlichen Reallasten, deren Wesen und Inhalt in der Verpflichtung zu einem positiven Handeln besteht, im Geben oder Tun, welches dem Eigentümer eines Grundstückes als solchem obliegt. Auch sie können beruhen auf Gesetz, Vertrag oder unvordenklicher Verjährung. Über den Unterschied der Reallasten und Grundgerechtigkeiten vgl. ObTr. Erk. v. 13. Okt. 1859, Entsch. Bd. 42 S. 194; RG. Erk. v. 23. Nov. 1880, Entsch. Bd. 4 S. 132.

3. Königreich Sachsen.

Für das Königreich Sachsen kommt hier das bürgerliche Gesetzbuch v. 2. Jan. 1863 in Betracht, welches dem gemeinen deutschen Recht am nächsten steht. Dieses bürgerliche Gesetzbuch für das Königreich Sachsen beruht zwar nicht lediglich auf dem gemeinen Recht, sondern auf demjenigen Recht, welches sich in Sachsen seit Jahrhunderten durch die Gesetzgebung und Praxis gebildet hat, also auf den Rechtsbüchern des Mittelalters, wesentlich auf dem Sachsenspiegel und auf dem mit diesen Rechtsquellen zusammenhängenden Gerichtsgebrauch. Sachsen hat also ein besonderes einheitliches Recht, in welchem das sog. Sachsenrecht und das gemeine Recht zu einem Ganzen verbunden sind, und welches namentlich durch Einführung entgegengesetzter und veralteter römischer Rechtssätze nicht beeinflußt worden ist. — Vgl. Siebenhaar, Kommentar, Leipzig 1864.

Das bürgerliche Gesetzbuch für Sachsen behandelt im 2. Teil das Sachenrecht, und zwar dort in der 2. Abteilung speziell die Lehre vom Eigentum. Im Abschnitt 7 mit der Überschrift: „Verhältnisse benachbarter Grundstücke" finden sich die gesetzlichen Einschränkungen der Baufreiheit rücksichtlich der Nachbarn in den §§:

1. Notweg.

§ 345. Der Eigentümer eines Grundstücks kann von seinen Nachbarn die Gestattung eines Weges über ihre Grundstücke verlangen, wenn ohne solchen die wirtschaftliche Benutzung seines Grundstücks nicht möglich ist, oder wenn der Aufwand für Anlegung eines anderen, als des von ihm verlangten Weges, oder die aus dem Gebrauche eines vorhandenen anderen Weges entstehende Beschwerde zu dem Nutzen, welchen sein Grundstück gewährt, in keinem Verhältnisse stehen würde. Für die Gestattung des Weges hat der Eigentümer Entschädigung zu leisten.

§ 346. Eine willkürliche Änderung in der wirtschaftlichen Benutzung des Grundstücks oder das persönliche Bedürfnis des Eigentümers berechtigt nicht zu dem Verlangen eines Notweges.

§ 347. Der Notweg ist auf das Bedürfnis des Grundstücks zu beschränken und seine Richtung so festzustellen, daß auf der einen Seite die Grundstücke, über welche er führt, möglichst wenig belästigt, auf der anderen Seite aber dem, welcher den Weg verlangt, nicht unverhältnismäßige Kosten verursacht werden.

§ **348**. Hat jemand dem anderen ein Recht eingeräumt, zu dessen Ausübung ein Weg über das Grundstück des Einräumenden notwendig ist, so wird angenommen, daß der erforderliche Weg unentgeltlich zu gestatten sei.

§ **349**. Hat jemand einen Teil seines Grundstücks an einen anderen veräußert, so muß er diesem, wenn er zur wirtschaftlichen Benutzung des erworbenen Teiles einen Weg über den zurückbehaltenen Teil nötig hat, denselben unentgeltlich einräumen. Hat er zur wirtschaftlichen Benutzung des zurückbehaltenen Teiles einen Weg über den veräußerten Teil nötig, so muß der Erwerber dieses letzteren ihm den Weg zwar einräumen, jedoch gegen Entschädigung.

II. Errichtung, Ausbesserung oder Wiederherstellung eines Bauwerks.

§ **350**. Kann die Errichtung, Ausbesserung oder Wiederherstellung eines Bauwerks nicht bewirkt werden, ohne daß ein Baugerüst auf oder über des Nachbars Boden errichtet wird, oder Baumaterialien auf demselben herbeigeführt oder niedergelegt werden, so ist der Nachbar solches zu dulden schuldig, kann jedoch für den ihm hieraus entstehenden Schaden vom Eigentümer des Bauwerks Ersatz verlangen.

§ **351**. Der Eigentümer eines Bauwerks ist dem Nachbar für den Schaden verantwortlich, welchen die Baufälligkeit desselben verursacht, wenn sie in Fehlern der Bauart oder im Mangel der erforderlichen Erhaltung ihren Grund hat.

III. Benutzung der Grundstücke.

§ **352**. Jeder darf sein Grundstück vollständig benutzen, selbst wenn in dessen Folge der Nachbar an den Nutzungen seines Grundstücks Abbruch erleiden sollte.

§ **353**. Insbesondere ist jeder befugt, auf seinem Grund und Boden Brunnen anzulegen, obschon dem Nachbar dadurch das Wasser entzogen wird, ferner auf seinem Grund und Boden Änderungen, welche die Nutzbarkeit desselben erhöhen, selbst dann vorzunehmen, wenn sie nicht ohne Einfluß auf die Feuchtigkeitsverhältnisse der benachbarten Grundstücke sind.

V. Bauanlagen zum Nachteile des Nachbars.

§ **357**. Der Eigentümer darf sein Gebäude nicht so einrichten, daß Spülwasser oder andere Flüssigkeiten aus demselben auf ein benachbartes Grundstück ablaufen, oder daß die Dachtraufe auf dasselbe fällt.

§ **358**. Dem Eigentümer ist, sofern nicht besondere Gesetze aus Rücksichten auf das allgemeine Beste Ausnahmen bestimmen, nicht erlaubt, auf seinem Grundstücke Vorrichtungen anzubringen, durch welche dem benachbarten Grundstücke zu dessen Nachteile Dampf, Dunst, Rauch, Ruß, Kalk- oder Kohlenstaub in ungewöhnlicher Weise zugeführt wird.

§ **359**. Viehställe, Düngergruben, heimliche Gemächer, Feuerherde, Rauchfänge, Backöfen, Röhrkasten, zur Ableitung des Wassers dienende Rinnen und Gräben und ähnliche Anlagen dürfen nur in solcher Entfernung von des Nachbars Grenze oder unter solchen Vorkehrungen angelegt werden, daß sie dem Grundstücke des Nachbars keinen Schaden bringen, insbesondere auf Gebäude, Grenzmauern und Brunnen keinen nachteiligen Einfluß äußern.

§ 360. Wer sein Grundstück ausgraben, tiefer legen, oder durch einen Graben von dem Grundstücke seines Nachbars trennen will, muß eine solche Böschung oder Vorrichtung bilden, daß der Grund und Boden nicht nachstürzen kann.

VI. Bäume und Hecken.

§ 361. Das Eigentum eines Baumes gehört demjenigen, auf dessen Grund und Boden der Stamm aus der Erde kommt. Steht der Stamm auf der Grenze, so haben die Nachbarn an dem Baume das Miteigentum zu gleichen Teilen.

§ 362. Jeder ist berechtigt, die Wurzeln eines fremden Baumes oder einer fremden Hecke, soweit sie unter seinem Grund und Boden fortlaufen, imgleichen Zweige eines fremden Baumes oder einer fremden Hecke, soweit sie auf seinen Grund und Boden überhängen, abzuschneiden, oder, wenn er die Zweige nicht selbst abschneiden kann oder will, den Eigentümer des Baumes oder der Hecke zum Abschneiden derselben anzuhalten. Die abgeschnittenen Zweige gehören dem Eigentümer des Baumes oder der Hecke, die abgeschnittenen Wurzeln dem Eigentümer des Grundstücks, in welchem sie sich befinden.

§ 363. Auf das Grundstück des Nachbars überhängende Früchte gehören dem Eigentümer des Stammes, welcher jedoch zum Behufe ihrer Abbringung das Grundstück des Nachbars nicht wider dessen Willen betreten darf. Übergefallene Früchte sind Eigentum dessen, welchem der Grund und Boden gehört, auf den sie gefallen sind.

VII. Feststellung der Grenzen.

§ 364. Jeder kann von dem Nachbar verlangen, daß die beiderseitigen Grundstücke durch Grenzsteine oder sonst durch feste erkennbare Zeichen gegeneinander abgeschieden werden.

§ 365. Läßt sich eine Grenze nicht ermitteln, so ist der Teil der Grundstücke, von dem ungewiß ist, zu welchem der benachbarten Grundstücke er gehört, als im Miteigentume der Nachbarn befindlich zu betrachten und unter denselben zu teilen. Bei Bestimmung der Größe der Teile und der Art der Teilung kommt aushilfsweise der bisherige ruhige Besitzstand in Betracht. Bei der Klage auf Feststellung der Grenzen kann auch der Beklagte Verurteilung des Klägers verlangen.

Der § 353 des sächs. BGB. ist erweitert durch § 903 des deutschen BGB., der § 358 des sächs. BGB. desgl. durch § 906 des deutschen BGB., der § 360 des sächs. BGB. durch § 909 des deutschen BGB. Der § 362 des sächs. BGB. ersetzt die §§ 910 und 923 Abs. 2 des deutschen BGB.

Die Grunddienstbarkeiten, also die auf besonderem Privatrechtstitel beruhenden Einschränkungen der Baufreiheit finden sich im 2. Teil 5. Abteilung 2. Abschnitt, und zwar die einzelnen Dienstbarkeiten in den §§ 540 bis 555, von welchen nur zu erwähnen sind:

§ 541. Besteht eine Grunddienstbarkeit in der Befugnis, auf der Mauer, dem Gewölbe, der Säule oder sonst einer Bauanlage des Nachbars ein Bauwerk ruhen zu lassen, so hat der Verpflichtete die Unterlagen in dem Zustande zu erhalten, welchen sie zur Zeit der Auflegung der Last gehabt haben, und dieselben, wenn sie baufällig werden, herzustellen.

§ 542. In der Dienstbarkeit, Balken oder andere Baustücke in die Wand oder Mauer des Nachbars einzulegen, ist das Recht enthalten, die schadhaft oder unbrauchbar gewordenen Balken oder anderen Baustücke wieder herzustellen oder durch neue zu ersetzen.

§ 543. Bei der Dienstbarkeit der Dachtraufe hat der Berechtigte zwischen dem Herabfallen des Regenwassers in Tropfen und der Leitung desselben in Röhren oder Rinnen zu wählen und, sofern dadurch das dienende Grundstück nicht mehr belästigt wird, die Befugnis, die getroffene Wahl zu ändern, auch den Tropfenfall höher oder niedriger zu legen und die Bauart seines Daches zu ändern, selbst wenn damit eine Änderung im Tropfenfalle oder in der Röhren- oder Rinnenleitung verbunden ist.

§ 544. Das Lichtrecht besteht darin, daß auf dem dienenden Grundstücke nichts vorgenommen werden darf, wodurch das für die Öffnung oder den Raum, worauf sich die Dienstbarkeit bezieht, bezweckte Licht entzogen oder geschmälert wird.

§ 545. Ist das Lichtrecht in Bezug auf ein Fenster ohne nähere Bestimmung gestattet, so darf dem Berechtigten der Einfall des Lichtes vom freien Himmel nicht weiter, als bis zur Höhe eines halben rechten Winkels von der Sohlbank des Fensters aufwärts entzogen werden. Wenn das Lichtrecht einem Gebäude im allgemeinen gestattet worden ist, so ist die Höhe des halben rechten Winkels lediglich nach den Lichtöffnungen im Erdgeschosse zu bemessen.

§ 546. Das Recht der Aussicht gibt die Befugnis, auf dem dienenden Grundstück jede neue Anlage zu verwehren, durch welche die bezweckte Aussicht entzogen oder geschmälert wird.

§ 547. Das Recht, ein Fenster in fremder oder gemeinschaftlicher Mauer zu haben, erteilt auch das Lichtrecht; das Recht zur Aussicht aber nur, wenn es besonders erworben worden ist.

Von der Erwerbung der Grunddienstbarkeiten handeln die §§ 567 bis 589, von deren Erlöschen die §§ 590 bis 599.

Die Baupolizei im Königreich Sachsen anlangend, wurden die früher geltenden vereinzelten baupolizeilichen Vorschriften der Generalverordnung v. 7. Febr. 1719, der Dorffeuerordnung v. 18. Febr. 1775, der Verordnungen v. 14. und 23. Juni 1824 resp. 11. Aug. 1841 aufgehoben durch das Gesetz v. 6. Juli 1863, das wegen polizeilicher Beaufsichtigung der Baue zu beobachtende Verfahren betreffend. Erst durch die unterm 27. Febr. 1869 für Städte und Dörfer gesondert erlassenen Baupolizeiordnungen wurden allgemeine landesgesetzliche Vorschriften geschaffen. Diese Baupolizeiordnungen v. 27. Febr. 1869 sind wiederum aufgehoben und ersetzt durch das allgemeine Baugesetz für das Königreich Sachsen v. 1. Juli 1900, welches speziell im § 184 den § 350 des sächs. BGB. aufhebt.

4. Königreich Bayern.

Das Königreich Bayern hat zwar als eines der ersten unter allen deutschen Staaten ein ausführliches Landrecht in deutscher Sprache bekommen, welches (redigiert durch v. Kreittmayer) in 3 Abteilungen publiziert worden ist, als: codex juris bavarici criminalis v. 7. Okt. 1751; codex juris judiciarii v. 14. Dez. 1753; codex Maximilianeus bavaricus civilis v. 2. Jan. 1756. Letzteres, als bayrisches Landrecht gewöhnlich zitiert, hat aber nur Geltung für Oberbayern, Niederbayern und Oberpfalz; daneben gibt es in Bayern ein Rechtsgebiet des französ. Rechts; für die Fürstentümer Ansbach und Bayreuth gilt das preuß. Landrecht; für einzelne Teile das österreichische bürgerliche Gesetzbuch; für ein erhebliches Gebiet das gemeine Recht; daneben außerdem noch über 50 Partikularrechte. Bayern hat überhaupt unter allen deutschen Territorien die meisten Partikularrechte.

Der Erlaß eines allgemeinen bürgerlichen Gesetzbuches war seit dem Anfang dieses Jahrhunderts bestimmt in Aussicht gestellt, namentlich durch den Wortlaut der Verf.Urkunde VIII, 7: „Es soll für das ganze Königreich ein und dasselbe bürgerliche und Strafgesetzbuch bestehen.“ Zu verschiedenen Zeiten, namentlich 1809, 1810, 1832, 1844, 1854 wurde ein solches auch in Angriff genommen, aber es ist nur bis zu einem Entwurf vom Jahre 1861 gekommen. Bayern hat also kein einheitliches bürgerliches Gesetzbuch gehabt; sogar der Staat als Fiskus lebt nach verschiedenen Rechten, da die privilegia fisci nach gemeinem, preußischem und bayrischem Landrecht erheblich voneinander abweichen. Vgl. P. Roth, bayrisches Zivilrecht, 2. Aufl. 1881, Buch I Kap. 1 § 34.

Dementsprechend sind für Bayern auch die Beschränkungen der Baufreiheit, soweit sie rechtlicher Natur und Gegenstand des Privatrechts sind, sehr verschiedenartig. Die auf Gesetz oder Privatrechtstiteln beruhenden Beschränkungen im Interesse der Nachbarn bilden partikularrechtlich ein buntes Gemenge. Bezüglich der gesetzlichen Eigentumsbeschränkungen tritt diese Verschiedenheit namentlich sehr deutlich hervor in den abweichenden Bestimmungen über die bei einzelnen Anlagen einzuhaltenden Entfernungen von der Grenzlinie. Es sind z. B. als Entfernung bestimmt

bei Aborten für München $1\frac{1}{2}$ Fuß, für Nürnberg, Mainz, Augsburg 3 Fuß, für Memmingen 4 Fuß,

bei Mistgruben für München $1\frac{1}{2}$ Fuß, für Memmingen 2 Fuß, für Regensburg 3 Fuß, für Augsburg 4 Fuß,

während in den gemeinrechtlichen Bezirken der Eigentümer auf der Grenzlinie beliebige Anstalten treffen kann, ohne irgend welche Entfernungen von der Grenze einhalten zu müssen. Vgl. Roth, Buch I § 125, 126.

Für das Königreich Bayern ist das Baurecht durch die in dem Ausf.Gesetz zum BGB. v. 9. Juni 1899 gegebenen landesgesetzlichen Bestimmungen speziell geregelt. Über die Aufrechterhaltung der älteren landesgesetzlichen Vorschriften verhält sich Art. 1 des Ausf.Gesetz.

Art. 1. Neben dem BGB. bleiben die Vorschriften des bürgerlichen Rechtes, welche aus der Zeit vor der Erlassung der Verfassungsurkunde v. 26. Mai 1818 stammen, nur insoweit in Geltung, als sie in den Artikeln 56 bis 59, 69, 74 bis 76, 78, 80, 89, 109, 111, 132, 133 des Einf.Gesetzes zum BGB. und im § 16 Nr. 1 des Einf.Gesetzes zur ZPO. vorbehalten sind.

Nachbarrecht.

Art. 62. Sind Fenster weniger als 0,60 m von der Grenze eines Nachbargrundstücks entfernt, das mit Gebäuden versehen ist oder als Hofraum oder Hausgarten dient, so müssen sie auf Verlangen des Eigentümers dieses Grundstücks so eingerichtet werden, daß bis zur Höhe von 1,80 m über dem hinter ihnen befindlichen Boden weder das Öffnen noch das Durchblicken möglich ist. Die Entfernung wird von dem Fuße der Wand, in der sich das Fenster befindet, unterhalb der zunächst an der Grenze befindlichen Außenkante der Fensteröffnung ab gemessen.

Den Fenstern stehen Lichtöffnungen jeder Art gleich.

Art. 63. Balkone, Erker, Gallerien und ähnliche Anlagen, die weniger als 0,60 m von der Grenze eines Nachbargrundstücks abstehen, das mit Gebäuden versehen ist oder als Hofraum oder Hausgarten dient, müssen auf der dem Nachbargrundstücke zugekehrten Seite auf Verlangen des Nachbars mit einem der Vorschrift des Art. 62 entsprechenden Abschlusse versehen werden. Der Abstand wird bei vorspringenden Anlagen von dem zunächst an der Grenze befindlichen Vorsprung ab, bei anderen Anlagen nach Art. 62 Abs. 1 Satz 2 gemessen.

Art. 64. Die Vorschriften der Art. 62, 63 kommen auch gegenüber einem Grundstücke, das einer öffentlichen Eisenbahnanlage dient, zur Anwendung. Die Fenster und anderen Lichtöffnungen sowie der Abschluß der im Art. 63 bezeichneten Anlagen dürfen jedoch so eingerichtet werden, daß sie das Durchblicken gestatten.

Art. 65. Für Fenster, andere Lichtöffnungen und Anlagen der im Art. 63 bezeichneten Art, die sich an der Baulinie befinden, gelten die Vorschriften der Art. 62 bis 64 nicht.

Art. 66. Für die zur Zeit des Inkrafttretens des BGB. bestehenden Lichtöffnungen, Fenster, Balkone, Erker und ähnlichen Anlagen bleiben die bisherigen Vorschriften in Geltung, soweit sie eine geringere Beschränkung bestimmen als die Art. 62 bis 65.

Art. 67. Hat der Eigentümer eines Gebäudes vor dem Inkrafttreten des BGB. nach den Vorschriften des Preuß. Landrechts durch Zeitablauf das Recht erlangt, daß zum Schutze seiner Fenster vor Verdunkelung mit Anlagen auf einem Nachbargrundstück ein bestimmter Abstand eingehalten werden muß, so gilt dieses Recht als Grunddienstbarkeit.

Das Gleiche gilt, wenn der Eigentümer eines Gebäudes vor dem Inkrafttreten des BGB. nach den Vorschriften des Pfälzischen Rechtes durch Zeitablauf das Recht erlangt hat, Fenster, andere Lichtöffnungen oder Anlagen der im Art. 63 bezeichneten Art zu halten, die den gesetzlichen Vorschriften nicht entsprechen.

Art. 68. Werden zwei Grundstücke durch eine Mauer geschieden, zu deren Benutzung die Eigentümer der Grundstücke gemeinschaftlich berechtigt sind, so kann der Eigentümer des einen Grundstücks dem Eigentümer des anderen Grundstücks nicht verbieten, die Mauer ihrer ganzen Dicke nach zu erhöhen, wenn ihm nachgewiesen wird, daß durch die Erhöhung die Mauer nicht gefährdet wird.

Der Eigentümer des Grundstücks, von dem aus die Erhöhung erfolgt ist, kann dem Eigentümer des anderen Grundstücks die Benutzung des Aufbaus verbieten, bis ihm für die Hälfte oder, wenn nur ein Teil des Aufbaus benutzt werden soll, für den entsprechenden Teil der Baukosten Ersatz geleistet wird. Ist der Bauwert geringer als der Betrag der Baukosten, so bestimmt sich der zu ersetzende Betrag nach dem Bauwerte. Die Ersatzleistung kann auch durch Hinterlegung oder durch Aufrechnung erfolgen. Solange das Verbietungsrecht besteht, hat der Berechtigte den Mehraufwand zu tragen, den die Unterhaltung der Mauer infolge der Erhöhung verursacht.

Wird die Mauer zum Zwecke der Erhöhung verstärkt, so ist die Verstärkung auf dem Grundstück anzubringen, dessen Eigentümer die Erhöhung unternimmt. Der nach Abs. 2 von dem Eigentümer des anderen Grundstücks zu ersetzende Betrag erhöht sich um den entsprechenden Teil des Wertes der zu der Verstärkung verwendeten Grundfläche. Verlangt der Eigentümer des Grundstücks, auf dem die Verstärkung angebracht worden ist, die Ersatzleistung, so ist er verpflichtet, dem Eigentümer des anderen Grundstücks das Eigentum an der zu der Mauer verwendeten Grundfläche seines Grundstücks soweit zu übertragen, daß die neue Grenzlinie durch die Mitte der verstärkten Mauer geht; die Vorschriften über den Kauf finden Anwendung.

Art. 69. Ist eine Mauer der im Art. 68 Abs. 1 bezeichneten Art vor dem Inkrafttreten des BGB. von dem Eigentümer des einen Grundstücks erhöht worden, so finden, soweit nach den bisherigen Vorschriften für die Benutzung des Aufbaus seitens des Eigentümers des anderen Grundstücks ein Teil der Kosten zu ersetzen oder eine sonstige Vergütung zu leisten ist, die Vorschriften des Art. 68 Abs. 2, 3 Anwendung, es sei denn, daß die Vergütung schon vor dem Inkrafttreten des BGB. fällig geworden ist.

Art. 70. Hat zur Zeit des Inkrafttretens des BGB. der Eigentümer eines Grundstücks auf Grund eines ihm nach den bisherigen Vorschriften gegenüber dem Eigentümer eines Nachbargrundstücks zustehenden Zwangsrechts eine Mauer, durch welche die Grundstücke geschieden werden, zu gemeinschaftlicher Benutzung zu errichten begonnen, so bleiben diese Vorschriften für das Recht und die Pflicht zur Herstellung der Mauer maßgebend.

Ist eine Mauer, durch welche zwei Grundstücke geschieden werden, von dem Eigentümer des einen Grundstücks auf Grund eines ihm nach den bisherigen Vorschriften gegenüber dem Eigentümer des anderen Grundstücks zustehenden Zwangsrechts zu gemeinschaftlicher Benutzung hergestellt worden, so finden an Stelle der bisherigen Vorschriften, nach welchen im Falle der Benutzung der Mauer seitens des Eigentümers des anderen Grundstücks ein Teil der Kosten zu ersetzen ist, die Vorschriften des Art. 68 Abs. 2, 3 entsprechende Anwendung, es sei denn, daß der Ersatzanspruch schon vor dem Inkrafttreten des BGB. fällig geworden ist.

Art. 71. Der Eigentümer eines Grundstücks kann verlangen, daß auf einem Nachbargrundstücke nicht Bäume, Sträucher oder Hecken, Weinstöcke oder Hopfenstöcke in einer geringeren Entfernung als 0,50 m oder, falls sie über 2 m hoch sind, in einer geringeren Entfernung als 2 m von der Grenze seines Grundstücks gehalten werden.

Zu Gunsten eines Waldgrundstücks kann nur die Einhaltung eines Abstandes von 0,50 m verlangt werden. Das gleiche gilt, wenn Wein oder Hopfen auf einem Grundstück angebaut wird, in dessen Lage dieser Anbau nach den örtlichen Verhältnissen üblich ist.

Art. 72. Gegenüber einem landwirtschaftlich benutzten Grundstücke, dessen wirtschaftliche Bestimmung durch Schmälerung des Sonnenlichts erheblich beeinträchtigt werden würde, ist mit Bäumen von mehr als 2 m Höhe ein Abstand von 4 m einzuhalten. Auf Stein- und Kernobstbäume findet diese Vorschrift keine Anwendung.

Die Einhaltung des im Abs. 1 bestimmten Abstandes kann nur verlangt werden, wenn das Grundstück die bezeichnete wirtschaftliche Bestimmung schon zu der Zeit gehabt hat, zu welcher die Bäume die Höhe von 2 m überschritten haben.

Art. 73. Der nach den Art. 71, 72 einzuhaltende Abstand wird von der

Mitte des Stammes an der Stelle, wo dieser aus dem Boden hervortritt, bei Sträuchern und Hecken von der Mitte der zunächst an der Grenze befindlichen Triebe, bei Hopfenstöcken von der Hopfenstange oder dem Steigdraht ab gemessen.

Art. 74. Die Vorschriften der Art. 71, 72 finden keine Anwendung auf Gewächse, die sich hinter einer Mauer oder einer sonstigen dichten Einfriedigung befinden und diese nicht oder nicht erheblich überragen. Sie gelten ferner nicht für Bäume, die längs einer öffentlichen Straße oder auf einem öffentlichen Platze gehalten werden, sowie für Pflanzungen, die zum Uferschutze, zum Schutze von Abhängen oder Böschungen oder zum Schutze einer Eisenbahn dienen.

Die Vorschrift des Art. 72 Abs. 1 gilt auch nicht für Bäume, die sich in einem Hofraum oder einem Hausgarten befinden.

Im Falle einer Aufforstung kann die Einhaltung des im Art. 72 Abs. 1 bestimmten Abstandes nicht verlangt werden, wenn die Aufforstung nach der Lage des aufzuforstenden Grundstücks der wirtschaftlichen Zweckmäßigkeit entspricht.

Art. 75. Für die zur Zeit des Inkrafttretens des BGB. vorhandenen Bäume, Sträucher und Hecken, Weinstöcke und Hopfenstöcke verbleibt es bei den bisherigen Vorschriften, soweit sie das Halten der Gewächse in einer geringeren als der nach den Art. 71 bis 74 einzuhaltenden Entfernung von der Grenze des Nachbargrundstücks gestatten.

Bei einem Grundstücke, das zur Zeit des Inkrafttretens des BGB. mit Wald bestanden ist, gilt bis zur nächsten Verjüngung des Waldes das gleiche auch für neue Bäume und Sträucher. Im Falle der Verjüngung kann die Einhaltung eines mehr als 2 m betragenden Abstandes nicht verlangt werden. Die Verjüngung gilt im Falle des Plenterbetriebs am 1. Jan. 1900 als eingetreten.

Art. 76. Soweit in den Landesteilen rechts des Rheins nach örtlichem Herkommen bei der Bestellung landwirtschaftlicher Grundstücke die Überschreitung der Grenze eines Nachbargrundstücks gestattet ist (Anwenderecht), bleibt diese Befugnis mit dem bisherigen Inhalte bestehen.

Art. 77. Die im Art. 68 Abs. 2, im Art. 69, im Art. 70 Abs. 2 und im Art. 76 bezeichneten nachbarrechtlichen Befugnisse erlöschen durch Verzicht des Berechtigten. Der Verzicht erfolgt durch Erklärung gegenüber dem Eigentümer des Nachbargrundstücks. Die Erklärung muß im Falle des Art. 76 in öffentlich beglaubigter Form abgegeben werden.

Ist das Grundstück des Berechtigten mit dem Rechte eines Dritten belastet, so finden die Vorschriften des § 876 des BGB. entsprechende Anwendung. Im Falle der Belastung mit einer Reallast, einer Hypothek, einer Grundschuld oder einer Rentenschuld ist der Verzicht auf das im Art. 68 Abs. 2, im Art. 69 und im Art. 70 Abs. 2 bezeichnete Verbietungsrecht dem Dritten gegenüber wirksam, wenn er erfolgt, bevor das Grundstück zu Gunsten des Dritten in Beschlag genommen worden ist.

Art. 78. Die sich aus den Vorschriften der Art. 62 bis 66 und des Art. 68 Abs. 1 ergebenden Ansprüche unterliegen nicht der Verjährung. Der Anspruch auf Beseitigung eines die Vorschriften der Art. 71 bis 75 verletzenden Zustandes verjährt in fünf Jahren. Die Verjährung beginnt mit dem Ablaufe des Kalenderjahres, in welchem die Verletzung erkennbar wird.

Werden Gewächse, in Ansehung deren der Anspruch verjährt ist, durch neue ersetzt, so ist die vollendete Verjährung ohne Einfluß auf das Recht des Eigentümers des Nachbargrundstücks, in Ansehung der neuen Gewächse die Einhaltung des in den Art. 71 bis 74 und im Art. 75 Abs. 2 vorgeschriebenen Abstandes zu verlangen.

Art. 79. Ein Anwenderecht erlischt mit dem Ablaufe von zehn Jahren nach der letzten Ausübung. Die für die Verjährung geltenden Vorschriften der §§ 202 bis 207, 209 bis 212, 216, 217, 219, 220 des BGB. finden entsprechende Anwendung.

Art. 80. Die Vorschrift des § 26 der Gewerbeordnung findet auf Eisenbahn-, Dampfschiffahrts-, und ähnliche Unternehmungen, welche dem öffentlichen Verkehre dienen, entsprechende Anwendung.

Die auf Privatrechtstiteln beruhenden Eigentumsbeschränkungen bezeichnet das bayrische Landrecht als Dienstbarkeiten, bayr. LR. II, 7, 1. Ueber die Arten ihrer Entstehung finden sich Besonderheiten nicht. Vgl. Roth, § 153, Buch I. Entstehung durch Vertrag, bayr. LR. II, 7, 3 Nr. 1. Durch letztwillige Verfügung und durch Ersitzung, bayr. LR. II, 9, 2. Dasselbe gilt vom Verlust der Grunddienstbarkeiten, vgl. Roth § 154. Dem § 43 I, 22 preuß. ALR. entspricht bayr. LR. II, 7, 7, nämlich daß in dem Zulassen von Veranstaltungen, welche die Ausübung der Dienstbarkeit hindern, ein stillschweigender Verzicht liegt.

Die Grunddienstbarkeiten anlangend, gelten

I. für das ganze Königreich

die Art. 10—18

Eintragung von Grunddienstbarkeiten.

Art. 10. Grunddienstbarkeiten, die zu der Zeit bestehen, zu welcher das Grundbuch als angelegt anzusehen ist, müssen zur Erhaltung der Wirksamkeit gegenüber dem öffentlichen Glauben des Grundbuchs in das Grundbuch eingetragen werden. Der Eintragung sind Grunddienstbarkeiten, mit denen das Halten einer dauernden Anlage verbunden ist, so lange nicht unterworfen, als die Anlage besteht.

Der Beginn und die Dauer der Frist für die Anmeldung der einzutragenden Grunddienstbarkeiten werden durch Königliche Verordnung bestimmt; die Frist muß jedoch mindestens sechs Monate betragen.

Die Bestimmung der Frist kann für einzelne Grundbuchbezirke und für einzelne Arten von Grunddienstbarkeiten gesondert erfolgen.

Die Eintragung und die Entgegennahme der Erklärungen, die zum Zwecke der Eintragung vor dem Grundbuchamt abgegeben werden, sind gebührenfrei.

Erlöschen nicht eingetragener Grunddienstbarkeiten.

Art. 11. Von der Zeit an, zu welcher das Grundbuch als angelegt anzusehen ist, gelten für das Erlöschen von Grunddienstbarken, die nach den bisherigen Vorschriften entstanden und nicht in das Grundbuch eingetragen sind, die Vorschriften der Art. 12 bis 17.

Art. 12. Zur Aufhebung der Grunddienstbarkeit ist die Erklärung des Berechtigten gegenüber dem Eigentümer erforderlich, daß er die Dienstbarkeit aufgebe; die Erklärung muß in öffentlich beglaubigter Form abgegeben werden.

Die Vorschriften des § 876 des BGB. finden entsprechende Anwendung.

Art. 13. Die Grunddienstbarkeit erlischt mit dem Ablaufe von zehn Jahren nach der letzten Ausübung. Hat eine Ausübung nicht stattgefunden, so beginnt die zehnjährige Frist mit dem Zeitpunkte, von dem an die Ausübung zulässig war. Die für die Verjährung geltenden Vorschriften der §§ 202 bis 207, 209 bis 212, 216,

217, 219, 220 des BGB. und des Art. 169 des Einf.Gesetzes zum BGB. finden entsprechende Anwendung.

Der Lauf der Erlöschungsfrist wird nicht dadurch gehemmt, daß die Dienstbarkeit nur zeitweilig ausgeübt werden kann; die Frist endigt jedoch in diesem Falle nicht, bevor die Zeit, zu welcher die Ausübung zulässig war, zum zweiten Male eingetreten und seit dem zweiten Eintritt ein Jahr verstrichen ist.

Art. 14. Die Grunddienstbarkeit erlischt, wenn sie sich mit dem Eigentum an dem belasteten Grundstücke vereinigt.

Art. 15. Ist die Grunddienstbarkeit dem Eigentümer unbekannt, so kann der Berechtigte mit seinem Rechte im Wege des Aufgebotsverfahrens ausgeschlossen werden.

Das Aufgebot erstreckt sich nicht auf Grunddienstbarkeiten, mit denen das Halten einer dauernden Anlage verbunden ist, solange die Anlage besteht.

Art. 16. Für das Aufgebotsverfahren gelten die nachfolgenden besonderen Bestimmungen.

Zuständig ist das Gericht, in dessen Bezirke das belastete Grundstück liegt.

Antragsberechtigt ist der Eigentümer des belasteten Grundstücks.

Der Antragsteller hat die ihm bekannten Grunddienstbarkeiten anzugeben und einen beglaubigten Plan seines Grundstücks vorzulegen, aus dem die angrenzenden Grundstücke ersichtlich sind.

Die öffentliche Bekanntmachung des Aufgebots erfolgt durch Anheftung an die Gerichtstafel und in der Gemeinde, in deren Bezirke das belastete Grundstück liegt, an die für amtliche Bekanntmachungen bestimmte Stelle sowie durch einmalige Einrückung in das für die Bekanntmachungen des Gerichts bestimmte Blatt. Das Aufgebot soll denjenigen, welche im Grundbuch als Eigentümer der angrenzenden Grundstücke eingetragen sind, und den Erben eines eingetragenen Eigentümers, sofern sie dem Gerichte bekannt sind, von Amts wegen zugestellt werden. Die Zustellung kann durch Aufgabe zur Post erfolgen.

Die Aufgebotsfrist muß mindestens drei Monate betragen; sie beginnt mit der Einrückung in das im Abs. 5 bezeichnete Blatt.

In dem Aufgebot ist den Berechtigten, welche sich nicht melden, als Rechtsnachteil anzudrohen, daß ihre Grunddienstbarkeiten erlöschen, sofern nicht die Rechte dem Antragsteller bekannt sind.

Eine öffentliche Bekanntmachung des wesentlichen Inhalts des Ausschlußurteils findet nicht statt.

Art. 17. Wird in Ansehung eines Grundstücks, für das ein Ausschlußurteil ergangen ist, von einem anderen Antragsberechtigten neuerdings das Aufgebot beantragt, so gelten die in dem früheren Verfahren von dem Antragsteller angegebenen oder von dem Berechtigten angemeldeten Grunddienstbarkeiten als dem Antragsteller bekannt.

Art. 18. Die Vorschriften der Art. 15 bis 17 gelten von dem Inkrafttreten des BGB. an auch für die Zeit, bevor das Grundbuch als angelegt anzusehen ist.

Das Aufgebot erstreckt sich nicht auf Grunddienstbarkeiten, die in den Landesteilen rechts des Rheins in das Hypothekenbuch eingetragen oder zur Eintragung angemeldet, in der Pfalz in dem Verfahren zur Anlegung des Grundbuchs angemeldet sind.

Als eingetragene Eigentümer im Sinne des Art. 16 Abs. 5 gelten in den Landesteilen rechts des Rheins diejenigen, welche im Hypothekenbuch als Besitzer eingetragen sind, bei Grundstücken, die ein Blatt im Hypothekenbuche nicht haben, sowie in der Pfalz die im Grundsteuerkataster als Besitzer Bezeichneten.

II. für die Landesteile rechts des Rheins:

Grunddienstbarkeiten.

Art. 44. Von der Verkündung dieses Gesetzes an kann die Eintragung von Grunddienstbarkeiten in das Hypothekenbuch von dem Berechtigten und von dem Eigentümer des belasteten Grundstücks verlangt werden: die Kosten sind von demjenigen zu tragen und vorzuschießen, welcher die Eintragung verlangt. Die Löschung einer vorher erfolgten Eintragung kann nicht aus dem Grunde verlangt werden, weil die Grunddienstbarkeit nicht zu den einzutragenden Rechten gehörte.

Bei der Eintragung kann zur näheren Bezeichnung des Inhalts der Grunddienstbarkeit auf die Eintragungsbewilligung Bezug genommen werden. Die Vorschriften des § 9 Abs. 1 der Grundbuchordnung finden entsprechende Anwendung.

Die Eintragung einer Grunddienstbarkeit gilt von der Zeit an, zu welcher das Grundbuch als angelegt anzusehen ist, als Eintragung im Grundbuche. Die Eintragung eines Widerspruchs gegen die Richtigkeit der Eintragung ist schon vorher zulässig.

Art. 45. Die im Art. 191 Abs. 2 des Einf.Gesetzes zum BGB. zum Schutze der Ausübung von Grunddienstbarkeiten gegebenen Vorschriften gelten von dem Inkrafttreten des BGB. an auch für die Zeit, bevor das Grundbuch als angelegt anzusehen ist.

5. Königreich Württemberg.

H. Lang, Handbuch des im Königreich Württemberg geltenden Sachenrechts, Ellwangen 1876.

Für das Königreich Württemberg wurde die revidierte Bauordnung v. 2. Jan. 1655 außer Kraft gesetzt durch die neue allgemeine Bauordnung; Gesetz v. 6. Okt. 1872.

Dieselbe behandelt in 95 Artikeln die Materie nach folgenden Gesichtspunkten:

Abschnitt I. Von der Bauberechtigung und den Bauvorschriften im allgemeinen.
„ II. Von der Anlage der Orte und von den Ortsstraßen.
„ III. Von den für die einzelnen Bauten maßgebenden polizeilichen Bestimmungen:
Kap. I. Allgemeine Bestimmungen.
„ II. Stellung und Lage der Bauten.
„ III. Konstruktion der Bauten.
„ IV. Die nachbarrechtlichen Bestimmungen.
„ V. Zuständigkeit der Behörden und Verfahren in Bausachen.

Art. 1. Der Eigentümer eines Grundstücks ist berechtigt, auf demselben innerhalb seiner Eigentumsgrenze nach seinem Ermessen zu bauen, sofern er nicht durch Reichsgesetz oder durch die in dem gegenwärtigen Gesetze begründeten polizeilichen und nachbarrechtlichen Vorschriften beschränkt ist.

Diese neue allgemeine Bauordnung für Württemberg enthält also vorwiegend baupolizeiliche Vorschriften, und nur in dem Abschnitt III, „nachbarrechtliche Bestimmmungen" betitelt, in den Art. 56 bis 73 inkl. finden sich baurechtliche Prinzipien, und zwar die durch Gesetz begründeten Eigentumsbeschränkungen zum Besten der Nachbarn.

Die Baupolizei anlangend, hat nun aber Württemberg keineswegs einheitliche zwingende Bestimmungen; denn nach Art. 2 können weitere polizeiliche Vorschriften nach den Bedürfnissen der einzelnen Gemeinden durch Ortsbaustatute aufgestellt werden. So hat denn namentlich Stuttgart ein auf Grund des Art. 2 erlassenes besonderes Ortsbaustatut mit Gültigkeit seit dem 15. Juli 1874.

Zu der neuen allg. Bauordnung ist noch eine Königl. Verordnung v. 16. Dez. 1872 erlassen über die Zuständigkeit der Regierungsbehörden in Baupolizeisachen, sodann eine ministerielle Verf. v. 26. Dez. 1872 über Feuerungseinrichtungen, schließlich gilt selbständig daneben die Kaminfegerordnung v. 27. Mai 1868.

Selbstredend kommen dann weiter die durch die Reichsgesetze gegebenen allgemeinen polizeilichen Beschränkungen der Baubefugnis in Betracht, namentlich die Reichsgewerbeordnung v. 21. Juni 1869. — Vgl. Auszug der zutreffenden Paragraphen: Bitzer, neue allg. Bauordnung, Stuttgart 1881 S. 123 bis 130 — und Bekanntmachung des Reichskanzlers v. 5. Aug. 1890 über die Anlegung von Dampfkesseln.

Die baurechtlichen Beschränkungen und zwar die durch Gesetz begründeten sind unter der Bezeichnung „Nachbarrechtliche Bestimmungen" also im Abschnitt IV resp. in den Art. 56—73 festgesetzt. An die Stelle dieses IV. Abschnitts der neuen allgemeinen Bauordnung v. 6. Okt. 1872 treten die Vorschriften der Art. 219—254 des Ausf.Gesetzes zum BGB. für das Königreich Württemberg v. 28. Juli 1899.

Nachbarrechtliche Bestimmungen in Bezug auf Gebäude und andere Bauwesen.

Art. 219. Wird ein Gebäude so nahe an der Grenze des benachbarten Grundstücks errichtet, daß die Kante der Bedachung, von welcher der Regen abfällt, nicht wenigstens 0,50 m von der Grenze absteht, so hat der Eigentümer des Gebäudes die Dachtraufe in einer stets in gutem Zustand zu erhaltenden Rinne aufzufangen und auf seinem eigenen Grunde so abzuleiten, daß das benachbarte Grundstück nicht dadurch belästigt wird.

Art. 220. Will der Eigentümer eines Gebäudes, der auf Grund einer Dienstbarkeit das Dachwasser des Nachbarn durch seine eigene Rinne abzuführen verpflichtet ist, sein Gebäude erhöhen, und ist hiermit das Fortbestehen der bisherigen Dienstbarkeit nicht vereinbar, so darf die Erhöhung jedenfalls nur in der Weise geschehen, daß der andere an der Anlegung einer eigenen Dachrinne nicht gehindert ist; auch ist demselben der durch die Änderung entstehende Schaden von dem höher Bauenden zu vergüten.

Art. 221. Dem Eigentümer ist nicht gestattet, Küchenwasser oder andere Flüssigkeiten aus seinem Gebäude auf das Grundstück des Nachbars abzuleiten. Ausgüsse sind auch da, wo es polizeilich nicht geboten ist, mit einer bis auf den Boden gehenden Röhre zu versehen, insoferne dies zum Schutze des benachbarten Grundstücks erforderlich ist.

Art. 222. Steht die Umfassungswand eines Gebäudes nicht wenigstens 0,60 m von der Grenze zurück, so sind die darin angebrachten Lichtöffnungen mit fest eingelassenen eisernen Gitterstäben oder mit starkem, unbeweglich angebrachtem Metallgeflecht zu verwahren. Die Gitter dürfen nicht über 100 qcm, das Geflecht nicht über 10 qcm weite Öffnungen haben.

Dieselben Bestimmungen sind auch für bedeckte Altane, Erker oder Gallerien maßgebend, wenn deren äußerster Vorsprung nicht wenigstens 0,60 m von der Grenze zurücksteht. Sind derartige Gebäudeteile unbedeckt, so muß das Gitter an denselben, vom Boden der Altane &c. aus gemessen, eine Höhe von mindestens 2 m erhalten.

Das Recht auf Luft und Licht befreit von dieser Verpflichtung und erteilt die Befugnis, einen auf dem dienenden Grundstücke beabsichtigten Bau zu untersagen, wenn dieser nicht 1 m von der Eigentumsgrenze entfernt bleibt.

Art. 223. Abtritte, Düngerstätten, Jauchenbehälter, Ställe, Brunnen, Wasserleitungen und andere ähnliche Anlagen dürfen nur in solcher Entfernung von des Nachbars Grenze oder unter solchen Vorkehrungen angebracht werden, daß sie dem Grundstücke des Nachbars keinen Schaden bringen, insbesondere auf Gebäude, Einfriedigungen und Brunnen keinen nachteiligen Einfluß ausüben.

Art. 224. Bei der Errichtung neuer Gebäude außerhalb des geschlossenen Wohnbezirks oder Ortsbauplans ist der Bauende verbunden, zu Gunsten landwirtschaftlich benützter Nachbargrundstücke eine angemessene Entfernung von der Eigentumsgrenze einzuhalten.

Das Maß dieser Entfernung wird durch das Ortsbaustatut bestimmt. In Ermanglung einer solchen Bestimmung muß die Entfernung zwischen den einander zunächst gelegenen Punkten des Gebäudes und des nachbarlichen Grundstücks wagrecht gemessen der Wandhöhe der dem nachbarlichen Grundstücke gegenüberstehenden Trauf- oder Giebelseite des Gebäudes gleichkommen.

Dieselben Grundsätze gelten auch bezüglich der Erhöhung bereits bestehender, außerhalb des geschlossenen Wohnbezirks oder des Ortsbauplans belegener Gebäude.

Unter den in Abs. 1 enthaltenen Voraussetzungen ist der Bauende verbunden, sein Grundstück insoweit und in der Art einzufriedigen, als es zum Schutze des nachbarlichen Eigentums erforderlich ist.

Von Aufbereitungen auf Grundstücken.

Art. 225. Aufschichtungen von Holz, Brettern, Faßdauben und dergleichen, Heu-, Frucht-, Stroh-, Komposthaufen und ähnliche Anlagen, welche nicht über 2 m hoch sind, müssen 0,50 m von der Grenze entfernt bleiben. Sind diese Aufschichtungen und Anlagen höher, so muß der Abstand um so viel über 0,50 m betragen, als ihre Höhe das Maß von 2 m übersteigt.

Eine Entfernung von 0,50 m ist einzuhalten bei Gerüsten und ähnlichen Anlagen, sofern nicht die Beschaffenheit der Anlage eine größere Entfernung zur Abwendung eines Schadens erfordert.

Von der Erhöhung der Grundstücke.

Art. 226. Wer den Boden seines Grundstücks über die Oberfläche des Nachbargrundstücks erhöhen will, muß einen solchen Abstand von der Grenze einhalten oder solche Vorkehrungen treffen und unterhalten, daß eine Schädigung des Nachbargrundstücks durch Absturz oder Pressung des Bodens ausgeschlossen ist. Diese Verpflichtung geht auf den späteren Eigentümer über.

Welcher Abstand einzuhalten oder welche Vorkehrung zu treffen ist, wenn ein Schutz des Nachbargrundstücks als erforderlich erscheint, entscheidet sich nach Gestalt des einzelnen Falles, wobei von den in Art. 227 Abs. 1 enthaltenen, als Regel geltenden Vorschriften auszugehen ist.

Art. 227. Bei Erhöhungen muß die erhöhte Fläche für die Regel entweder durch Errichtung einer Mauer von genügender Stärke oder durch eine andere gleich sichere Befestigung oder eine Böschung von nicht mehr als 45° Steigung befestigt werden, wenn die Kante der erhöhten Fläche nicht denjenigen Abstand von der Grenze wagrecht gemessen einhält, welcher dem doppelten Höhenunterschied zwischen der Grenze und der Kante der Erhöhung gleichkommt.

Die Außenseite der Mauer oder sonstigen Befestigung oder der Fuß der Böschung muß, wenn das Nachbargrundstück außerhalb des geschlossenen Wohnbezirks und des Ortsbauplans (Art. 246) gelegen ist, einen Abstand von 0,30 m von der Grenze einhalten; doch sind Stützmauern für Weinberge von Einhaltung dieses Abstandes befreit.

Von der Beschaffenheit der Einfriedigungen an der Grenze.

Art. 228. Bei Zäunen, welche von der Grenze nicht wenigstens 0,50 m abstehen, müssen die Zaunstücke auf der Seite des Eigentümer des Zaunes befestigt werden.

Freistehende Mauern mit einem geringeren Abstand von der Grenze als 0,50 m dürfen nicht gegen das Nachbargrundstück abgedacht werden (vgl. auch Art. 247).

Von den Abständen der Einfriedigungen und Pflanzenanlagen.

a. Außerhalb des geschlossenen Wohnbezirks und des Ortsbauplans.

Art. 229. In betreff der Abstände der toten Einfriedigungen, der Hecken, der sonstigen Pflanzenanlagen sowie der Vorrichtungen zur Aufpflanzung von Spalierbäumen und ähnlichen Gewächsen von der Grenze gelten, was das Verhältnis zu denjenigen Nachbargrundstücken betrifft, welche außerhalb des geschlossenen Wohnbezirks und des Ortsbauplans (Art. 246) gelegen sind, die nachstehend in den Art. 230 bis 238 enthaltenen Bestimmungen.

Art. 230. Mit toten Einfriedigungen jeder Art muß gegenüber von Grundstücken, welche regelmäßig mit Gespann bearbeitet werden, wenn die Einfriedigungen nicht höher als 1,50 m sind, ein Abstand von 0,50 m, wenn sie höher sind, mit Ausnahme von Drahtzäunen und Schranken, ein um das Maß der Mehrhöhe größerer Abstand eingehalten werden.

Von Weinbergen müssen tote Einfriedigungen, wenn sie auf die südliche, südöstliche oder südwestliche Seite der Weinberge zu stehen kommen, so weit entfernt bleiben, als sie hoch sind. Nur für Drahtzäune und Schranken gelten die in Abs. 3 dieses Art. für solche festgesetzten Bestimmungen.

Gegenüber von anderen Grundstücken (vgl. übrigens Art. 237) dürfen freistehende Mauern und andere geschlossene Einfriedigungen bis zur Höhe von 1 m, Lattenzäune, bei welchen die Abstände der Latten mindestens der Breite der letzteren gleichkommen, Staketen-, Gitter- und Drahtzäune, Schranken und dergleichen bis zur Höhe von 1,50 m ohne Einhaltung eines Abstandes an die Grenze gesetzt werden.

Einfriedigungen der letzteren Art (Lattenzäune u. s. w.) dürfen gegenüber von Wechselfeldern, welche zeitweilig zur Weide benützt werden, gleichfalls bis zu 1,50 m Höhe ohne Einhaltung eines Abstandes an die Grenze gesetzt werden.

Übersteigt die Höhe dieser Einfriedigungen (Abs. 3 und 4) die vorbezeichneten Maße, so müssen sie mit Ausnahme von Drahtzäunen und Schranken um das Maß der Mehrhöhe von der Grenze abgerückt werden.

Art. 231. Hecken müssen von der Grenze 1 m, von der Mitte der Stämme der dieser am nächsten kommenden Pflanzen bei deren Austritt aus dem Boden ab gemessen, abstehen und dürfen bei diesem Abstand keine größere Höhe als eine solche von 1,50 m erreichen. Bei größerem Abstand darf ihre Höhe das Maß von 1,50 m um so viel überschreiten, als der Abstand mehr als 1 m beträgt.

Von Weinbergen müssen Hecken 4 m entfernt bleiben.

Die Seitenzweige der Hecken sind stets bis zur Hälfte des vorgeschriebenen Abstands zurückzuschneiden. Hecken hinter geschlossenen Einfriedigungen sind von der Einhaltung eines Abstandes befreit, wenn sie die Einfriedigung nicht überragen.

Von überragenden Wurzeln und Zweigen.

Art. 241. Für die Rechte des Eigentümers eines Grundstücks in Ansehung der auf dem Nachbargrundstück stehenden Obstbäume sowie in Ansehung der auf benachbarten öffentlichen Wegen und deren Zubehörden oder längs der öffentlichen Wege sowie auf öffentlichen Plätzen und Anlagen gepflanzten Bäume überhaupt sind die Vorschriften des § 910 des BGB. nur insoweit maßgebend, als nicht in den Art. 242—244 anderweitige Bestimmungen getroffen sind.

Art. 242. Wenn Zweige eines auf einem Grundstück stehenden Obstbaums in das Nachbargrundstück hinüberragen, so kann der Eigentümer des letzteren verlangen, daß der überragende Teil der Zweige bis zur Höhe von 2,50 m, vom Boden ab bis zu den unteren Zweigspitzen gemessen, von dem Eigentümer des anderen Grundstücks beseitigt wird.

Der Eigentümer des anderen Grundstücks ist jedoch zur Beseitigung der Zweige nur in der Zeit vom 1. Okt. bis 31. März verpflichtet. Außerdem hat die Beseitigung nur innerhalb einer dem Umfang der Arbeit entsprechenden Frist, jedenfalls aber innerhalb der Frist von drei Jahren einzutreten. Ausnahmsweise kann die sofortige Beseitigung, wenn hierfür ein dringendes Bedürfnis vorhanden ist, verlangt werden.

Art. 243. Die Beseitigung herüberragender Zweige kann auf die volle Höhe des Obstbaums verlangt werden, wenn das benachbarte Grundstück ein Hofraum ist, oder die Zweige über ein auf dem benachbarten Grundstück stehendes Gebäude hereinragen oder den Bestand oder die Benützung eines Gebäudes beeinträchtigen. Gleiches gilt, wenn durch die herüberragenden Zweige die Aufführung eines Gebäudes unmöglich gemacht oder erschwert wird.

Gegenüber von Grundstücken, welche ständige Weide, Heide, Ödung oder sonst landwirtschaftlich nicht benützt sind und weder gewerblichen noch öffentlichen oder gemeinnützigen Zwecken dienen, greifen die Bestimmungen in Art. 242 und die Bestimmungen des Abs. 1 nicht Platz, vielmehr sind die Eigentümer dieser Grundstücke zur Duldung der auf die letzteren herüberragenden Zweige von Obstbäumen verpflichtet und zur Beseitigung der eingedrungenen Wurzeln von Obstbäumen nur insoweit befugt, als dies bei Vornahme eines Wegbaues, der Ausführung eines Bauwesens, einer Wasserleitung, einer Drainierung oder der Einrichtung einer elektrischen Leitung erforderlich wird.

Art. 244. Bei Bäumen, welche auf öffentlichen Wegen oder deren Zubehörden

(Nebenwegen, Dämmen, Böschungen) oder längs der öffentlichen Wege gepflanzt werden, kann der angrenzende Eigentümer die Beseitigung der in sein Eigentum herüberragenden Zweige bis zur Höhe von 2 m vom Boden ab bis zu den unteren Zweigspitzen gemessen verlangen, dagegen steht ihm ein Recht auf Beseitigung der in sein Eigentum eingedrungenen Wurzeln nicht zu.

Bei den am 1. Jan. 1894 auf öffentlichen Plätzen und Anlagen vorhanden gewesenen Bäumen steht dem angrenzenden Eigentümer ein Recht auf Beseitigung der in sein Eigentum herüberragenden Zweige oder eingedrungenen Wurzeln nicht zu.

Eigentümer eines Obstbaumguts, in welches aus einem angrenzenden Obstbaumgut Zweige herüberragen oder Wurzeln eingedrungen sind, haben diese zu dulden.

Die Beseitigung herüberragender Zweige kann in den Fällen des Abs. 1—3 auf die volle Höhe des Baums verlangt werden, wenn die Zweige über ein auf dem benachbarten Grundstück stehendes Gebäude hereinragen oder den Bestand oder die Benützung eines Gebäudes beeinträchtigen. Gleiches gilt, wenn durch die herüberragenden Zweige die Aufführung eines Gebäudes unmöglich gemacht oder erschwert wird.

Die Beseitigung der eingedrungenen Wurzeln ist in den Fällen des Abs. 1—3 zulässig, soweit sie bei Vornahme eines Wegbaues, der Ziehung eines Grabens, der Ausführung eines Bauwesens, einer Wasserleitung, einer Drainierung oder der Einrichtung einer elektrischen Leitung erforderlich wird.

Art. **245.** Der Eigentümer eines Waldgrundstücks, in welches Zweige und Wurzeln der Bäume und Sträucher eines anderen, zur Zeit des Inkrafttretens des BGB. bereits mit Wald bestandenen Grundstücks herüberragen, ist die Zweige und Wurzeln zu dulden verpflichtet.

Abgesehen von der in Abs. 1 enthaltenen Vorschrift kann die Beseitigung herüberragender Zweige von Bäumen oder Sträuchern, welche an dem südwestlichen, westlichen oder nordwestlichen Trauf von am 1. Jan. 1894 bereits vorhanden gewesenen, rein oder vorwiegend mit Nadelholz bestockten Waldungen stehen, nicht verlangt werden, wenn hiedurch der Fortbestand von Bäumen gefährdet würde, welche zum Schutze des hinterliegenden Waldes erforderlich sind.

Diese Vorschriften bleiben nur bis zur nächsten Verjüngung des Waldes in Kraft. Auch finden die in Art. 243 und 244 Abs. 5 enthaltenen Bestimmungen Anwendung.

Die Bestimmungen des IV. Abschnitts sind — wie Lang, Württembergsches Sachenrecht § 24 besonders betont — nur privatrechtlicher Natur, sie können durch die Beteiligten vertragsmäßig erlassen werden, wie auch durch Verjährung erlöschen. Vgl. Allg. Motive bei Bitzer S. 12. Kommiss.Bericht das. S. 18, 467, 475. Schütz, Kommentar zur allg. Bauordnung, Stuttgart 1873.

Neben diesen gesetzlichen Einschränkungen werden in Bauordnungen oder in sonstigen württembergischen Gesetzen gar nicht berührt diejenigen Eigentumsbeschränkungen, welche lediglich auf Privatrechtstiteln, auf Verträgen 2c. beruhen, und so kommen denn nach dieser Richtung für Württemberg die gemeinrechtlichen Bestimmungen in Anwendung. Vergleiche Lang, Württemb. Sachenrecht §§ 17—94, wonach Gebäudedienstbarkeiten entstehen durch Vertrag oder letztwillige Verfügung und Ersitzung — und wie im römischen Rechte zerfallen in positive oder affirmative und negative. Es gelten hier die gemeinrechtlichen Bezeichnungen der einzelnen Gebäudedienstbarkeiten.

Trag- und Lastrecht, serv. oneris ferendi,

Tramm- oder Kragsteinrecht s. projiciendi, Erker und Altane.

Es erlöschen diese Dienstbarkeiten durch

1. Verzicht — ausdrückl. durch Verträge inter vivos oder letztwillige Bestimmung — stillschweigend,
2. durch consolidatio,
3. durch Exstinktiv-Verjährung non usus und resp. usucapio libertatis.

6. Großherzogtum Baden.

Für das Großherzogtum Baden gilt die Verordnung v. 5. Mai 1869, die Handhabung der Baupolizei betreffend, während die baurechtlichen Bestimmungen in dem Landrecht für Baden enthalten waren.

Durch Art. 39 des badischen Ausf.Gesetzes v. 17. Juni 1899 zum BGB. ist das Landrecht für Baden aufgehoben. Im einzelnen sind dessen §§ 653—673 über Scheidmauern und Scheidgräben dem Grundsatz des § 921 BGB. entsprechend, daß bei derartigen Zwischenwerken nicht Miteigentum, sondern nur das Recht der Mitbenutzung zu vermuten ist, umgestaltet und ersetzt durch Art. 13 und 14 des Ausf.Gesetzes.

Art. **13.** Werden zwei Grundstücke durch eine Mauer geschieden, zu deren Benutzung die Nachbarn gemeinschaftlich berechtigt sind, so kann der Eigentümer des einen Grundstückes dem Eigentümer des anderen Grundstückes nicht verbieten, die Mauer ihrer ganzen Dicke nach zu erhöhen, wenn ihm nachgewiesen wird, daß durch die Erhöhung die Mauer nicht gefährdet wird. Wird eine Verstärkung der Mauer erforderlich, so ist sie auf dem Grundstücke anzubringen, dessen Eigentümer die Erhöhung unternimmt.

Der Eigentümer des Grundstücks, von dem aus die Erhöhung erfolgt ist, kann dem Eigentümer des anderen Grundstücks die Benutzung des Aufbaues verbieten, bis ihm für die Hälfte, oder, wenn nur ein Teil des Aufbaues benutzt werden soll, für den entsprechenden Teil der Baukosten, und im Falle der Verstärkung der Mauer auch für die Hälfte oder den entsprechenden Teil des hierzu benutzten Bodens Ersatz geleistet ist.

Solange das in Abs. 2 bestimmte Verbietungsrecht besteht, hat der Berechtigte den Mehraufwand zu tragen, den die Unterhaltung der Mauer infolge der Erhöhung verursacht.

Der Anspruch, welcher sich aus Abs. 1 ergibt, unterliegt nicht der Verjährung. Das in Abs. 2 bezeichnete Verbietungsrecht erlischt durch Verzicht des Berechtigten. Der Verzicht erfolgt durch Erklärung gegenüber dem Eigentümer des Nachbargrundstückes.

Art. **14.** Hat der Eigentümer eines Grundstückes vor dem Inkrafttreten des BGB. auf Grund des Landrechtsatzes 663 von seinem Nachbar verlangt, daß er zur Erbauung einer Scheidewand beitrage, so bleiben für das Recht und die Pflicht zur Errichtung derselben die bisherigen Vorschriften maßgebend.

Der Art. 671 des bad. LR. ist ersetzt durch Art. 15, 16 und 17 des Ausf.Gesetzes.

Art. 15. Der Eigentümer eines Grundstücks kann verlangen, daß hochstämmige Bäume 1,80 m, andere Bäume und Sträucher 45 cm von der Grenze seines Grundstückes entfernt gehalten werden. Diese Vorschrift gilt nicht für Bäume und Sträucher, die an Spalieren oder Gegenspalieren befestigt sind, sofern sie sich hinter einer Mauer befinden und die Mauer nicht überragen.

Art. 16. Neuanlagen von Wald sind nur in einer Entfernung von 3 m vom Nachbargrundstück zulässig. Diese Bestimmung, sowie die Vorschrift des Art. 15 Abs. 1 findet auf Wald, der an Wald oder Ödfeld grenzt, keine Anwendung.

Sofern ein neu angelegter Wald an ein Grundstück grenzt, welchem nach Lage und Beschaffenheit durch die Aufforstung kein erheblicher Schaden erwächst, genügt eine Entfernung von 1,80 m.

Die in diesem Art. und in Art. 15 bezeichneten Entfernungen werden von der Mittelachse des Baumes oder Strauches bis zur Grenze gemessen.

Art. 17. Für die zur Zeit des Inkrafttretens des BGB. bereits vorhandenen Bäume, Sträucher und Waldungen verbleibt es bei den bisherigen Vorschriften und Ortsgebräuchen, soweit diese die Einhaltung einer geringeren als der in Art. 15 vorgeschriebenen Entfernung gestatten.

An Stelle des § 674 des bad. LR. über die Entfernung bei gewissen Bauanlagen ist getreten Art. 18.

Art. 18. Der Eigentümer eines Grundstücks kann verlangen, daß auf dem Nachbargrundstück schadendrohende Anlagen nicht hergestellt oder gehalten werden, ohne daß der Abstand, der nach polizeilichen Vorschriften zwischen der Anlage und der Grenze belassen werden soll, gewahrt ist, oder die durch polizeiliche Vorschriften vorgeschriebenen Schutzvorrichtungen getroffen sind.

Zu diesen Anlagen sind insbesondere Brunnen, Abtritts- und Düngergruben, Schornsteine, Feuerherde, Schmieden, Backöfen oder andere Öfen, Ställe, sowie Niederlagen für Salz oder Ätzstoffe zu rechnen.

Die von der Aussicht auf Nachbarsgut handelnden §§ 675—680a des bad. LR. sind wiedergegeben in Art. 19—22.

Art. 19. Der Eigentümer eines Grundstücks kann verlangen, daß in der Mauer eines Nachbargrundstücks angebrachte Öffnungen, welche eine Aussicht auf sein Grundstück gewähren — Aussichtsfenster —, sowie an einer solchen Mauer angebrachte Balkone, Erker, Gallerien, ferner sonstige, eine Aussicht auf sein Grundstück gewährende Anlagen im Falle einer geraden Aussicht mindestens 1,80 m, im Falle einer schrägen Aussicht mindestens 60 cm von der Grenze entfernt sind.

Die Entfernung wird bei gerader Aussicht von der Außenseite der Mauer, worin das Fenster sich befindet, oder von der äußersten Linie des Vorsprungs, bei schräger Aussicht von der nach der Aussichtsseite gelegenen äußersten Kante des Fensters oder Vorsprungs gemessen.

Art. 20. Der Eigentümer eines Grundstücks kann verlangen, daß in der Mauer eines Nachbargrundstücks angebrachte Lichtöffnungen, wenn sie die in Art. 19 bestimmten Abstände nicht haben, derart eingerichtet werden, daß sie im Erdgeschoß mindestens 2,40 m, in den Stockwerken mindestens 1,80 m über dem Fußboden des zu erhellenden Raumes angebracht und verschlossen sind und nicht geöffnet werden können.

Unter dieser Höhe dürfen Anlagen, welche das Licht durchlassen, angebracht werden, wenn das Öffnen und Durchblicken nicht möglich und die das Licht durchlassende Substanz mindestens 2 cm dick ist.

Art. 21. Lichtöffnungen, Aussichtsfenster und andere eine Aussicht gewährende Anlagen, welche auf einen öffentlichen Weg oder auf einen öffentlichen Platz gehen, sind den Beschränkungen der Art. 19 und 20 dieses Gesetzes nicht unterworfen.

Wenn ein Weg oder Platz die Eigenschaft der Öffentlichkeit verliert, so behalten die Eigentümer der angrenzenden Grundstücke das Recht auf Fortbestand von vorhandenen Anlagen der in Art. 19 bezeichneten Art und muß der Eigentümer des Weges oder Platzes bei seinen Anlagen die in Art. 19 vorgeschriebene Entfernung beobachten.

Art. 22. Hat der Eigentümer eines Gebäudes vor dem Inkrafttreten des BGB. durch Zeitablauf das Recht erlangt, daß zum Schutze seiner Fenster Anlagen auf einem Nachbargrundstück einen bestimmten Abstand einhalten müssen, so gilt dieses Recht als Grunddienstbarkeit.

Der § 681 des bad. LR. ist ersetzt durch Art. 24.

Art. 24. Der Eigentümer eines Gebäudes hat die Bedachung so einzurichten, daß die Dachtraufe auf das eigene Grundstück, oder auf einen öffentlichen Weg fällt oder abgeleitet wird.

Die Verordnung v. 5. Mai 1869 gab allgemeine Vorschriften über die Ausführung der Bauten und behält im III. Abschnitt weitere Bestimmungen den örtlichen Bauordnungen vor.

7. Großherzogtum Hessen.

Das Gesetz v. 30. April 1881, die allgemeine Bauordnung betreffend, für das Großherzogtum Hessen (82 Art. umfassend) behandelt, wie schon Art. 1, 2, 3 deutlich zu erkennen geben, nur diejenigen Einschränkungen der Baubefugnis, welche im öffentlichen Interesse gegeben sind, enthält also nur die Baupolizei, läßt aber völlig unberührt das Baurecht, nämlich die Beschränkungen zum Besten des Nachbarn.

Dementsprechend bestimmt auch Art. 73: Durch die Baugenehmigung wird nur über die polizeiliche Zulässigkeit eines Bauwesens entschieden, sie erfolgt daher unbeschadet der Privatrechte dritter Personen und der Verfolgung dieser Rechte bei den Gerichten, welchen die Einstellung eines polizeilich zugelassenen Bauwesens vorbehalten bleibt.

Gleichwohl enthält z. B. der Art. 50 offenbar Bestimmungen des Baurechts bezüglich der Anlage von Fenstern in der Grenzmauer; denn was wie dort „mit Bewilligung der Nachbarn" abgeändert werden kann, ist kein jus pnblicum, sondern eine baurechtliche Bestimmung, deren Befolgung nicht durch die Verwaltungsbehörde, sondern stets nur von den Nachbarn und zwar im Prozeßwege zu erzwingen ist.

Art. 46 dieser Bauordnung ist abgeändert durch Art. 278 des hessischen Ausf.Gesetzes v. 17. Juli 1899 zum BGB.

Bauordnung.

Art. 278. Das Gesetz, die allgemeine Bauordnung betreffend, v. 30. April 1881 wird dahin geändert:

I. An die Stelle des Art. 46 tritt folgende Vorschrift:

Art. 46. Für unmittelbar aneinander stoßende Gebäude genügt als Scheidewand Eine Brandmauer.

Will ein Grundeigentümer an eine schon bestehende Brandmauer des Nachbars bauen, ohne eine eigene Brandmauer zu errichten, so kann er verlangen, daß der Nachbar ihm gegen eine angemessene Geldentschädigung eine entsprechende Grunddienstbarkeit bestellt.

Die Einräumung des Rechtes, die Brandmauer zu erhöhen, kann der Anbauende nur insoweit beanspruchen, als eine Erhöhung der Brandmauer nach den Regeln der Baukunst zulässig ist. Ein Anspruch auf seitliche Verlängerung der Brandmauer auf dem Nachbargrundstücke steht dem Anbauenden nicht zu.

Die bestellte Grunddienstbarkeit geht allen Rechten an dem belasteten Grundstücke, auch den älteren, vor.

Auf den Entschädigungsanspruch des Nachbarn finden die Vorschriften des § 1128 des BGB. sowie des Art. 53 Abs. 1 Satz 2, 3 des Einf.Gesetzes zum BGB. entsprechende Anwendung.

Die Vorschriften des Art. 82 Abs. 2, Abs. 3 Satz 1, 2 dieses Gesetzes finden entsprechende Anwendung.

II. Der Art. 53 wird aufgehoben.

Das Baurecht betreffend sind von Bedeutung folgende Bestimmungen des Ausf.Gesetzes zum BGB.

Erhöhung einer gemeinschaftlichen Mauer.

Art. 82. Werden zwei Grundstücke durch eine Mauer geschieden, zu deren Benutzung die Eigentümer der Grundstücke gemeinschaftlich berechtigt sind, so kann der Eigentümer des einen Grundstücks dem Eigentümer des anderen Grundstücks nicht verbieten, die Mauer ihrer ganzen Dicke nach zu erhöhen, wenn ihm nachgewiesen wird, daß durch die Erhöhung die Mauer nicht gefährdet wird.

Der Eigentümer des Grundstücks, von dem aus die Erhöhung erfolgt ist, kann dem Eigentümer des anderen Grundstücks die Benutzung des Aufbaues verbieten, bis ihm für die Hälfte oder, wenn nur ein Teil des Aufbaues benutzt werden soll, für den entsprechenden Teil der Baukosten Ersatz geleistet wird. Ist der Bauwert geringer als die Baukosten, so bestimmt sich der zu ersetzende Betrag nach dem Bauwerte. Die Ersatzleistung kann auch durch Hinterlegung oder Aufrechnung erfolgen. Solange das Verbietungsrecht besteht, hat der Berechtigte den Mehraufwand zu tragen, den die Unterhaltung der Mauer infolge der Erhöhung verursacht.

Wird die Mauer zum Zwecke der Erhöhung verstärkt, so ist die Verstärkung auf dem Grundstück anzubringen, dessen Eigentümer die Erhöhung unternimmt. Der nach Abs. 2 von dem Eigentümer des anderen Grundstücks zu ersetzende Betrag erhöht sich um den entsprechenden Teil der Kosten der Verstärkung und des Wertes der zu der Verstärkung verwendeten Grundfläche, insoweit als die Verstärkung auch für seine Zwecke nötig gewesen wäre. Verlangt der Eigentümer des Grundstücks, auf dem die Verstärkung angebracht worden ist, die Ersatzleistung, so ist er verpflichtet, dem Eigentümer des anderen Grundstücks das Eigentum an der zu der Mauer verwendeten Grundfläche seines Grundstücks soweit zu übertragen, daß sich die Grenze um die halbe Breite der Verstärkung zu dessen Gunsten verschiebt; die Vorschriften über den Kauf finden Anwendung.

Hammerschlags- und Leiterrecht.

Art. 83. Kann die Ausbesserung oder die Wiederherstellung eines Gebäudes nicht erfolgen, ohne daß ein Nachbargrundstück betreten oder ein Baugerüst auf oder über dem Grundstück errichtet wird oder die zu den Bauarbeiten erforderlichen Gegenstände über das Grundstück gebracht oder dort niedergelegt werden, so kann der Eigentümer des Gebäudes verlangen, daß der Eigentümer des Nachbargrundstücks dessen Benutzung zu diesen Zwecken duldet, es sei denn, daß die mit der Duldung für das Nachbargrundstück verbundenen Nachteile und Belästigungen außer Verhältnis zu dem dadurch zu erreichenden Vorteile stehen.

Der Eigentümer des Nachbargrundstücks kann Ersatz des ihm entstehenden Schadens verlangen. Er kann, wenn die Entstehung eines Schadens zu besorgen ist, die Benutzung des Grundstücks verweigern, bis ihm Sicherheit geleistet wird; die Verweigerung ist unzulässig, wenn mit dem Aufschube Gefahr verbunden ist.

Art. 84. Die Ansprüche, die sich aus dem Art. 82 Abs. 1 und aus dem Art. 83 Abs. 1 ergeben, unterliegen nicht der Verjährung.

Entfernung der Baumpflanzungen von den Grenzen des Nachbars.

Art. 85. Bäume und Sträucher dürfen, sofern sie mehr als zwei Meter hoch sind, nur in einem Abstande von zwei Meter, sofern sie zwei Meter oder weniger als zwei Meter hoch sind, nur in einem Abstande von einem halben Meter von der Grenze des Nachbargrundstücks gehalten werden. Der Abstand wird von der Mittelachse des Baumes oder Strauches bis zur Grenzlinie gemessen, und zwar an der Stelle, wo der Baum oder Strauch aus dem Boden heraustritt.

Durch Lokalpolizeiverordnung können andere Abstände festgesetzt werden. Durch Lokalpolizeiverordnung kann auch bestimmt werden, daß Bäume und Sträucher von mehr als zwei Meter Höhe in bestimmten Teilen einer Gemarkung nicht gehalten werden dürfen.

Auf Bäume und Sträucher, die bei dem Inkrafttreten einer nach Abs. 2 erlassenen Lokalpolizeiverordnung vorhanden sind, sowie auf Grundstücke, die zu dieser Zeit dem Betriebe der Forstwirtschaft dienen, finden die Vorschriften der Lokalpolizeiverordnungen keine Anwendung.

Art. 86. Der Nachbar kann die Entfernung aller Bäume und Sträucher verlangen, die in einem geringeren, als dem nach Art. 85 zulässigen Abstande gehalten werden.

Art. 87. Die Vorschriften der Art. 85, 86 finden keine Anwendung:

1. auf Grundstücke, die zur Zeit des Inkrafttretens dieses Gesetzes dem Betriebe der Forstwirschaft dienen, jedoch, sofern die Grundstücke an Äcker, Wiesen, Weinberge oder Gärten grenzen, nur bis zur nächsten Verjüngung des Waldes;
2. auf Bäume und Sträucher in Gärten, sofern die Gärten mit einer festen Umfriedigung versehen sind und die Bäume oder Sträucher zu einer Zeit angepflanzt werden, zu welcher der Garten nicht an Äcker, Wiesen oder Weinberge grenzt;
3. auf Bäume und Sträucher, die bei dem Inkrafttreten dieses Gesetzes vorhanden sind, sofern ihr Abstand von dem Nachbargrundstücke den bisherigen Gesetzen nicht widerspricht. Für Rebstöcke bleibt das bisherige Recht bis

zum 1. Jan. 1915 auch dann maßgebend, wenn ihr Abstand von dem Nachbargrundstücke den bisherigen Gesetzen und Ortsgebräuchen nicht entspricht.

Art. 88. Die Vorschrift des § 910 Abs. 1 Satz 2 des BGB. findet keine Anwendung:

1. auf die zur Zeit des Inkrafttretens dieses Gesetzes vorhandenen Obstbäume, sofern das Herüberragen der Zweige den bisherigen Gesetzen nicht widerspricht;
2. auf Bäume und Sträucher eines Grundstücks, das zur Zeit des Inkrafttretens dieses Gesetzes mit Wald bestanden ist, soweit die herüberragenden Zweige sich mehr als 3,75 m über dem Boden befinden, jedoch nur bis zur nächsten Verjüngung des Waldes.

Art. 89. Die Vorschriften, welche für Bäume und Sträucher auf und neben den Straßen, öffentlichen Wegen und Eisenbahnen die Abstände von den Grenzen festsetzen, bleiben, unbeschadet der Bestimmungen des Art. 286 Nr. 54, 80, 86, unberührt.

Bei Bäumen, die auf Straßen oder öffentlichen Wegen oder auf dem zu denselben gehörenden Gelände stehen, ist der Eigentümer des Nachbargrundstücks nicht befugt, die in sein Eigentum eingedrungenen Wurzeln und die herüberragenden Zweige zu beseitigen. Das gleiche gilt bei Bäumen, die auf den an eine Straße oder einen öffentlichen Weg angrenzenden Grundstücken stehen, sofern sie im öffentlichen Interesse auf Grund gesetzlicher Verpflichtung oder im Einverständnisse mit der zuständigen Behörde gepflanzt oder gehalten werden.

Abmarkung.

Art. 90. Eine Abmarkung nach § 919 des BGB. ist durch Aussteinung zu bewirken.

Die Aussteinung erfolgt durch die Feldgeschworenen. Die Tätigkeit der Feldgeschworenen bestimmt sich nach den Vorschriften des Gesetzes, die Feststellung und Erhaltung der inneren Grenzen betreffend, v. 23. Okt. 1830.

Rechtsverhältnisse an gemeinschaftlichen Mauern.

Art. 138. Steht zur Zeit des Inkrafttretens des BGB. eine Mauer, die zwei Grundstücke voneinander scheidet, bis zu einer bestimmten Höhe ganz oder teilweise im Miteigentum oder in dem der Grenze der Grundstücke entsprechenden Alleineigentume der Nachbarn, ein darauf ruhender Teil der Mauer aber seiner ganzen Dicke nach im Alleineigentume des einen Nachbarn, so bestimmt sich von dieser Zeit an das Rechtsverhältnis nach den Vorschriften der §§ 1018—1028 des BGB.

Notwendige Gemeinschaft.

Art. 139. Steht zur Zeit des Inkrafttretens des BGB. ein Grundstück, das nach seiner örtlichen Lage zur Benutzung anderer Grundstücke notwendig ist, im Miteigentume der Eigentümer dieser Grundstücke, so gilt es von dieser Zeit an als zu Gunsten des jeweiligen Eigentümers eines jeden dieser Grundstücke mit einer Grunddienstbarkeit des Inhalts belastet, daß es in der bisherigen Weise benutzt werden darf.

Besitzschutz bei Grunddienstbarkeiten.

Art. 140. Die Vorschriften des BGB. über den Schutz der Ausübung einer Grunddienstbarkeit finden Anwendung, auch wenn das Grundbuch für das belastete Grundstück noch nicht als angelegt anzusehen ist.

Bei Grunddienstbarkeiten, mit welchen das Halten einer dauernden Anlage nicht verbunden ist, wird der Besitzschutz nur gewährt, wenn die Dienstbarkeit in jedem der drei letzten Jahre vor der Störung mindestens einmal ausgeübt worden ist.

Eintragung bestehender Grunddienstbarkeiten.

Art. 141. Durch landesherrliche Verordnung kann bestimmt werden, daß die Grunddienstbarkeiten, welche zu der Zeit bestehen, zu welcher das Grundbuch als angelegt anzusehen ist, oder einzelne Arten derselben zur Erhaltung der Wirksamkeit gegenüber dem öffentlichen Glauben des Grundbuchs bei der Anlegung des Grundbuchs oder später in das Grundbuch eingetragen werden müssen. Die Bestimmung kann auf einzelne Grundbuchbezirke beschränkt werden.

Erlöschen nicht eingetragener Grunddienstbarkeiten.

Art. 142. Von der Zeit an, zu welcher das Grundbuch als angelegt anzusehen ist, gelten für das Erlöschen von Grunddienstbarkeiten, die nach den bisherigen Vorschriften entstanden und nicht in das Grundbuch eingetragen sind, die Vorschriften der Art. 143—148.

Art. 143. Zur Aufhebung der Grunddienstbarkeit ist die Erklärung des Berechtigten gegenüber dem Eigentümer erforderlich, daß er die Dienstbarkeit aufgebe; die Erklärung muß in öffentlich beglaubigter Form abgegeben werden.

Die Vorschriften des § 876 des BGB. finden entsprechende Anwendung.

Art. 144. Die Grunddienstbarkeit erlischt mit dem Ablaufe von zehn Jahren nach der letzten Ausübung. Hat eine Ausübung nicht stattgefunden, so beginnt die zehnjährige Frist mit dem Zeitpunkte, von dem an die Ausübung zulässig war. Die für die Verjährung geltenden Vorschriften der §§ 202—207, 209—212, 216, 217, 219, 220 des BGB. und des Art. 169 des Einf.Gesetzes zum BGB. finden entsprechende Anwendung. Der Lauf der Erlöschungsfrist wird nicht dadurch gehemmt, daß die Dienstbarkeit nur zeitweilig ausgeübt werden kann; die Frist endigt jedoch in diesem Falle nicht, bevor die Zeit, zu welcher die Ausübung zulässig war, zum zweiten Male eingetreten und seit dem zweiten Eintritt ein Jahr verstrichen ist.

Art. 145. Die Grunddienstbarkeit erlischt, wenn sie sich mit dem Eigentum an dem belasteten Grundstücke vereinigt.

Art. 146. Ist die Grunddienstbarkeit dem Eigentümer unbekannt, so kann der Berechtigte mit seinem Rechte im Wege des Aufgebotsverfahrens ausgeschlossen werden.

Das Aufgebot erstreckt sich nicht auf Grunddienstbarkeiten, mit denen das Halten einer dauernden Anlage verbunden ist, solange die Anlage besteht.

8. Herzogtum Braunschweig.

Für das Herzogtum Braunschweig ist das Gesetz betreffend Bauordnung v. 13. Sept. 1899 erlassen, nebst einer Anweisung v. 29. Sept. 1899. Das Gesetz bestimmt:

Berechtigung zum Bauen.

§ 1. Der Eigentümer eines Grundstücks ist berechtigt, auf demselben innerhalb seiner Eigentumsgrenzen zu bauen, insoweit ihm nicht Reichs- oder Landesgesetze, insbesondere das gegenwärtige Gesetz und die zu seiner Ausführung im Verwaltungswege oder durch Statut (§ 2) erlassenen Vorschriften, oder Privatrechte Dritter, Beschränkungen auferlegen.

Wegen der durch dieses Gesetz bezw. in Ausführung desselben auferlegten Beschränkungen findet eine Entschädigung nur insoweit statt, als das Gesetz oder Statut dies ausdrücklich ausspricht. Für die Ausmittlung der hiernach zu leistenden Entschädigungen sind die Vorschriften des Gesetzes Nr. 78 vom 13. Sept. 1867 maßgebend.

Auch hier ist also der Grundsatz ausgesprochen: die zum Besten der Privatpersonen gegebenen Eigentumsbeschränkungen beruhen auf Gesetz oder Privatrechtstitel.

Es enthalten aber nur die §§ 71—80 unter der Bezeichnung „Nachbarrechtliche Bestimmungen" baurechtliche Vorschriften, während alle übrigen Paragraphen lediglich baupolizeilicher Natur sind.

Es sind in dem Gesetz keine Bestimmungen über diejenigen Eigentumsbeschränkungen enthalten, welche auf Privatrechtstitel, Verträge 2c. sich gründen.

Abstände bei Gebäuden außerhalb des Baugrundes.

§ 71. Bei der Errichtung neuer Gebäude außerhalb des Baugrundes ist der Bauende verpflichtet, zu Gunsten land- und gartenwirtschaftlich benutzter Nachbargrundstücke eine angemessene Entfernung von der Eigentumsgrenze einzuhalten.

Das Maß dieser Entfernung beträgt mindestens 2 m, jedoch müssen die Gebäude, sofern sie höher als 4 m sind, so weit von der Grenzlinie entfernt bleiben, als die Hälfte ihrer lotrechten Wandhöhe beträgt.

Bei einer Giebelspitze kommt nur die halbe Höhe derselben als Wandhöhe in Rechnung.

Gewöhnliche schräge Dächer werden überall nicht gerechnet, dagegen sind die steilen Flächen von Mansardendächern den Wandflächen gleich zu achten.

Ein allein stehender Schornstein kann bis auf 2 m der Grenzlinie nahe gerückt werden.

Die vorstehenden Grundsätze gelten auch bezüglich der Erhöhung bereits bestehender, außerhalb des Baugrundes belegener Gebäude.

Unter den in Abs. 1 enthaltenen Voraussetzungen ist der Bauende verbunden, sein Grundstück insoweit und in der Art einzufriedigen (§ 78), als es zum Schutze des nachbarlichen Eigentums erforderlich ist.

Gemeinschaftliche Fachwerkswände.

§ 72. Wird von zwei aneinander stoßenden Gebäuden verschiedener Eigentümer, welche nur durch eine im gemeinschaftlichen Eigentume der Nachbarn stehende Fachwerkswand voneinander getrennt sind, das eine abgerissen, so kann der Eigentümer des anderen beanspruchen, daß ihm vom Nachbar dessen Anteil an der bisher gemeinsamen Wand und an der Grundfläche, auf welcher dieselbe steht, gegen Vergütung des Wertes abgetreten wird.

Die durch die Eigentumsübertragung entstehenden Kosten hat derjenige zu tragen, dessen Gebäude abgerissen wird.

Licht- und Luftöffnungen nach dem Nachbargrundstücke zu.

§ 73. Steht die Umfassungswand eines Gebäudes nicht wenigstens 0,6 m von der Grenze zurück, so sind etwaige Licht- und Luftöffnungen in derselben mindestens in einer Brüstungshöhe von 1,7 m über dem Fußboden anzulegen und mit fest eingelassenen Gitterstäben oder mit starkem, unbeweglich angebrachtem Metallgeflecht zu verwahren.

Die Gitter dürfen, insofern sie aus sich kreuzenden Stäben bestehen, nicht über 100 qcm, das Geflecht nicht über 10 qcm große Öffnungen haben.

Bestehen die Gitter aus nur in einer Richtung laufenden Stäben, so dürfen dieselben nicht über 6 cm im Lichten weit auseinanderstehen.

Dieselben Bestimmungen sind auch für bedeckte Altane, Erker oder Gallerien maßgebend, wenn deren äußerster Vorsprung nicht wenigstens 0,6 m von der Grenze zurücksteht. Sind derartige Gebäudeteile unbedeckt, so muß die Befriedigung an denselben, vom Boden der Altane u. s. w. aus gemessen, eine Höhe von mindestens 1,7 m erhalten und undurchsichtig sein.

Als Lichtöffnungen im Sinne dieses Paragraphen sind Öffnungen, welche mit sog. Glasbausteinen ausgemauert sind, nicht anzusehen.

Winkel und Schluchten zwischen Gebäuden.

§. 74. Weniger als 2 m breite Zwischenräume zwischen benachbarten Gebäuden (Winkel, Schluchten) müssen am Boden gepflastert und mit Abzugsgossen für Himmelwasser bezw. mit einem zur Abführung desselben geeigneten Kanale versehen sein.

Dachtraufen und Ausgüsse, welche in einen gemeinschaftlichen Zwischenraum geführt sind, dürfen ohne Bewilligung des Nachbars die Mitte der Schlucht nicht überschreiten.

Aborte u. s. w., Feuerungsanlagen.

§ 75. Aborte, Düngerstätten, Jauchebehälter, Ställe, Brunnen, Wasserleitungen und andere ähnliche Anlagen dürfen nur in solcher Entfernung von des Nachbars Grenze oder unter solchen Vorkehrungen angebracht werden, daß sie dem Grundstücke des Nachbars keinen Schaden bringen, insbesondere auf Gebäude, Einfriedigungen und Brunnen (vorbehältlich der Bestimmung des § 76 Abs. 1) keinen nachteiligen Einfluß ausüben.

Durch Feuerungsanlagen darf weder die Wand des Nachbars beschädigt, noch die ordentliche Benutzung der Räume eines Nachbargebäudes infolge der Wärmeverbreitung verhindert oder in erheblichem Maße erschwert werden.

Brunnen und Zisternen.

§ 76. Der Eigentümer eines Grundstücks ist nicht gehindert, auf demselben Brunnen und Zisternen anzulegen, auch wenn hierdurch anderen Grundstücken das Wasser entzogen wird.

Wenn und soweit hierdurch oder durch die zufällige Eröffnung einer Quelle ein dringendes öffentliches Interesse beeinträchtigt wird, steht der Ortspolizeibehörde das Recht zu, die Anlegung des Brunnens oder der Zisterne vorläufig zu untersagen bezw. den etwa erforderlichen einstweiligen Verschluß der Quellöffnung auf öffentliche Kosten anzuordnen, bis die Entscheidung über einen Enteignungsantrag herbeigeführt ist.

Dachtraufe.

§ 77. Die Ableitung des Dachwassers muß im allgemeinen auf eigenem Grund und Boden und unter Sicherstellung des Nachbargrundstücks gegen Nässe geschehen. Zu dem Zwecke muß eine Dachtraufe, welche in geringerem Abstande als 50 cm von der Nachbargrenze sich befindet, mit einer Dachrinne versehen werden, welche stets in gutem Zustande zu halten ist.

Ist ein Grundstück zur Aufnahme des Traufenfalls bezw. Dachrinnenwassers vom Nachbargrundstücke vermöge einer Dienstbarkeit verpflichtet, so darf der Eigentümer des dienenden Grundstücks dieses gegen Nässe dadurch schützen, daß er mittels einer zwar auf seine Kosten herzustellenden und zu unterhaltenden, aber eventuell an dem Gebäude des berechtigten Grundstücks anzubringenden Einrichtung das Dachwasser in anderer Weise (z. B. durch Auffangen in Dachrinnen, durch Ableitung der Fallröhren in Gossen und Kanälen) ableitet.

Befriedigungen.

§ 78. Innerhalb des Baugrundes dürfen Befriedigungen zwischen Nachbargrundstücken unmittelbar an der Grenze des Nachbars errichtet werden, jedoch muß die glatte Seite (Bundseite) der Befriedigung dem Nachbargrundstücke zugekehrt und darf dem letzteren kein Wasser durch Traufenfall zugeführt werden.

Außerhalb des Baugrundes müssen die künftig vorzurichtenden Befriedigungen zwischen landwirtschaftlich benutzten Nachbargrundstücken um so viel, als die Hälfte ihrer Höhe beträgt, mindestens jedoch 0,6 m von der Grenze zurückweichen. Dasselbe Maß des Abstandes der Befriedigungen ist einzuhalten auch für die Grundstücke des Baugrundes auf der Grenze gegen landwirtschaftlich benutzte Nachbargrundstücke. Befriedigungen, welche aus durchsichtigem Lattenwerk oder Drahtgeflecht bestehen, bedürfen nur des Mindestabstandes.

Benachrichtigung des Nachbars beim Abbruch von Gebäuden.

§ 79. Wenn von zwei unmittelbar nebeneinander stehenden Gebäuden verschiedener Eigentümer das eine abgebrochen werden soll, so hat der Eigentümer des letzteren, Eilfälle ausgenommen, den Nachbar davon 14 Tage vor dem Abbruche in Kenntnis zu setzen, damit dieser die zur Sicherung seines Hauses erforderlichen Vorkehrungen treffen kann, widrigenfalls der letztere den Abbruch bis zur genannten Zeit verhindern darf.

Benutzung fremder Grundstücke bei Ausführung von Bauten.

§ 80. Wenn zur Errichtung oder Reparatur eines Bauwerks die vorübergehende Benutzung des Nachbargrundstücks durch Betreten desselben oder durch Aufstellung von Gerüsten, Leitern u. s. w. erforderlich wird, so hat der Nachbar solches zu gestatten.

Im Streitfalle entscheidet darüber endgültig die Ortspolizeibehörde.

Der Bauende hat aber dafür Sorge zu tragen, daß die dadurch für den Nachbar entstehende Belästigung auf das tunlich geringste Maß beschränkt wird, und dem Nachbar jeden durch die Benutzung seines Grundstücks erwachsenen Schaden zu vergüten.

Kapitel 2.

Preußen.

Für das Königreich Preußen kommen verschiedene Rechtsgebiete in Betracht, und zwar außer den landrechtlichen Gebietsteilen die Rheinprovinz mit dem code civil, sowie diejenigen Provinzen, für welche das gemeine Recht gilt.

Einheitlich für das gesamte Territorium des Königreichs haben wir seit 1. Jan. 1900 gemeinsame baurechtliche Normen in den §§ 906—924 BGB.; es sind dieses sämtlich Einschränkungen des Eigentums, und nehmen ihren Ausgang von dem in den §§ 903, 905 gegebenen Eigentumsbegriff.

In letzterer Beziehung kann auf den landrechtlichen Begriff nicht zurückgegriffen werden, da eben die §§ 1—28 I 8 ALR. aufgehoben sind.

Eine eigentliche Definition des Eigentumsbegriffes wird in dem BGB. ebensowenig gegeben wie in den Quellen des römischen und des älteren deutschen Rechts. Das BGB. betrachtet den hergebrachten Begriff als gegeben und begnügt sich damit, die entsprechenden Folgen aus demselben zu ziehen. Der § 903 BGB. bestimmt deshalb, daß der Eigentümer, „soweit nicht das Gesetz oder Rechte Dritter entgegenstehen, mit der Sache nach Belieben verfahren und andere von jeder Einwirkung ausschließen kann.“ Planck, BGB., Sachenrecht S. 129.

Eine Vermutung für die Uneingeschränktheit des Eigentums, wie sie der § 23 I 8 ALR. aufstellte, wird in dem BGB. nicht ausgesprochen; doch ist der § 903 so gefaßt, daß die von ihm dem Eigentümer beigelegten Befugnisse die Regel, die Beschränkungen aber die Ausnahme bilden, letztere also von demjenigen zu beweisen sind, welcher sie geltend macht.

In Betracht kommen von den gesetzlichen Einschränkungen nur die auf das Privatrecht bezüglichen, denn nur mit diesen befaßt sich das BGB. und speziell der § 903, dessen Norm inhaltlich übereinstimmt mit dem aufrecht erhaltenen § 32 I 8 ALR. „In allen Fällen aber können Einschränkungen des Eigentums, welche nicht aus besonderen wohl erworbenen Rechten eines anderen entspringen, nur durch Gesetz begründet werden.“

Es zerfallen also die privatrechtlichen Eigentumsbeschränkungen in solche, welche

a) unmittelbar aus dem Reichs- bezw. Landesgesetz hervorgehen,
b) aus Rechten entspringen, die durch besondere Privatrechtstitel (Vertrag) erworben sind.

Gleich dem Eigentum ist das Recht zu bauen als Teil dieses Herrschaftsrechts im Prinzip frei und unumschränkt nach dem in Kraft gebliebenen § 65 I 8 ALR.: „In der Regel ist jeder Eigentümer seinen Grund und Boden mit Gebäuden zu besetzen, oder seine Gebäude zu verändern wohl befugt.“

Besteht nach § 903 BGB. die Baufreiheit in dem positiven Moment des unumschränkten Herrschaftsrechts, und nach der negativen Seite in der Befugnis, andere von jeder Einwirkung auszuschließen, so ergibt sich weiter aus dem § 905 BGB., was unter „Grundstück“ zu verstehen ist, nämlich: „Das Recht des Eigentümers eines Grundstücks erstreckt sich auf den Raum über der Oberfläche und auf den Erdkörper unter der Oberfläche. Der Eigentümer kann jedoch Einwirkungen nicht verbieten, die in solcher Höhe oder Tiefe vorgenommen werden, daß er an der Ausschließung keine Interesse hat."

Der § 905 gibt also eine Erweiterung des Grundeigentums, welches danach nicht nur den durch die Grenzen des Grundstücks umschlossenen Teil der Erdoberfläche umfaßt, sondern auch den Luftraum über derselben und den Erdkörper unter derselben. Der § 905 enthält die gesetzliche Bestätigung des in der Rechtslehre anerkannten, im ALR. aber nur indirekt aus den §§ 80, 123, 189 I 8 das. zu entnehmenden Rechtssatzes. RG.Erk. 21. Sept. 1898 in der Jurist. Wochenschr. S. 620, Nr. 68. Es kann also nach § 905 der Eigentümer so hoch bauen, und die Fundamente und Keller so tief legen, wie er will. Er kann andere von jeder Einwirkung in der Höhe wie in der Tiefe beliebig ausschließen.

Infolge seines Rechts auf den Luftraum über seinem Grundstück braucht er überragende Wetterdächer, Dachtraufen, nach außen sich öffnende Fenster und Läden, überneigende Mauern des Nachbarn nicht zu dulden. Infolge seines Rechts auf den Erdkörper unter der Oberfläche kann der Grundeigentümer aus der Erde Bodenbestandteile und Wasser entnehmen, und andere davon ausschließen.

Bei einem gewissen Punkt hört aber der Machtbereich menschlicher Tätigkeit und damit auch der praktische Wert des Verbietungsrechts fremder Einwirkungen auf. In bedeutender Höhe oder Tiefe hat der Luftraum und Erdkörper und das im Eigentum liegende Ausschließungsrecht für den einzelnen Eigentümer kein Interesse mehr. Deshalb enthält der § 905 BGB. in seinem zweiten Satz eine grundsätzliche und allgemeine Einschränkung des Verbietungsrechts gegen solche Einwirkungen, an deren Ausschließung der Eigentümer kein Interesse hat. Turnau u. Förster, Liegenschaftsrecht 1900, I S. 283.

Das Verhältnis dieser Ausnahme im zweiten Satz zu der Regel des ersten Satzes ist durch die Frage nach dem Interesse des Eigentümers bestimmt. Und für die Entscheidung dieser Frage kann nicht die jeweilige Art der Benutzung des Grundstücks allein maßgebend sein, vielmehr ist jede mögliche Benutzungsart in Betracht zu ziehen. So sind Telegraphendrähte in geringer Höhe über einem einstöckigen Hause unzulässig, weil sie den Eigentümer hindern würden an der künftigen Erhöhung seines Hauses. Jurist. Wochenschr. 1898 S. 620, Nr. 68. RG.-Entsch. Bd. 42 S. 205. Das Interesse braucht nicht gerade ein vermögensrechtliches zu sein. So ist zu berücksichtigen auch das Interesse eines Garteneigentümers daran, daß ihm nicht der Anblick des freien Himmels in erheblichem Maße durch Überleitung einer großen Menge Telegraphendrähte beeinträchtigt wird. Planck Note 4c zu § 905.

Der Eigentümer hat keine Beweislast für sein Interesse, die Berufung auf sein Eigentum genügt, wenn er einer Einwirkung in sein Raumgebiet widerspricht. Sache des anderen Teils ist es, durch Darlegung des Sachverhalts zu beweisen, daß dem Eigentümer das Interesse an der Ausschließung der Einwirkung fehle. Nach Turnau u. Förster I S. 284 dürfte das Verbietungsrecht nicht erlöschen, wenn die Einwirkungen auch durch rechtsverjährte Zeit stattgefunden haben.

Das Recht zu solchen Einwirkungen kann nur als Dienstbarkeit bestellt werden. Vgl. §§ 1018, 1090, 873 BGB.

Jedenfalls aber muß die Ausübung der in den §§ 903 und 905 gegebenen Eigentumsbefugnisse ihre Grenze finden in der Rücksicht auf das Gemeininteresse wie auf das geordnete bürgerliche Zusammenleben, in welchem die verschiedenen Eigentümer mit gleichen Rechten nebeneinander stehen. Dieser Kollision und der möglichen Überspannung aller Eigentumsbefugnisse wird deshalb wieder vorgebeugt durch die §§ 903 und 905. Aus diesen ergeben sich die Grenzen, innerhalb deren der Eigentümer seine Baufreiheit benutzen, wie auch welchen Handlungen anderer Personen er als rechtswidrigen Eingriffen entgegentreten darf. So ist denn speziell auch die Baufreiheit rechtlich und tatsächlich vielfachen Beschränkungen unterworfen, die entweder durch die Rücksicht auf das öffentliche Interesse geboten sind, oder sich aus den Bedürfnissen des privaten Rechtslebens rechtfertigen.

Über die öffentlichrechtlichen Beschränkungen gibt das BGB. keine Vorschriften, vgl. Motive III S. 258, Turnau u. Förster I S. 255. Diese sind vielmehr in einzelnen Reichsgesetzen, vorwiegend aber in der durch Art. 111 Einf.Gesetz aufrecht erhaltenen Landesgesetzgebung zu suchen. In dieser Beziehung kommen in Betracht z. B. das Rayongesetz v. 21. Dez. 1871, das Gesetz über die Fluchtlinien v. 2. Juli 1875 sowie in gewissem Sinne auch die Vorschriften über die Bauerlaubnis.

Selbst die Befugnisse des Eigentümers in Ansehung der tatsächlichen Verfügung über bestehende Gebäude sind beschränkt, und zwar für Preußen durch die aufrechterhaltenen §§ 36—64 I 8 ALR. Gebäude in Städten an Straßen oder öffentlichen Plätzen dürfen ohne polizeiliche Erlaubnis nicht abgebrochen oder sonst zerstört werden. Diese Verpflichtung erstreckt sich nur auf die nach der Straße oder einem öffentlichen Platze gelegene Außenseite, nicht aber auf die inneren Teile des Gebäudes. RG.Entsch. in Gruchot 31 S. 921, Bd. 35 S. 146, Bd. 38 S. 943. Der Eigentümer ist zur Unterhaltung und Wiederherstellung solcher Gebäude verpflichtet; eventuell kann die Polizeibehörde bei fortdauernder Gefahr für das Publikum das Gebäude abbrechen und das Material verkaufen lassen. § 56 I 8 ALR. Eine Entschädigung von der Gemeinde kann der Eigentümer selbst dann nicht verlangen, wenn der Abbruch angeordnet war, obwohl eine Reparatur noch genügt hätte. RG.Entsch. Bd. 34 S. 294; Jurist. Wochenschr. 1895 S. 151 Nr. 24.

Dasselbe gilt nach § 60ff. I 8 ALR. für Grundstücke auf dem Lande, auch hier kann die Unterhaltung der Gebäude im Interesse der öffentlichen Sicherheit verlangt werden. JMBl. 1891 S. 5; Gruchot 34 S. 884.

Die auf dem Gesetz beruhenden Einschränkungen des Grundeigentums zu Gunsten des Nachbarn behandelt das BGB. in den §§ 906 bis 924 nach folgenden Gesichtspunkten: Immissionen 906, gefährdende Anlagen 907, Einsturz von Gebäuden 908, Vertiefung 909, Wurzeln, Zweige, Früchte 910, 911, Grenzüberbau 912—916, Notweg 917, 918, Grenzverhältnisse 919—923.

Ergänzend zu § 907 BGB. kommen die landrechtlichen Bestimmungen

I 8 in Betracht und zwar für Schweineställe und Kloaken §§ 125, 126, Rinnen und Kanäle § 128, Brunnen § 129. Es bleiben dann aus dem ALR. zu behandeln folgende Einzelheiten: Abstand der Gebäude gegeneinander §§ 139, 140, Fenster §§ 137, 138, 142—147, Türen § 148, Scheidungen §§ 152, 153, 162—167, Erhöhung des Bodens §§ 185, 186.

Das Verhältnis dieser reichsgesetzlichen und landesgesetzlichen Bestimmungen zueinander ist gegeben im Art. 124 des Einf.Gesetzes: „Die Landesgesetzgebung kann das Eigentum an Grundstücken zu Gunsten der Nachbarn noch anderen als den im BGB. bestimmten Beschränkungen unterwerfen." Sie kann also diejenigen des BGB. nicht abweichend regeln, sie weder verschärfen, noch mildern oder beseitigen.

Übrigens hat das ALR. die sog. Nachbarrechte als solche zusammengefaßt und benannt. Vgl. Marginale zu § 102 I 8 das. Dagegen hat das BGB. eine allgemeiner gefaßte und das Nachbarverhältnis nicht erwähnende Überschrift „Inhalt des Eigentums" gewählt. Die in den §§ 906—924 BGB. gegebenen Beschränkungen sind nämlich nicht sämtlich nachbarrechtlicher Natur, d. h. Einschränkungen des einen Nachbarn zu Gunsten des anderen. Es kommen darin auch Beschränkungen vor, welche zu Gunsten eines jeden lauten, der durch seine Tätigkeit in den räumlichen Herrschaftsbezirk des Eigentümers hinüberwirkt, wie denn auch gewisse Handlungen einem jeden, nicht bloß dem Nachbarn verboten werden. Mot. III S. 258.

Vorab folgen zunächst die besonderen landesrechtlichen Bestimmungen für die Rheinprovinz, während für die landrechtlichen Gebiete Preußens das Baurecht, wie es sich nach dem BGB. und den noch aufrecht erhaltenen Vorschriften des ALR. sich gestaltet hat, in Teil II u. III ausführlich behandelt wird.

1. Rheinisches Recht.

Nach Art. 89 Nr. 2 des preuß. Ausf.Gesetzes v. 20. Sept. 1899 zum BGB. ist das Rheinische Bürgerl. Gesetzbuch (code civil) aufgehoben mit Ausnahme der Art. 640—643, 645, 671, 672 Satz 1, 674—681. Der code civil behandelt bezüglich des Baurechts tatsächlich nur die gesetzlichen Beschränkungen, der Art. 651 bestimmte nämlich: „Das Gesetz legt den Eigentümern — auch ohne alle Verträge — verschiedene Verbindlichkeiten gegeneinander auf." Im einzelnen beschränkte sich der code civil auf Vorschriften über

Scheidemauern und andere Grenzanlagen (Gräben, Hecken 2c.), Art. 653—673,
Entfernungen von Zwischenwerken, Art. 674,
Aussicht, Art. 675—680,
Dachtraufe, Art. 681.

1. Von gemeinschaftlichen Mauern 2c.

Aufrecht erhalten ist nur Art. 671 u. 672 Satz 1. Namentlich ist für die Zukunft in Wegfall gekommen die dem code civil eigentümliche Bestimmung der Art. 660, 661, welche dem Eigentümer das Recht gaben, seinen Nachbarn zur Errichtung einer gemeinschaftlichen Scheidemauer zu zwingen, oder falls der Nachbar auf seinem Grundstück schon eine Mauer errichtet hatte, diese zu einer gemeinschaftlichen zu machen. Doch sind die Art. 658—660 durch andere Sondervorschriften ersetzt.

Es bestimmt nämlich Art. 23 des Ausf.Gesetzes zum BGB.:

§ 1. Werden im bisherigen Geltungsbereiche des Rheinischen Rechtes zwei Grundstücke durch eine Mauer geschieden, zu deren Benutzung die Eigentümer der Grundstücke gemeinschaftlich berechtigt sind, so kann der Eigentümer des einen Grundstücks dem Eigentümer des anderen Grundstücks nicht verbieten, die Mauer ihrer ganzen Dicke nach zu erhöhen, wenn ihm nachgewiesen wird, daß durch die Erhöhung die Mauer nicht gefährdet wird.

Der sich aus der Vorschrift des Abs. 1 ergebende Anspruch unterliegt nicht der Verjährung.

§ 2. Der Eigentümer des Grundstücks, von dem aus die Erhöhung erfolgt ist, kann dem Eigentümer des anderen Grundstücks die Benutzung des Aufbaues verbieten, bis ihm für die Hälfte oder, wenn nur ein Teil des Aufbaues benutzt werden soll, für den entsprechenden Teil der Baukosten Ersatz geleistet wird. Solange das Verbietungsrecht besteht, hat der Berechtigte den Mehraufwand zu tragen, den die Unterhaltung der Mauer infolge der Erhöhung verursacht.

Das Verbietungsrecht erlischt durch Einigung der Eigentümer.

§ 3. Wird die Mauer zum Zwecke der Erhöhung verstärkt, so ist die Verstärkung auf dem Grundstück anzubringen, dessen Eigentümer die Erhöhung unternimmt. Der von dem Eigentümer des anderen Grundstücks nach § 2 zu ersetzende Betrag der gesamten Baukosten erhöht sich um den entsprechenden Teil des Wertes der zu der Verstärkung verwendeten Grundfläche. Verlangt der Eigentümer des Grundstücks, auf dem die Verstärkung angebracht worden ist, die Ersatzleistung, so ist er verpflichtet, dem Eigentümer des anderen Grundstücks das Eigentum an der zu der Mauer verwendeten Grundfläche seines Grundstücks soweit zu übertragen, daß die neue Grenzlinie durch die Mitte der verstärkten Mauer geht; die Vorschriften über den Kauf finden Anwendung.

Nach § 1 ist also unter gewissen Verhältnissen die Erhöhung der gemeinschaftlichen Mauer zulässig; von einer Entschädigung wie nach Art. 658 C. c. ist keine Rede. Im übrigen findet § 922 BGB. entsprechende Anwendung. Die Bestimmungen des Art. 23 stehen mit den Grundsätzen des BGB. nicht überall in Einklang. Nach §§ 921, 922 würde, da die Erhöhung über den Begriff der Benutzung hinausgeht, die Erhöhung ohne Zustimmung des Nachbarn nur bis zur halben Dicke der Mauer zulässig sein, die mit solcher Zustimmung in ganzer Dicke erhöhte Mauer aber von dem Nachbarn, soweit sie auf dessen Grund und Boden steht, ohne Entschädigung des Bauenden in Benutzung genommen werden. Turnau u. Förster I S. 303.

Ferner enthält § 2 Abs. 2 eine Ausnahme von der allgemeinen Regel, daß ein Verzicht auf nachbarrechtliche Befugnisse mit Wirkung gegen jeden späteren Eigentümer des Grundstücks, zu dessen Gunsten die Befugnis besteht, nur im Wege der Bestellung einer Grunddienstbarkeit (§ 1018 BGB.) erfolgen kann. Da das hier in Frage stehende dingliche Verbietungsrecht im wesentlichen nur den Zweck hat, den Ersatz der

Baukosten herbeizuführen, ist eine formlose Einigung zum Erlöschen des Rechts für genügend erachtet.

Nach dem Kommiss.Bericht des Abg.H. findet der Art. 23 auch Anwendung auf das Rechtsverhältnis an den schon bestehenden Scheidemauern.

Eine Übergangsbestimmung enthält Art. 24 des Ausf.Gesetzes zum BGB.

Art. 24. Hat im bisherigen Geltungsbereiche des Rheinischen Rechtes der Eigentümer eines Grundstücks vor dem Inkrafttreten des BGB. auf Grund des Art. 663 des Rheinischen Bürgerl. Gesetzbuchs von seinem Nachbar verlangt, daß er zur Errichtung einer Scheidemauer beitrage, so bleiben für das Recht und die Pflicht zur Errichtung der Mauer die bisherigen Vorschriften maßgebend.

In Geltung geblieben sind vom C. c.:

Art. 671. Man darf hochstämmige Bäume nur in der durch die gegenwärtig bestehenden besonderen Verordnungen, oder durch beständige und anerkannte Gebräuche bestimmten Entfernung pflanzen, und, in Ermangelung von Verordnungen und Gebräuchen, hochstämmige Bäume nur in der Entfernung von zwei Metern, und andere Bäume und lebendige Hecken nur in der Entfernung von einem halben Meter von der Scheidungslinie beider Grundstücke.

Art. 672. Der Nachbar hat das Recht, zu verlangen, daß die in einer geringeren Entfernung gepflanzten Bäume und Hecken ausgerissen werden.

Neben der allgemeinen Bestimmung des Art. 671 sind für Baumpflanzungen in der Nähe einer Windmühle keine speziellen Vorschriften gegeben. Auch wenn erweislich die Pflanzung nur in der Absicht geschehen, um dem Nachbar zu schaden, kann solches nicht gehindert werden. Spalierbäume müssen 1′ 7″ von der Grenze bleiben, also können sie bei einer gemeinschaftlichen nur 2 Fuß dicken Mauer nicht angebracht werden; zulässig aber würde es sein, wenn die Mauer 3′ 2″ stark ist.

Nach Art. 672 kann das Recht, in einer geringeren als vorgeschriebenen Entfernung Bäume zu pflanzen, erworben werden durch Verjährung. Die 30jährige Verjährung beginnt mit dem Tage, daß die Bäume gepflanzt sind, resp. der Sämling aus der Erde kommt. Wenn eine Mauer dazwischen steht, so daß man nicht sehen kann, was auf dem anderen Grundstück vorgeht, so beginnt die Verjährung mit dem Tage, daß der Baum über der Mauer sichtbar wird. Demolombe t. 11 n. 500.

2. Von der Entfernung.

Art. 674. Wer einen Brunnen oder eine Abtrittsgrube neben einer gemeinschaftlichen oder nicht gemeinschaftlichen Mauer graben läßt; — Wer dort einen Schornstein, einen Feuerherd, eine Schmiede, einen Backofen oder Ofen errichten; — Einen Stall an dieselbe anlehnen, — Oder gegen diese Mauer ein Salzmagazin oder einen Haufen ätzender Materialien anlegen will, — Ist verbunden, den durch die besonderen Verordnungen und Gebräuche über diese Gegenstände vorgeschriebenen Zwischenraum zu lassen, oder diejenigen Werke zu machen, welche durch eben diese Verordnungen und Gebräuche, zur Verhütung eines Nachteils für den Nachbar, vorgeschrieben sind.

3. Von der Aussicht.

Art. 675. Ein Nachbar darf, ohne Bewilligung des anderen, in der gemeinschaftlichen Mauer kein Fenster, keine Öffnung, auf welche Art dies auch geschehe, selbst nicht ein Fenster, das nicht geöffnet werden kann, anbringen.

Art. 676. Der Eigentümer einer nicht gemeinschaftlichen Mauer, die unmittelbar an das Grundstück eines anderen grenzt, darf in dieser Mauer Lichtlöcher oder Fenster anbringen, die mit einem eisernen Gitter versehen sind und nicht geöffnet werden können. — Diese Fenster müssen mit einem eisernen Gitter, dessen Stäbe höchstens einen Dezimeter (ungefähr drei Zoll und acht Linien) voneinander entfernt sind, und mit einem Rahmen versehen sein, der nicht geöffnet werden kann.

Art. 677. Diese Fenster oder Lichtlöcher dürfen nicht anders angebracht werden, als sechsundzwanzig Dezimeter (acht Fuß) über dem Fußboden des Zimmers, welchem man Licht verschaffen will, wenn es auf ebener Erde ist, und neunzehn Dezimeter (sechs Fuß) über dem Fußboden der höheren Stockwerke.

Sind aber Fenster mit schriftlicher Bewilligung angelegt, so darf der Nachbar nichts bauen, wodurch den erworbenen Fenstern das Licht verbaut wird. Kein Licht wird genommen, wenn im Winkel 45 ° aufwärts von den Fensterbänken freier Luftraum bleibt.

Die andere Frage, ob Fenster in der eigenen Mauer, welche 30 Jahre bestanden haben, verbaut werden dürfen, ist sehr verschieden beantwortet worden: Merlin, Pardessus, Duranton, Delvincourt; definitiv aber dahin entschieden, solche Fenster begründen nicht das Recht, das Verbauen derselben zu untersagen — sondern nur die Befreiung von den im Art. 676, 677 aufgelegten Beschränkungen. So auch im Erk. des ObTr. v. 28. Juni 1864.

Das eiserne Gitter darf nicht durch Draht ersetzt werden, weil letzterer nicht unter die Bezeichnung Stab paßt, Eisenstäbe vielmehr wenigstens 6 Linien stark sind. Die Stäbe müssen mit dem Fenster eingemauert, oder auf einen mit Klammern in den Fensteröffnungen befestigten Eisenrahmen genietet werden. Bei dieser ganzen Einrichtung ist zu beachten, daß das Gesetz nur die Gewinnung des Lichtes hat zugestehen wollen und der Nachbar dabei keinerlei Belästigungen ausgesetzt werden soll; er also alles tun darf, was die Gewinnung des Lichtes nicht beschränkt.

Art. 678. Man darf keine Aussicht in gerader Richtung, kein Fenster, das zur Aussicht dient, keinen Balkon und keine anderen ähnlichen Vorsprünge nach dem eingeschlossenen oder nicht eingeschlossenen Grundstücke seines Nachbars haben, wenn die Mauer, in welcher man sie anbringt, von dem erwähnten Grundstücke nicht neunzehn Dezimeter (sechs Fuß) entfernt ist.

Art. 679. Man darf eine Aussicht von der Seite oder in schräger Richtung auf eben dieses Grundstück nur in einer Entfernung von sechs Dezimeter (zwei Fuß) haben.

Art. 680. Die Entfernung, von welcher inden bei den vorhergehenden Art. die Rede ist, rechnet man von der äußeren Seite der Mauer, in welcher die Öffnung angebracht wird, und, wenn es sich von einem Balkon oder einem anderen ähnlichen Vorsprunge handelt, von dessen äußerster Linie bis zu der Scheidungslinie des beiderseitigen Eigentumes.

Die Art. 678, 679 sind niemals anwendbar bei solchen Fenstern, welche auf eine öffentliche Straße hinausgehen; ebenso wenn zwischen dem betr. Hause und dem Nachbargrundstück eine nicht 6 Fuß breite Gasse sich befindet, mag sie öffentlich oder im Miteigentum der Nachbarn sein, weil die Gasse nur zum Gehen, Fahren rc. diente, dieser bestimmungsmäßige Gebrauch aber durch die Fensteranlage keinen Eintrag erleidet.

Auch bei Dachfenstern braucht der Abstand der Art. 678, 679 nicht eingehalten zu werden, es sei denn, daß sie lediglich zum Zweck der Aussicht angelegt sind. Code Perrin n. 2575.

Ein flaches Zinkdach zum Zweck der Aussicht muß gemäß Art. 678 in gleicher Weise wie ein Balkon wenigstens 6 Fuß von der Grenzlinie entfernt bleiben. Dagegen verhindert Art. 678 nicht die Aussicht von einer dicht an der Grenzlinie angebrachten Erderhöhung; diese ist also nicht mit einem Balkon vergleichbar. Erk. des Rhein. Appell.-Gerichtshofes v. 22. Aug. 1838. Vgl. Archiv f. Zivilrecht XXVII. 1, 137.

4. Von der Dachtraufe.

Art. **681.** Jeder Eigentümer muß seine Dächer so einrichten, daß das Regenwasser auf seinen eigenen Grund und Boden oder auf die öffentliche Straße fällt; er darf es nicht auf das Grundstück seines Nachbars abfließen lassen.

Die Traufrinne darf nicht in die Luftsäule des Nachbars hineinragen; der Raum für den Abfluß des Regenwassers ist zu pflastern und derart einzurichten, daß das Wasser nicht auf das nachbarliche Eigentum sich ergießt. Der Eigentümer hat durch den ruhigen Besitzstand der Dachtraufe die Vermutung für sich, daß ihm auch der Boden, worauf sie abfließt, eigentümlich zugehöre. Die Breite des für den Tropfenfall nötigen Bodenraumes ist durch das Gesetz nicht festgestellt, bestimmt sich aber im allgemeinen durch die Ausladung der Trauflinie. Vgl. Raschdorff, Baurecht S. 225.

2. Gebiet des Allg. Landrechts.

Das ALR. behandelt bei der Lehre vom Eigentum Teil I Tit. 8 die gesetzlichen Einschränkungen des Eigentums zum Besten der Nachbarn, die Grundgerechtigkeiten im Tit. 22 unter den Rechten auf fremdes Eigentum.

Nur bei den Grundgerechtigkeiten I 22 §§ 1—53 finden sich die allgemeinen Grundsätze, auf welche bezüglich der Nachbarrechte in I 8 § 191 verwiesen wurde.

Das BGB. hat diese zitierten §§ sämtlich aufgehoben, und auch im übrigen nur einzelne landrechtliche Institute bestehen lassen. Grundlegend ist somit fortan nur das BGB., seine Normen sind deshalb an die Spitze zu stellen, während die vereinzelten landrechtlichen Bestimmungen nur ergänzend sich angliedern. Hieraus rechtfertigt sich die aus der Inhaltsübersicht hier Teil II Kap. 2 ersichtliche Anordnung des Stoffes.

Das BGB. hält sich durchweg in engeren Grenzen als das ALR., und erkennt nur solche Beschränkungen an, welche durch ein allgemeines Bedürfnis sich rechtfertigen, davon ausgehend, daß darüber hinaus jeder die Benutzungsrechte, deren er bedarf, im Vertragswege sich zu beschaffen hat. Mot. III S. 260. Namentlich hat das BGB. ein so allgemeines Prinzip wie die in I 22 § 3 ALR. enthaltene Notservitut abgelehnt, und weiter eine ganze Reihe spezieller Benutzungsrechte, welche bisher partikularrechtlich vorkamen, wie Hammerschlagsrecht, Pflugrecht &c. völlig übergangen.

Wesentlich abweichend vom ALR. ist das Rechtsverhältnis der sog. Grenzanlagen und Winkel zwischen den Häusern im BGB. §§ 921, 922 dahin geordnet, daß hierbei nicht Miteigentum, sondern nur ein Mitbenutzungsrecht in Frage kommt. Mot. III S. 276. Neu ist die in § 906 BGB. gegebene gesetzliche Bestätigung des in der Rechtslehre zwar anerkannten, für Preußen aber erst durch den PlBeschl. des ObTr. v. 7. Juni 1852 zum Ausdruck gebrachten Prinzips, daß gewisse schädliche Einwirkungen vom Nachbargrundstück d. h. die Immissionen verboten sind.

Neu ist ebenfalls die dem § 907 BGB. — Verbot schädlicher Anlagen — unmittelbar sich anschließende Vorschrift des § 908, daß die zur Abwendung der durch ein baufälliges Gebäude drohenden Gefahr erforderlichen Vorkehrungen vom Nachbar verlangt werden können. Das ALR. gibt in den aufrecht erhaltenen §§ 36 ff. I 8 nur einen öffentlichrechtlichen Anspruch auf Ergreifung gewisser Vorsichtsmaßregeln durch Vermittlung der Polizei, deren Tätigkeit sich auch nur auf die an einer öffentlichen Straße gelegenen Gebäude beschränkt. Es fehlte aber im ALR. jeder privatrechtliche Rechtsschutz gegen derartige Gefahren.

Ist das BGB. fast in allen Rechtsgebieten vorwiegend den landrechtlichen Anschauungen gefolgt, so gilt dieses keineswegs vom Baurecht, gerade hier finden sich die wesentlichsten Neuerungen, so daß vom Teil I Tit. 8 über die Hälfte der Paragraphen aufgehoben ist, vom Tit. 22 aber eigentlich nur 8 §§ als zusammenhangslose Bruchstücke stehen geblieben sind.

Zweiter Teil.

Nachbarrechte.

Kapitel 1.

Allgemeines.

1. Rechtliche Natur und Inhalt.

Das BGB. hat bei Aufstellung der nachbarrechtlichen Beschränkungen des Eigentums in den §§ 906—911 mit wenigen unumgänglichen Vorschriften sich begnügt; die §§ 912—918 enthalten die besonderen Einrichtungen des Überbaues und Notweges, die man in gewissem Sinne allerdings noch zu den Nachbarrechten rechnen darf. Die §§ 919—923 betreffen nicht Beschränkungen des Eigentums, sondern die Verhältnisse der Grenze.

Ihre Ergänzung finden die Nachbarrechte in den aufrecht erhaltenen landesgesetzlichen Vorschriften, zu welchen namentlich das Fensterrecht gehört.

Das Innehalten solcher landesgesetzlichen Beschränkungen befreit jedoch den Eigentümer nicht von den Beschränkungen, welche ihm das BGB. auferlegt. Wenn auch bisher nach Landesrecht der Eigentümer, der in dem vorgeschriebenen Abstand von der Grenze baute, sich Immissionen der im § 906 BGB. beschriebenen Art erlauben durfte, so hat sich dieses mit dem 1. Jan. 1900 geändert. Nur im Fall des § 907 Abs. 2 BGB. hat die Innehaltung der landesgesetzlichen Vorschrift die im Satz 2 dieses § selbst bestimmten Folgen.

Im übrigen werden durch die Aufrechterhaltung der landesrechtlichen und damit der bestehenden altrechtlichen Vorschriften auf diesem Gebiet Fragen der zeitlichen Kollision abgeschnitten. Soweit die Vorbehalte für die Landesgesetze reichen, tritt durch das BGB. keine Änderung in den bestehenden Rechtsverhältnissen, also kein Übergang zu einem neuen Rechtszustand ein.

Die Nachbarrechte beruhen lediglich auf dem Gesetz. Sie werden also nach ihren Voraussetzungen und ihrem Inhalt ausschließlich durch das Gesetz bestimmt, auf deren Gestaltung nach Zahl und Art dem Privatwillen absolut kein Einfluß gestattet ist. Gleichwohl enthalten die betreffenden Vorschriften nur dispositives Recht, denn ihr Zweck, dem Nachbar die Möglichkeit zu geben, sich gegen gewisse Nachteile zu schützen, hat zur Folge, daß es lediglich von dem Nachbar abhängt, ob er von dem durch das Gesetz ihm beigelegten Befugnisse Gebrauch machen will oder nicht.

2. Erlöschen der Nachbarrechte.

Stehen soweit das ALR. und BGB. in Einklang, so weichen sie voneinander ab in der Frage, wie Nachbarrechte erlöschen. Nach dem ALR. I 8 § 191 und I 22 §§ 43—54 erlöschen Nachbarrechte sowie Grundgerechtigkeiten in gleicher Art, nämlich durch Willenserklärung, stillschweigende Einwilligung, Verjährung oder Konfusion.

Das BGB. hat alle hierauf bezüglichen Vorschriften aufgehoben, und namentlich die Extinktivverjährung sowie die Konfusion prinzipiell beseitigt, ohne in den §§ 906—924 für die Nachbarrechte, beziehentlich in den §§ 1018—1029 für die Grunddienstbarkeiten besondere Normen zu geben, so daß auf die Vorschriften des allgemeinen Teils, nämlich die §§ 116—157 BGB. zurückgegriffen werden muß. So ist denn als einziger Erlöschungsgrund der Nachbarrechte der Verzicht, welcher in jedem einzelnen Falle in der Nichtanwendung des Rechts liegt, übrig geblieben. In diesem Punkt gewinnt also die Lehre von der zeitlichen Kollision der Gesetze oder die Frage, welche Einwirkung hat das BGB. auf zuvor entstandene Rechtsverhältnisse, volle Bedeutung.

Maßgebend sind hier die Art. 181 für die Nachbarrechte und 184 des Einf.Gesetzes für die Grunddienstbarkeiten.

Art. 181 betrifft das Eigentum und die unmittelbar kraft Gesetzes zustehenden dinglichen Rechte an fremden Sachen (die sog. Legalservituten). Somit finden auf die Nachbarrechte v. 1. Jan. 1900 die Vorschriften des BGB. Anwendung.

Art. 184 bezieht sich auf die kraft besonderen Titels zustehenden Rechte, und dahin gehören die Grunddienstbarkeiten, für welche das alte Recht anwendbar bleibt.

Wird das Recht auf Lichtschutz nach §§ 142, 143 I 8 ALR. als gesetzliche Einschränkung angesehen, vgl. RG.Erk., so würde Art. 181 zutreffen, und demgemäß das Recht, wenn am 1. Jan. 1900 die zehnjährige Frist noch nicht abgelaufen war, nicht mehr entstehen können.

Wird das Recht auf Lichtschutz aber wie im Art. 67 des Ausf.Gesetzes für Bayern v. 9. Juni 1899 und in Art. 22 des Ausf.Gesetzes v. 17. Juni 1899 für Baden geschieht, für eine Grunddienstbarkeit erklärt, so würde das alte Recht anwendbar sein, also das Recht auf Lichtschutz durch ferneren Zeitablauf zur Entstehung kommen.

Kapitel 2.

Die speziellen Einschränkungen.

I. Immissionen. § 906 BGB.

Innerhalb der Grenzen seines Grundstücks kann der Eigentümer gemäß § 903 BGB. nach Belieben schalten und walten, nur muß er sich der Einwirkungen auf fremde Grundstücke enthalten. Schon die Zuführnng von Wärme, Gasen, Rauch rc. ist an sich als Eingriff in fremdes Eigentum anzusehen. Dieser strengen Konsequenz des Eigentumsbegriffes gegenüber würden aber die Ansprüche des wirtschaftlichen und gewerblichen Lebens nicht bestehen können, wenn alle nicht autorisierten mechanischen oder physikalischen Einwirkungen — die sog. Immissionen — als objektive Rechtswidrigkeit aufzufassen wären.

Deshalb verbietet der § 906 BGB. nur die exzessiven Immissionen, beschränkt also den durch sie betroffenen Eigentümer dahin, daß er sich widerspruchslos gefallen lassen muß alle diejenigen Beeinträchtigungen, welche nur unwesentlich oder nach den örtlichen Verhältnissen nicht ungewöhnlich sind. Es enthält also der § 906 in gleicher Weise wie der § 905 eine Erweiterung des Eigentums an Grundstücken.

Nach dem ersten Entwurf des BGB. wurde bei den Immissionen unterschieden zwischen Imponderabilien, § 850, und Flüssigkeiten, § 856; der jetzige § 906 umfaßt beides. Mot. III S. 259, 265. Durch den § 906 BGB. werden gesetzlich bestätigt die in der Praxis geltend gewordenen Rechtsgrundsätze. In Preußen begann diese Rechtsentwicklung erst aus dem PlBeschl. des ObTr. v. 7. Juni 1852, welcher von luftförmigen, flüssigen und festen Substanzen spricht. Der § 906 führt nach den Worten „und ähnliche Einwirkungen" nur die hauptsächlichsten Beispiele an, überläßt aber die weitere Entwicklung des leitenden Gedankens der Praxis. Mot. III S. 264.

Allgemeine Voraussetzung ist, daß die Immission die Folge einer menschlichen Tätigkeit auf demjenigen Grundstück ist, von welchem die Einwirkung ausgeht. Letztere wird meist veranlaßt durch eine besondere Anlage, Fabrik, Eisenbahn, Bergwerk rc. Es kommt aber auch abgesehen hiervon jede Einwirkung in Betracht, so kann auch durch Bienen, Hundegeheul oder sonst schon eine Belästigung entstehen. Schon eine bloße Unterlassung kann genügen, z. B. nicht Reinigen eines Teiches, was das Verbreiten schädlicher Miasmen zur Folge hat. Dernburg. Die Beeinträchtigung kann auch indirekt darin bestehen, daß das Wohnen auf dem Grundstück — Villa, Sommerfrische — an Annehmlichkeit hinsichtsichtlich der Ruhe und reinen Luft verliert, und hierdurch der Wert des Grundstücks herabgemindert wird. Planck.

Zu den wesentlichen Beeinträchtigungen gehören nun nicht die einmaligen, wohl aber die periodisch wirderkehrenden. Dabei kommt es nicht etwa allein auf die regelmäßige oder bisherige Benutzungsart des leidenden Grundstücks an, es kann vielmehr dessen Eigentümer auch Einwirkungen verbieten, welche eine neue Benutzungsart beeinträchtigen. Gegen den Eigentümer einer auf freiem Felde angelegten Fabrik hat z. B. der Eigentümer einer Wiese das Verbietungsrecht, wenn er diese Wiese als Bleiche benutzen will, und darin durch Rauch und Ruß jener Fabrik wesentlich beeinträchtigt würde. Prot. III S. 125. Unerheblich ist es dabei, ob die Fabrikanlage länger besteht, als die neue Benutzungsart der Wiese. Gruchot Bd. 25 S. 960.

Weiter richtet sich der § 906 gegen die ungewöhnlichen d. h. über das Hergebrachte hinausgehenden Immissionen, nur diese kann der Eigentümer des leidenden Grundstücks verbieten, während er die nach den örtlichen Verhältnissen gewöhnlichen und üblichen Beeinträchtigungen sich gefallen lassen muß. So wird der Eigentümer eines Gartengrundstücks in der Nachbarschaft eines Fabrikviertels auch eine relativ erhebliche aber gerade dort gewöhnliche Belästigung durch Rauch und Ruß ꝛc. dulden müssen. Die örtlichen Verhältnisse sind entscheidend dafür, was als gewöhnliche Beeinträchtigung anzusehen ist. Gruchot Bd. 32 S. 933. Die Grenzen der Üblichkeit sind elastisch, denn letztere ist ein Regulator, der mit den veränderten Verhältnissen selbst sich ändert. Auch kommt es nicht nur auf die Art, sondern auf das Maß der Benutzung an.

Ein Privathaus war für ein Hospital eingerichtet, später wurden nur mehr im letzten Stadium befindliche Lungenkranke nach und nach in solcher Zahl aufgenommen, daß die Sterbefälle pro Jahr bis auf 200 stiegen. Der Lärm des Hustens, das Schreien der Sterbenden sowie die Ansteckungsgefahr der Übertragung durch Fliegen vergrößerte sich in solchem Maße, daß das Nachbarhaus lediglich deshalb nicht mehr vermietet werden konnte. Dem Klageantrag des Nachbarn auf Schadensersatz wurde deshalb nach Art. 1382 C. c. stattgegeben. Puchelt, Zeitschr. für deutsches bürgerl. Recht und französ. Zivilrecht 1902, Bd. 33 S. 373.

Während der § 906 nur die exzessiven Immissionen und auch diese nur bedingt verbietet, ist in dem Schlußsatz absolut verboten jede Immission durch besondere Leitung, selbst wenn eine Beeinträchtigung nicht vorliegt. Aus der Gegenüberstellung der Worte „Zuführung“ und „Leitung“ gibt das Gesetz zu erkennen, daß zu unterscheiden ist zwischen mittelbarer und unmittelbarer oder direkter Einwirkung. Zuführung an sich ist auch das von menschlichem Zutun unabhängige Hinüberwirken. Wer zur Entstehung oder Verbreitung von Rauch, Ruß ꝛc. die Ursache liefert, muß wissen, daß diese ihren eigenen Weg nehmen; ihre Fortpflanzung über die Grenze ist ihm mithin als Folge seiner Tat zuzurechnen. Mot. III S. 265. Von dieser natürlichen Immission handelt der Hauptsatz des § 906. Wird dagegen dem auf einem Grundstück erzeugten Rauch ꝛc. die Richtung auf ein anderes Grundstück gegeben — Leitung —, so liegt die direkte oder unmittelbare Immission des Schlußsatzes im § 906 vor.

Der § 906 berührt zunächst das Nachbarrecht, geht aber über dessen Rahmen hinaus, denn es kommt nicht darauf an, ob die beteiligten Grundstücke unmittelbar aneinander stoßen, oder das eine mehr oder weniger weit von dem anderen entfernt liegt.

Die Bestimmungen des § 906 sind dispositiver Natur. Die fraglichen Verhältnisse können also durch die Beteiligten auch anders geregelt werden, und kann diese Regelung auch durch konkludente Handlungen erfolgen. Bei Beurteilung des einzelnen Falles können also mancherlei subjektive Momente in Betracht kommen. Nicht selten wird auch das Prinzip des BGB. „Treu und Glauben" entscheiden. Hat jemend ein Grundstück zur Anlage oder Erweiterung einer Fabrik verkauft, so kann er später nicht klagbar werden wegen Beseitigung der von vornherein vorauszusehenden Belästigungen durch Rauch ꝛc.

Eine vertragliche Regelung wegen derartiger Beeinträchtigungen wirkte nach bisherigem Recht als Bestellung einer Servitut. Dieser Rechtszustand ist auch erhalten durch Art. 189 des Einf.Gesetzes. Nach dem Zeitpunkte der Grundbuchregulierung, also für Preußen fast ausnahmslos nach dem 1. Jan. 1900 haben derartige Vereinbarungen gegen Dritte aber nur dann Wirksamkeit, wenn die Voraussetzungen des § 873 BGB. nämlich dingliche Einigung und Eintragung vorliegen.

Das durch § 906 gegebene Verbietungsrecht ist auszuüben eventuell durch Klage, zu welcher legitimiert ist der Eigentümer des beeinträchtigten Grundstücks, ferner aber auch der dingliche Nutzungsberechtigte aus §§ 1004, 1027, 1065 BGB. Mieter und Pächter haben kein eigenes Klagerecht gegen den Störer, sie können nur Abhilfe verlangen durch den Vermieter ꝛc.

Kläger hat zur Begründung nur die erfolgte Einwirkung und den Kausalnexus nachzuweisen. Voraussetzung der Klage ist, daß die Wirkungen des Betriebes, die Zuführung von Imponderabilien die Grenze überschreiten. Bei Beschränkung der körperlichen Wirkung eines Betriebes innerhalb der Grenzen eines Grundstücks ist § 906 nicht anwendbar. RG.Erk. v. 27. Febr. 1892 im „Recht" 1902 Nr. 1150. Das Recht auf Unterlassung des unberechtigten Eingriffs im Sinne des § 906 zu klagen, erlischt nicht dadurch, daß der Anspruch zeitweilig befriedigt wird. RG.Erk. v. 16. Okt. 1900.

Ist der früher zugeführte Lärm infolge einstweiliger Verfügung seit Monaten unterblieben, so ist möglicherweise kein Anlaß mehr zur Klage gegeben und kann eine solche nur dann Erfolg haben, wenn Besorgnis der Wiederholung des Lärms festgestellt werden kann. RG.Erk. v. 8. Febr. 1902.

Ein eigentliches Verschulden des Beklagten braucht, abgesehen von den Fällen, wo es sich um Schadloshaltung handelt, nicht bewiesen zu werden. Ein Verschulden ist aber schon anzunehmen, wenn Beklagter die beeinträchtigenden Einwirkungen auf Nachbargrundstücke voraussehen konnte. RG.Entsch. Bd. 32 S. 341.

Der § 906 gibt das bisher in Deutschland geltende Recht wieder, ist deshalb auch anwendbar auf Immissionsfälle, welche sich vor dem 1. Jan. 1900 ereigneten. RG.Erk. v. 22. Nov. 1900. Nach Art. 181 des Einf.Gesetzes werden die dinglichen Ansprüche nach neuem Recht beurteilt, während gemäß Art. 170 des Einf.Gesetzes die Schuldverhältnisse, also die rein persönlichen Ansprüche den alten Vorschriften unterliegen. Auf eine Schadensersatzforderung aus der Zeit vor dem 1. Jan. 1900 findet somit der § 906 keine Anwendung. RG.Erk. v. 9. März 1901.

Beklagter hat die Beweislast dafür, daß nicht exzessive, nicht wesentliche oder nicht ungewöhnliche Beeinträchtigungen eingetreten sind.

Auch kann er der Klage auf Abwehr der durch seinen Fabrikbetrieb verursachten Erschütterungen (Erzittern) des Nachbarhauses mit Erfolg begegnen durch den Beweis, daß die Schuld daran hauptsächlich die leichte oder fehlerhafte Bauart jenes Hauses trägt.

Die Einreden, welche das BGB. dem Beklagten gegen das Verbietungsrecht des Grundeigentümers gewährt, sind in dem § 906 erschöpfend geregelt. Der Grundsatz der Prävention gilt hier nicht. Die Tatsache, daß der Beklagte seinerseits lange vor Errichtung des klägerischen Hauses sein Gewerbe betrieben hat, begründet keine der im § 906 vorgesehenen Einrede. RG.Erk. v. 12. Dez. 1900. — OLG. Karlsruhe v. 16. Febr. 1891.

Die Klage richtet sich gegen denjenigen, von dessen Grundstück die Einwirkung ausgeht (§§ 1004, 1017, 1027, 1065, 1090). Wird die Tätigkeit, auf welche die Einwirkung zurückzuführen ist, von einem Dritten für eigene Rechnung vorgenommen, so richtet sich die Klage gegen den Dritten. Es kann aber immerhin der Grundeigentümer, obwohl er nicht der eigentliche Störer ist, auch als Vermieter wegen solcher zunächst durch den Maschinenbetrieb des Mieters veranlaßten Zuführungen verklagt werden, die er durch seine Anordnungen veranlaßt oder in unzulässiger Weise geduldet hat, die — mit anderen Worten — mit seinem Willen begonnen wurden, oder deren Fortbestehen von seinem Willen abhängig ist. Ein eigentliches Verschulden des Vermieters ist hierbei — abgesehen von der Schadensersatzfrage — nicht erforderlich. RG.Erk. v. 8. Febr. 1902, abgedruckt in Gruchot Bd. 46 S. 650 Diese Haftbarkeit ist aber ausgeschlossen, wenn der Vermieter alles getan hat, um den Eingriff zu hindern oder zu beseitigen. Hat aber Vermieter durch den Mietvertrag die Möglichkeit sich genommen, gegen den Mieter wegen Mißbrauchs der Sache vorzugehen, so hat er im voraus unzulässigerweise seine Einwilligung zu Störungen der Nachbarn gegegeben. RG.Erk. v. 27. Dez. 1900 (Entsch. Bd. 47 S. 162).

Wenn eine Stadtgemeinde eine Straßenkanalisation geschaffen hat, die von den an den Straßen wohnenden Bürgern benutzt wird, schädliche rc. Substanzen einem Bache zuführen, so hat sie alle Einwirkungen demjenigen gegenüber zu vertreten, der das Bachwasser zum Betriebe seiner Fabrik benutzt. RG.Erk. v. 15. Dez. 1900. Vgl. Gruchot Bd. 45 S. 1009.

Der Antrag der Eigentumsfreiheitsklage aus § 1004 kann gerichtet werden auf Herstellung vorbeugender Einrichtungen, unter Umständen auf zeitweise (zur Nachtzeit) oder auf völlige Einstellung des Betriebes. Neben dem negatorischen Anspruch kann in der nämlichen Klage auch ein auf Verschulden gestützter Schadensersatzanspruch auch ohne Angabe des Schadensbetrages erhoben werden. RG.Erk. v. 5. Nov. 1900 in Puchelt, Zeitschr. für deutsches bürgerl. Recht und französ. Zivilrecht.

Die Negatorienklage wird durch die Gewerbeordnung § 26 dahin beschränkt, daß einer konzessionierten gewerblichen Anlage gegenüber niemals der Antrag auf Einstellung des Gewerbebetriebs gestellt werden kann. In diesem Falle ist nur die Herstellung von Einrichtungen zu verlangen, welche die benachteiligenden Einwirkungen ausschließen oder mindern. RG. in Jur. Wochenschr. 1896 S. 210 Nr. 37. Eventuell kann auch auf Schadloshaltung geklagt werden. Der Berechtigte hat nicht freie Wahl, welche Klage er anstellen will; er kann Schadloshaltung erst verlangen, wenn feststeht, daß eine Betriebsänderung nicht möglich ist (vgl. RG. in Gruchot Bd. 42 S. 137).

II. Schädliche Anlagen. § 907 BGB.

Der § 906 enthält die negativ gefaßte Einschränkung, daß der Eigentümer eines Grundstücks die unwesentlichen und gewöhnlichen Einwirkungen nicht verbieten kann. Soweit aber der Eigentümer kraft der ihm nach den §§ 903—906 zustehenden Befugnisse berechtigt ist, die von einem anderen Grundstück ausgehenden Einwirkungen zu verbieten, stellen diese sich als unzulässige Einwirkungen im Sinne des § 907 dar. Insofern greift der § 907 zurück auf den im § 906 erläuterten Begriff „unzulässige Einwirkungen". Der Kommiss.Ber. Bd. 3 S. 160 sagt ausdrücklich: im § 907 entscheidet sich die Frage, welche Einwirkungen als unzulässige anzusehen sind, nach den §§ 903—906.

Im I. Entwurf finden sich die Immissionen im § 850 bezw. § 856, die schädlichen Anlagen im § 864, also keineswegs unmittelbar aufeinander folgend wie die §§ 906, 907, so daß auch letztere als zusammengehörend und gleichartig nicht ohne weiteres anzusehen sind. Nach dem Bericht der Justizkommission für die 2. Lesung Bd. 3 S. 157 war zu § 864 (jetzt § 907 BGB.) folgende Fassung beantragt (Antrag 3): „Anlagen, deren Benutzung eine unzulässige Einwirkung auf ein Nachbargrundstück zur notwendigen Folge hat, wie Wassergräben, Viehställe, Backöfen, Rauchfänge, Düngergruben u. dergl. dürfen nicht . . . .". Dieser Antrag wurde zur Berücksichtigung bei der Redaktion nach der Richtung empfohlen, die Vorschrift durch Anführen von Beispielen zu verdeutlichen. Auch Turnau hebt hervor, der § 907 gibt keine Beispiele. Wenn nun die §§ 906 und 907 objektiv dieselben Einwirkungen behandelten, so kämen allein die im § 906 gegebenen Beispiele in Betracht.

Es sind aber die §§ 906 und 907 durchaus nicht zu identifizieren, denn dagegen sprechen vor allem die inneren Verschiedenheiten. Die Ansprüche aus § 907 unterliegen nicht der Verjährung, wohl aber diejenigen aus § 906. Die Beweislast im § 907 ist eine andere als im § 906. Letzterer gibt nur das Recht auf Beseitigung der Störung, § 907 aber das über den gewöhnlichen negatorischen Anspruch hinausgehende Recht auf Beseitigung der Anlage. § 907 beschränkt sich auch im Gegensatz zu § 906 nur auf nachbarliche, d. h. unmittelbar aneinander grenzende Grundstücke. In letzterem Punkt ist anderer Ansicht Dr. Plathner — Preuß. Verwaltungsblatt 1901 S. 541. Dort wird ausgeführt, der § 907 spreche zwar von Anlagen auf Nachbargrundstücken, meine aber nicht anderes, als was im § 906 ausgedrückt sei durch die Worte „von andere Grundstücken". Auch stellt sich die dortige Auffassung, der § 907 sei anwendbar auf Grundstücke, die dem öffentlichen Verkehr dienen, wie Straßen und öffentliche Plätze, mit der Judikatur des ObTr. — Entsch. Bd. 71 S. 146 — in Widerspruch, nach welcher für Straßen nicht das Privatinteresse eines Nachbarn, sondern lediglich das öffentliche Interesse in Betracht kommt, welches von der Behörde, vgl. ALR. I 8 § 65, gewahrt wird.

Welche Anlagen im § 907 gemeint sind, ist aus den Mot. III S. 293 ersichtlich, wonach der Grundsatz des § 907 entnommen ist einer gewissen Kategorie von Spezialbestimmungen des geltenden Rechts. Dazu gehören die im deutschen Recht, im Sachsenspiegel ꝛc. sich findenden Vorschriften, daß gewisse Anlagen in einer bestimmten Entfernung von der Grenze bleiben müssen. Gedacht ist also im § 907 Abs. 2 speziell an Kloaken, Ställe, Mistgruben, also an diejenigen Anlagen, auf welche die Sonderbestimmungen des ALR. I 8 §§ 125, 126, 128, 129, 130, 131 sich beziehen.

Zu den Anlagen im Sinne des § 907 gehören aber auch diejenigen, welche erst, wenn sie ihrem Zweck gemäß unter Hinzutritt weiterer menschlicher Tätigkeit benutzt werden, zu unzulässigen Einwirkungen führen. Mot. III S. 293. So ist der vom Beklagten auf dessen Grundstück hergestellte Straßenanschluß an einen Privatweg des Klägers eine solche Anlage, ein das Eigentum des Klägers beeinträchtigender Eingriff. Erk. des ObLG. Marienwerder v. 7. März 1901 im „Recht" 1901 Nr. 1164.

Als **Kläger** ist legitimiert wie beim § 906 der beeinträchtigte Eigentümer § 1004 oder derjenige, dessen dingliches Recht am Eigentum beeinträchtigt wird. §§ 1017, 1027, 1065, 1900 BGB. Das Klagerecht ist nur gegeben, wenn die unzulässige Einwirkung der Anlage mit Sicherheit vorauszusehen ist. Die auf die bloße Möglichkeit sich gründende Besorgnis derartiger Einwirkungen genügt nicht. ObLG. Kolmar abgedruckt im „Recht" 1900 S. 562. Das Vorliegen dieser Voraussetzung hat Kläger zu beweisen. Die Beweislast ist also umgekehrt wie im Falle des § 906. Voraussetzung ist wie bei § 906 die tatsächliche Grenzüberschreitung. Nur solche Anlagen sind getroffen, die mittels Hinüberleitens ihrer Bestandteile oder mittels Zuführens sinnlich wahrnehmbarer Stoffe die Grenze überschreiten oder zu überschreiten drohen, nicht aber solche, die nicht positiv in das fremde Gebiet hinübergreifen. RG.Erk. v. 30. Apr. 1902 im „Recht" 1902 Nr. 1688.

Mit der bloßen Unterlassung der Benutzung der Anlage braucht Kläger sich nicht zu beruhigen, er kann auch dann die Beseitigung der Anlage verlangen. Prot. III S. 159, 160.

Als **Beklagter** kommt in Betracht der Störer, derjenige, welcher die Anlage herstellt, auch wenn er nicht der Eigentümer des anderen Grundstücks ist. Die dolose oder kulpose Übertretung des im § 907 gegebenen Verbots erzeugt die Verbindlichkeit aus unerlaubter Handlung, sowie die Haftung des Übertreters, sei er der Eigentümer des Grundstücks oder der Inhaber der Anlage. Errichtet oder hält ein Dritter für eigene Rechnung die Anlage, ist er der Klage gegenüber passiv legitimiert. Dem Beklagten bleibt überlassen, die Zulässigkeit der Anlage zu beweisen. Der Einwand der Verjährung kann nicht Platz greifen, da nach § 924 der Anspruch aus § 907 nicht der Verjährung unterliegt. Die Zulassung desselben würde dazu führen, eine entsprechende Grunddienstbarkeit für zulässig zu erklären, während das BGB. die Ersitzung einer Grunddienstbarkeit grundsätzlich ablehnt.

Der Klageantrag geht auf Unterlassung der Herstellung oder auf Beseitigung der Anlage. Da das Gesetz indessen nicht voraussetzt, daß bereits unzulässige Einwirkungen auf das Nachbargrundstück stattgefunden haben, so führt der § 907 event. nur zu dem Anspruch, daß die künftig schadende Anlage zu beseitigen ist. Mot. III S. 295. Die Beschränkung durch § 26 der Gew.Ordn. findet auch hier wie bei § 906 statt. Bei gewerblich konzessionierten Anlagen, d. h. wenn die Genehmigung auf Grund des in den §§ 17 u. 23 der Gew.Ordn. geregelten Verfahrens erteilt ist (dahin gehört also nicht die gewöhnliche baupolizeiliche Erlaubnis), ist die Klage auf Beseitigung der Anlage ausgeschlossen und tritt an deren Stelle die Klage auf Betriebsänderung. Der § 907 gewährt dem gefährdeten Nachbarn nur einen Anspruch auf Beseitigung der Anlage. Ist aber dem Nachbarn durch öffentlich-rechtliche Vorschriften (z. B. § 26 Gewerbeordnung) der Beseitigungsanspruch entzogen, so steht ihm bei sicherer Voraussehbarkeit unzulässiger Einwirkungen der Anlage ein Entschädigungsanspruch zu. RG.Erk. v. 27. Febr. 1902 im „Recht" 1902 Nr. 1151.

Nur im Falle des Abs. 2 Satz 1 des § 907 läßt das Gesetz den vorbeugenden Schutz nicht zu. Sind nämlich im Interesse der Nachbarn besondere Schutzvorschriften erlassen in den aufrecht erhaltenen Landesgesetzen, so sollen diese so lange an sich als genügend angesehen werden, als nicht durch Tatsachen das Gegenteil erwiesen ist. Der Eigentümer verliert also seinen Anspruch nicht, sondern ist nur in der Geltendmachung beschränkt. In diesem Fall ist die Klage auch event. auf Schadloshaltung zu richten. Landesgesetzliche Bestimmungen dieser Art sind für Preußen die §§ 125—131 I 8 ALR. Diese durch Art. 124 Einf.Gesetz aufrecht erhaltenen Paragraphen betreffen Ställe, Rinnen und Brunnen.

Auch nach der bisherigen Judikatur war der Eigentümer klageberechtigt, wenn trotz Beobachtung der Schutzmaßregeln derartige auf dem Nachbargrundstücke errichtete Anlagen unzulässige Einwirkungen hatten. Bezeichnend ist ein in dem ObTr.Erk. Strieth.Arch. Bd. 44 S. 57 behandelter Rechtsfall. Der Beklagte hatte auf seinem Grundstück unter Einhaltung der in den §§ 125, 126 I 8 ALR. vorgeschriebenen Entfernungen und Einrichtungen eine Mistgrube unterhalten, aus welcher sich Jauche auf das Grundstück des Klägers ergoß. Die Klage ist durchgedrungen, weil die Immission der überfließenden Jauche ein direkter unerlaubter Eingriff in das Eigentum des Klägers ist.

Durch den Abs. 2 des § 907 ist eine zweite Ausnahme gegeben. Bäume und Sträucher gehören nicht zu den Anlagen im Sinne dieser Vorschriften; für diese sind maßgebend die §§ 910, 911, 923 BGB. Aber auch landesgesetzliche Vorschriften, nach welchem Bäume und

Sträucher nur in einem bestimmten Abstand von der Grenze gehalten werden dürfen, sind nach Art. 124 EG. in Kraft geblieben. Ist also z. B eine Hecke nach § 174 I 8 ALR. mindestens $1^1/_2$ Fuß von der Grenze angelegt, so kann ihre Beseitigung nicht verlangt werden.

A. Schweineställe und Kloaken. §§ 125, 126 I 8 ALR.

Nach gemeinem Recht, welches betreffs der hier gedachten den Gebäuden schädlichen Anlagen keine positiven Vorschriften über Entfernungen oder sonstige Schutzmaßregeln enthält, kommt lediglich die konkrete Schädlichkeit der Anlagen in Betracht. Auf diesem Standpunkt stehen auch die meisten neueren Bauordnungen; vgl. für Württemberg Art. 62, 63; für Braunschweig § 57. Das österreichische bürgerliche Gesetzbuch hat überhaupt keine hier einschlägige Bestimmung. Der code civil verweist im Art. 674 auf die lokalen Gewohnheitsrechte und Verordnungen. Gruchot 6 S. 284.

Dagegen finden sich beschränkende gesetzliche Normen, wie sie das ALR. aufstellt, schon in den germanischen Rechten des Mittelalters, vgl. Glück, Kommentar Bd. 10 S. 136, 137.

Im Sachsenspiegel II 51 heißt es: „Öfen, Gänge oder Schleußen (cloacae) und Schweinekoben sollen 3 Fuß vom Zaun stehen.“ Ähnlich ist der Wortlaut im Sächsischen Weichbild Art. 122; vgl. Walter, gem. deutsches Privatrecht.

1. Welche Anlagen werden beschränkt in §§ 125 ff.?

Bei Ausarbeitung dieser Lehre sind im wesentlichen die Vorschriften der Berliner Bauobservanzen zu Grunde gelegt. Die dortige Vorschrift des § 5 Tit. 2 ist in den § 125 aufgenommen. Von den Ställen sind gerade die schädlichsten, die Schweineställe, speziell genannt; außerdem Kloaken, Düngergruben und Lohgruben.

a) Kloaken. Dorguth in Kamptz' Jahrbüchern Bd. 36 S. 217 meint, es sei nicht klar, was hier unter Kloaken zu verstehen sei; die römischen cloacae seien nicht gemeint. Koch versteht unter Kloaken sowohl Gruben zur Ansammlung von Unreinigkeiten — als auch verdeckte Kanäle zu deren Ableitung aus den Häusern; letzteres aber sind die eigentlichen römischen cloacae, vgl. oben (röm. R.) S. 3. Heydemann, Einleitung Bd. I S. 431 ist gleicher Ansicht mit Koch. — Öffentliche Siele z. B. in Hamburg unterliegen als cloaca publica nicht diesen privatrechtlichen Bestimmungen, und können nicht wie Servituten durch unterlassene Ausübung erlöschen. RG.Erk. v. 10. Jan. 1883, Entsch. Bd. 8 S. 152.

b) Andere schädliche Anlagen. Unter den anderen Anlagen sind zu verstehen nicht nur gleichartige oder ähnliche, sondern alle diejenigen, welche ebenso nachteilig sind, wie die namentlich aufgeführten. Auch ist das Wort Anlage nicht nur streng in der Bedeutung einer mit dem Boden verbundenen baulichen Einrichtung zn nehmen. Es gehören dahin selbst bewegliche Anlagen, wenn sie zu dauerndem Zweck gemacht sind, also bewegliche Wasserbehälter, feuchte Kalkhaufen. ObTr.Erk., Entsch. Bd. 9 S. 192; Grein, Baurecht 2. Bearb. S. 80. Der § 125 spricht von Düngergruben, hat aber auch Anwendung auf Miststätten, in welchen der Dünger nur auf die Erdoberfläche gelegt wird. Ulrichs Arch. Bd. 6 S. 531.

Aber eigentliche Gebäude, auch wenn sie nur als Stallungen dienen, sind nicht unter die schädlichen Anlagen zu rechnen. ObTr.Erk. v. 15. Juli 1856, Strieth.Arch. Bd. 22 S. 133. Im Erk. v. 29. Sept. 1868 Strieth.Arch. Bd. 72 S. 223 ist aber auch eine Abteilung eines Gebäudes, welche als Schweinestall benutzt wird, als schädliche Anlage im Sinne des § 125 I 8 behandelt. Koch, Komm. Anm. 79 zu § 125.

Daß das Lagern von Holzhaufen nicht zu den schädlichen Anlagen zu rechnen, ist im ObTr.Erk. v. 11. Mai 1869, Strieth.Arch. Bd. 74 S. 321 ausgeführt. Entscheidend ist der Umstand, ob solche Anlagen Flüssigkeiten ansammeln, nur diese fallen unter den § 125.

Ein Eisenbahndamm gehört nicht zu den schädlichen Anlagen. ObTr.-Erk. v. 29. Sept. 1868, Strieth.Arch. Bd. 72 S. 172.

c) **Im Werden begriffene Anlagen** unterliegen dem § 125 I 8. ObTr.Erk. v. 8. Aug. 1848. Wenn also der Nachbar beim Vorhandensein derartiger Anlagen an der Grenze bauen will, so kann er deren Beseitigung nicht verlangen, muß vielmehr seinerseits Vorrichtungen treffen, die zu befürchtenden Nachteile abzuwenden. ObTr.Erk. v. 30. Jan. 1855 (Präjud. 2604), Entsch. Bd. 30 S. 27. Denn sonst könnte das Maß des Zurücktretens von den Gebäuden ab nicht gerechnet werden. ObTr.Erk. v. 25. Juni 1857, Strieth.Arch. Bd. 25 S. 291. Die §§ 125, 127 verlangen nicht etwa die 3 Fuß Entfernung von der Grenzlinie, sondern von den Gebäuden, Mauern, Scheunen und Bäumen; Hecken gehören nicht hierhin. Grein S. 82.

Die Entfernung der 3 Fuß ist zu messen von der inneren Seite der Einfassungsmauern der Anlagen. ObTr.Erk. v. 22. Sept. 1843, Entsch. Bd. 17 S. 114. And. Ans. Grein S. 84 Anm.

§ 125 ist nicht anwendbar, wenn Gebäude 2c. nicht vorhanden, alsdann darf man mit solchen Anlagen bis hart an die Grenze gehen.

2. Welche Baulichkeiten 2c. werden geschützt durch §§ 125 ff.?

Die fraglichen Anlagen sollen nach § 125 von nachbarlichen Gebäuden, Mauern und Scheunen, sowie nach § 127 von Bäumen des Nachbars 3 Fuß entfernt bleiben. Was § 127 betrifft, so ist unbedenklich, daß derselbe auf Hecken keine Anwendung findet, speziell den Hecken ist nicht der gleiche Schutz gewährt. Bei § 125 fragt es sich, was unter Gebäuden zu verstehen ist. Grein S. 81 will dieses Wort in einer engeren Bedeutung aufgefaßt wissen, unter Ausschluß aller gebäudeähnlichen Anlagen, also sollen nur Häuser bezw. bedeckte Gebäude damit gemeint sein.

Diese enge Interpretation ist nicht gerechtfertigt, vgl. Koch Anm. zu § 125; ebenso Erk. des ObTr. v. 15. Apr. 1875, Entsch. Bd. 75 S. 11.

Der § 125 findet keine Anwendung in Fällen, wo die schädliche

und die benachteiligte Anlage eine gemeinschaftliche Mauer haben, vielmehr sind alsdann die §§ 133 I 8, 10 ff. I 17 maßgebend.

3. Bedeutung des § 126 als Polizeivorschrift.

Ist polizeilich das Ausmauern schon vorhandener Anlagen oder deren Entfernung zu verlangen? Anfangs verneint durch das Reskript v. 29. Febr. 1828, dann endgültig bejaht durch Reskripte v. 8. März und 13. Apr. 1842. Ebenso im Erk. des II. Senats des ObTr. v. 31. Okt. 1854 in den Entsch. Bd. 29 S. 56:

„Die Vorschrift des § 126 I 8 ALR. beschränkt sich nicht auf den Schutz der Gebäude des Nachbarn gegen den schädlichen Einfluß der im § 125 bezeichneten Anlagen, bezieht sich vielmehr auch auf das öffentliche Interesse." — Präjudiz 2559. —

Die Bestimmung des § 126 I 8 ist zwar im System des ALR. mit dem Verbote des § 125 in Verbindung gebracht und befindet sich unter den Einschränkungen des Eigentums zum Besten der Nachbarn. Es liegt hier unverkennbar aber, indem dieselbe auch die Beförderung der Reinlichkeit und Gesundheit zum Zweck hat, ebenso sehr ein öffentliches Interesse zum Grunde, wie das Kgl. Ministerium des Innern in den Reskripten v. 8. März und 13. Apr. 1842 ganz richtig ausgeführt hat. Und die Stellung, welche dem § 126 im Landrecht angewiesen ist, kann um so weniger entscheidend sein, als er ganz allgemein lautet und anderweit nicht ersichtlich ist, daß der Schutz der nachbarlichen Gebäude die eigentliche und einzige Veranlassung dazu gegeben hat.

Ferner kommt das Erk. des ObTr. v. 14. Okt. 1858 in Strieth. Arch. Bd. 31 S. 47 — in Ausführung der vorbenannten Gründe zu dem Resultat:

„Daher findet der Erwerb eines dem § 126 derogierenden Rechts durch Verjährung nicht statt."

Schließlich ist durch das Erk. des ObTr. v. 22. Nov. 1853 in Strieth. Arch. Bd. 11 S. 58 ausgesprochen:

„Die Vorschrift des § 125 I 8 kann als ein Verbotsgesetz im Sinne des § 664 I 9 nicht aufgefaßt werden, welchem entgegen kein Recht durch Verjährung zu erwerben wäre."

Die Freiheit des Eigentums von der Einschränkung des § 125 I 8 kann also auch durch Verjährung erworben werden.

Daß eine Befreiung von jenen gesetzlichen Einschränkungen an und für sich zulässig sei, könne nach § 191 I 8 nicht wohl zweifelhaft sein. Obschon hier verordnet wird, daß Einschränkungen, welche nur zum Vorteil gewisser Personen festgestellt worden, „durch rechtsverbindliche Willenserklärungen dieser Personen" aufhören können, so ist doch damit eine Ersitzung der Freiheit keineswegs ausgeschlossen, und dieses um so weniger anzunehmen, als a. a. O. ganz im allgemeinen auf den Tit. 22 Teil I hingewiesen wird, und hier auch der Erwerb von Servituten durch Verjährung ausdrücklich gestattet bleibt.

Also der § 125 I 8 wird als ein Teil des Privatrechts angesehen, der durch Privatwillen, Vertrag, Verjährung 2c. abgeändert werden kann, während der § 126 dem öffentlichen Recht angehört, im Sinne des § 664 I 9 ein Verbotsgesetz ist und durch Verjährung nicht derogiert werden kann. Es kann also die Ausmauerung von dgl. Behältnissen als Polizeivorschrift kategorisch verlangt werden im Interesse der Gesundheit und Reinlichkeit. Vgl. Heydemann, Einl. Bd. I S. 431 bis 434.

Bedenklich ist dabei immerhin, daß der § 126 mit dem Wort „auch" sich so eng und gewissermaßen zusätzlich dem § 125 anschließt, gleichwohl aber letzterer einem ganz anderen Rechtsgebiet angehören soll, als der erstere. Man müßte das „auch" für gleichbedeutend nehmen mit „ferner" oder „außerdem".

Der § 126 bezweckt nach der Auffassung des ObTr. die Beförderung der Reinlichkeit und Gesundheit, er spricht aber doch von „den Gebäuden schädlichen Anlagen".

Grein: Zur Abwehr von Nachteilen bestimmen sowohl der § 125 als der § 127 eine Entfernung von 3 Fuß, nämlich der § 125 bezüglich der Gebäude 2c., der § 127 bei Bäumen. — Beide §§ hätten zusammengezogen werden können, wenn nicht im Fall des § 125 auch noch besonders die Verbindlichkeit des Ausmauerns der Anlage hinzugetreten wäre. Vgl. Erk. ObTr. v. 15. Apr. 1875.

4. Vorschrift über das Ausmauern.

Ist die Ausmauerung auch erforderlich, wenn dgl. Anlagen weiter als 3 Fuß von den Gebäuden 2c. des Nachbarn entfernt bleiben?

Koch bejaht dieses — Bornemann und Grein jedoch nur mit der Beschränkung: sofern nicht die gänzliche Unschädlichkeit nachgewiesen.

Letzteres ist wohl das Richtige. Denn wenn ohne jede Rücksicht auf die Entfernung und Schädlichkeit der § 126 maßgebend sein sollte, so müßte auch eine über 50 Fuß von den Gebäuden 2c. des Nachbarn entfernte Grube ausgemauert werden.

Erstlich verlieren die betr. Flüssigkeiten, wenn sie durchsickern, ihre Schädlichkeit, indem der Erdboden naturgemäß die nachteiligen Substanzen filterartig bei einer gewissen Entfernung vollständig zurückhält. Sodann aber kann auch eine undurchlässige Erdschicht oder allein die niedrigere Lage des Terrains eine Benachteiligung der Nachbargebäude absolut unmöglich machen. — In diesem Sinne hat auch das ObTr. im Erk. v. 15. Apr. 1875 (Entsch. Bd. 75 S. 11) entschieden: den gesetzlichen Einschränkungen des Eigentums zum Besten des Nachbars liegt die Voraussetzung einer sonst eintretenden Schädigung oder Benachteiligung des letzteren zum Grunde, und insofern kann von der Anwendbarkeit des § 126 nicht füglich die Rede sein, wenn auch die Düngergrube 2c. derartig weit von der nachbarlichen Grenze entfernt liegt, daß aus ihr eine materiell schädliche Einwirkung auf das nachbarliche Gebiet nicht zu besorgen ist. —

Zu berücksichtigen ist auch, daß es der fortgeschrittenen Baukunst möglich geworden ist, Mißständen zu begegnen, denen man früher nur durch Einschränkungen der Baubefugnis entgegen zu treten wußte.

Besonders hervorzuheben ist hierbei noch, daß die vorgeschriebenen 3 Fuß Entfernung nicht etwa von der Grenzlinie, sondern von den Gebäuden 2c. zu messen sind; ferner daß beim Messen der Entfernung einer Mistgrube und gleichartiger Anlagen auch die Dicke ihrer Umfassungsmauern mitgerechnet wird. Letzteres im ObTr.Erk. v. 22. Sept. 1843 und Grein, Baurecht 2. Bearb. S. 83.

Die Bestimmung des § 126 bezieht sich nicht nur auf die Seitenwände, sondern auch auf die Sohle. Erk. ObTr. v. 29. Sept. 1868 in Strieth. Arch. Bd. 72 S. 223. Der Zweck des Gesetzes geht dahin, den Nachbar vor dem Eindringen der schädlichen Flüssigkeiten zu schützen, und dieser Zweck würde durch Ausmauerung der Seitenwände allein nicht erreicht werden können.

5. Klage auf Beseitigung der schädlichen Anlagen.

Die Einschränkungen aus §§ 125, 126 sind subj. dingliche Rechte und Pflichten. Erk. des ObTr. v. 17. Juli 1860 in Strieth. Arch. Bd. 38 S. 202, die Klage auf Beseitigung der betr. Anlage ist als Realklage anzusehen.

Die Klage auf Beseitigung einer unzulässigen Anlage kann nur gegen den zeitigen Eigentümer des Grundstücks gerichtet werden. Gruchot Bd. 6 S. 285. — Hatte Verklagter die betr. Anlage zwar gemacht, aber vor Anstellung des Prozesses das Grundstück verkauft, so fehlt die Passivlegitimation. Erk. des AppGer. Hamm v. 28. Apr. 1856.

Einer auf die Vorschrift des § 125 I 8 gestützten Klage steht der Umstand für sich allein nicht entgegen, daß zu der Zeit, als die Parteien ihre aneinander stoßenden Besitzungen erwarben, die betr. Anlage bereits vorhanden war. Erk. des AppGer. Hamm v. 9. Nov. 1854, vgl. Gruchot Bd. 6 S. 286. Grein, Baurecht 2. Bearb. S. 66. Die Realitäten beider Parteien waren früher in einer Hand gewesen, und in notwendiger Subhastation vereinzelt von den Parteien erworben. — Da besondere Gerechtsame nicht ausdrücklich vorbehalten worden, so sind die betr. Realitäten mit den ihnen zustehenden Rechten und Gerechtigkeiten verkauft. Dazu gehört aber namentlich die Befugnis des Klägers, auf Grund der Bestimmung des § 125 I 8 zu verlangen, daß die Düngergrube des Beklagten wenigstens 3 Fuß rheinländisch von seinem Gebäude entfernt bleibe.

Das Erk. des ObTr. v. 13. März 1862 in Strieth. Arch. Bd. 44 S. 237 sagt bezüglich des § 138 I 8: er habe zur Voraussetzung, daß zwei — verschiedenen Eigentümern gehörige — Grundstücke aneinander stoßen. Sind daher die Öffnungen zu einer Zeit angebracht worden, wo der Anbringende Eigentümer beider Grundstücke war, so ist von der Entstehung eines Rechts für das eine Grundstück sowenig wie von Entstehung der Verbindlichkeit für das andere Grundstück die Rede. Verkauft demnächst der Eigentümer das eine Grundstück, so kann das durch den § 138 begründete Recht auf den Verkäufer nur durch besondere

Konstituierung übertragen werden. Durch den bloßen Kauf erwirbt es der Käufer nicht, weil es eben nicht bestand.

Dieselbe Ausführung dürfte auch hier Platz greifen und der Entscheidung des AppGer. zu Hamm v. 9. Nov. 1854 entgegen stehen. Denn solange die betr. Realitäten in einer Hand sind, bestand auch das Recht aus § 125 auf Entfernung der schädlichen Anlagen nicht; durch bloßen Kauf kann es also der neue Besitzer nicht erwerben, weil es vordem nicht existierte. Dieses muß gelten sowohl in dem Fall, wenn Verkäufer den anderen Teil des Grundstücks für sich behält, wie auch, wenn dieser Teil in eine andere Hand übergeht. Vgl. BGB. § 907 Abs. 2. Der Anspruch aus § 907 unterliegt nicht der Verjährung, § 924. Daher findet bei den §§ 125, 126 I 8 auch § 127 I 8 Anwendung.

B. Rinnen und Kanäle.

§ **128** I 8. Wer auf seinem Grund und Boden, jedoch an der Seite des Nachbarn hin, Rinnen und Kanäle an der Erde zur Abführung des Wassers anlegen will, muß gegen die Wand des Nachbars wenigstens noch einen Raum von einem Werkschuh frei lassen.

1. Zur Abführung des Wassers bestimmt.

Grein hält die Worte: „jedoch an des Nachbarn Seite hin" für überflüssig — denn wenn Rinnen eine andere Richtung nähmen, so bleibe von selbst mehr als ein Fuß liegen. Anlegen eines Kanals oder einer Rinne ist keine Erniedrigung des Bodens, daher nicht unter die §§ 185 ff. I 8 zu subsumieren. Vgl. Erk. des ObTr. v. 15. Apr. 1875, Entsch. Bd. 75 S. 11. Der § 128 ist nur anwendbar, wenn die Rinnen zur Abführung des Wassers bestimmt sind. Der § 128 ist auch anwendbar, wenn der Nachbar eine Einrichtung getroffen hat, durch welche eine Rinne entsteht, welche das Wasser ableitet — auch wenn es gar nicht in seiner Absicht gelegen hat, daß eine Rinne entstehen oder durch solche Wasser abfließen sollte. Also wenn durch Ausgießen von Wasser rc. oder sonst eine wirkliche Vertiefung sich bildet, die zu einer Rinne wird. Erk. des ObTr. v. 12. März 1861, Strieth. Arch. 40 S. 350.

2. Auch verdeckt unter der Erde.

Unter den Rinnen und Kanälen an der Erde sind nicht bloß solche oberhalb der Oberfläche zu verstehen, sondern auch solche, die in der Erde unter der Erdoberfläche, also verdeckt sind. Erk. des ObTr. v. 9. Febr. 1849 in Entsch. Bd. 17 S. 119, welchem folgender Fall zum Grunde liegt: Auf Anordnung des Magistrats war in der an das Haus des Klägers anstoßenden Straße zur Abführung des Wassers und Unrats aus der Stadt eine Drumme (verdeckter Kanal) angelegt, und zwar in einer Entfernung von einem Fuß parallel des klägerischen Hauses. Kläger verlangte die Entfernung von 3 Fuß nach § 125 I 8, wurde aber mit seiner Klage abgewiesen auf Grund des § 128, weil nach dem Gutachten des Baukondukteurs S. die Drumme selbst keine an sich schädliche Anlage war. In den Gründen wird ausgeführt, daß die §§ 125 ff. I 8 insofern den Gegensatz zu § 128 bilden, als in ersterem Fall von solchen Anlagen die Rede ist, welche stehende Flüssigkeiten aufsammeln und wegen der Beschaffenheit dieser Flüssigkeiten zu den an sich schädlichen Anlagen gezählt werden.

Nach diesem Erk. v. 9. Febr. 1849 wäre also in jedem Fall tatsächlich durch Gutachten oder sonst festzustellen, ob eine an sich schädliche Anlage vorliegt oder nicht, und demnach der § 125 oder § 128 zur Anwendung zu bringen ist. Die gedachte Entscheidung erscheint immerhin bedenklich, denn Unrat gehört doch zu solchen Flüssigkeiten, welche die betr. Anlage zu einer schädlichen machen.

Wird überhaupt der § 128 derartig ausgedehnt, will man mit einbegreifen verdeckte Kanäle unter der Erdoberfläche und beliebige Flüssigkeiten, so kommt man doch schließlich auf die Kloaken des § 125.

3. Die Dicke der Umfassungsmauer wird mitgerechnet.

Auch hier wird die Stärke der Umfassungsmauer mitgerechnet. Erk. des ObTr. v. 9. Febr. 1849, Entsch. Bd. 17 S. 119, Präj. 2106:

„Die Umfassungsmauer bezweckt den Schutz des Nachbarn und vermehrt diesen Schutz; die Ausmauerung der Wasserleitung kann daher keinen Grund enthalten, einen noch größeren Zwischenraum zwischen derselben und dem Gebäude zu gestatten und ihre Entfernung um die Stärke der Mauer zu vergrößern. Die Entfernung darf daher nur von der inneren Wand der Rinne, in welcher das Wasser abfließt, gemessen werden, da der Grund des Gesetzes nur der ist, die abfließende Flüssigkeit in dieser Entfernung von der Wand zu halten."

4. Gegen polizeilich angeordnete Straßenrinnen ist der Rechtsweg nicht zulässig.

Gegen baupolizeiliche Anordnungen, betr. die Anlage von Straßenrinnen, ist der Rechtsweg unzulässig. Erk. des KompGerichtshofs v. 13. Okt. 1860 im JMBl. 1861 S. 268 und v. 7. Nov. 1857, JMBl. 1858 S. 192. Erk. v. 7. Nov. 1857: Für Nachteile bei Umpflasterungen einer Straße von seiten der Polizeibehörde können die Hausbesitzer zwar Entschädigung, nicht aber Wiederherstellung des früheren Zustandes im Rechtswege verlangen. Es handelt sich um eine von der Polizeibehörde genehmigte und für notwendig erkannte Maßregel, welche im Sinne des *Gesetzes* v. 11. *Mai* 1842, GS. S. 192, für eine polizeiliche Verfügung zu erachten ist. Dem § 4 dieses Gesetzes gemäß würde daher der auf Wiederherstellung des früheren Zustandes gerichtete Klageantrag nur dann im Rechtsweg verfolgt werden dürfen, wenn nach Maßgabe des § 2 ibid. ein der Polizeiverfügung entgegen stehendes *besonderes* Recht auf Befreiung geltend gemacht würde. Der § 187 I 8 enthält aber nur eine *allgemeine* gesetzliche Vorschrift, und nicht eine besondere, die Polizeibehörde in ihrer Disposition beschränkende gesetzliche Bestimmung, wie sie der § 2 ibid. voraussetzt. — Erk. v. 13.

Okt. 1860: Instandhalten und Pflasterung der öffentlichen Wege ist eine polizeiliche Angelegenheit nach § 6b des Ges. v. 11. März 1850, also handelt es sich um eine polizeiliche Verfügung und kommt das Ges. v. 11. Mai 1842 in Betracht. Der § 128 I 8 enthält aber eine ganz allgemeine und keine besondere gesetzliche Bestimmung — somit ist der Rechtsweg gegen baupolizeiliche Anordnungen, betreffend die Straßenrinnen, unzulässig.

C. Brunnen. §§ 129—131, I, 8.

§ **129**. Anlagen, durch welche der schon vorhandene Brunnen des Nachbars verunreinigt oder unbrauchbar gemacht würde, sind unzulässig.

§ **130**. Dagegen kann die Grabung eines Brunnens auf eignem Grund und Boden, wenngleich dadurch dem Nachbar sein Wasser entzogen wird, dem Eigentümer nicht gewehrt werden, sobald der Nachbar desfalls kein Untersagungsrecht erlangt hat.

§ **131**. Doch darf innerhalb 3 Werkschuh von des Nachbars Grenze kein neuer Brunnen angelegt werden.

1. Anwendung des § 129.

Der § 129 findet keine Anwendung auf Anlagen, die lediglich eine Verminderung des Wassers in dem Brunnen des Nachbars bewirken. Erk. des ObTr. v. 14. Dez. 1854 in Strieth. Arch. Bd. 16 S. 96: Durch Anlage eines Stollens und einer Röhrenleitung in demselben war das Wasser in dem Brunnen des Nachbars von 10 Fuß auf zirka $1^1/_2$ Fuß gesunken, der Brunnen also noch nicht unbrauchbar geworden und deshalb der § 129 nicht anwendbar. Letzteres wäre nur bei einer ausdehnenden Interpretation möglich, die jedoch bei der gesetzlichen Präsumtion für die Unbeschränktheit des Eigentums unstatthaft ist.

Geschieht die Abgrabung des Wassers lediglich in der Absicht, dem Nachbar Schaden zuzufügen, so ist die Klage auf Beseitigung der Anlage oder auf Entschädigung für den Verlust des Wassers zulässig nach Analogie des Erk. des ObTr. v. 18. Febr. 1853. Der § 129 setzt die Anlage durch einen Nachbar voraus. Also sind Benachteiligungen durch einen nicht unmittelbar angrenzenden Eigentümer nicht auf Grund des § 129 zu beseitigen. RG.Erk. v. 30. Jan. 1882, Gruchot Bd. 26 S. 937 und RG. Erk. v. 9. Jan. 1883, Gruchot Bd. 27 S. 912.

2. Bedeutung des § 130.

Ob die Anlage eines Eisenbahntunnels in Bezug auf Wasserentziehung einer im § 130 I 8 gestatteten Anlage eines Brunnens zu vergleichen, vgl. Entsch. 79, S. 132, Strieth. Arch. 91 S. 61. Der § 130 findet keine Anwendung, wenn die Abgrabung des Wassers lediglich in der Absicht geschieht, dem Nachbar Schaden zuzufügen. Erk. des AppGer. Hamm v. 2. Sept. 1852 und Erk. des ObTr. v. 18. Febr. 1853, Gruchot Bd. 6 S. 288. Grein, Baurecht 2. Bearb. S. 89. — In den Gründen der Erk. des ObTr. v. 18. Febr. 1853 wird ausgeführt:

Jeder Eigentümer ist zwar befugt, auf seinem Grund und Boden einen Brunnen zu graben, und die Nachbarn können, selbst wenn ihnen das Wasser dadurch entzogen wird, weder das Graben des Brunnens wehren, noch auch Entschädigung für den Verlust des Wassers fordern. Diese Regel erleidet aber eine Ausnahme, wenn ein Mißbrauch, das heißt ein solcher Gebrauch des Eigentums vorliegt, welcher vermöge seiner Natur nur die Kränkung eines anderen zur Absicht haben kann. Ein solcher Mißbrauch aber liegt vor, wenn der gegrabene Brunnen über seinen Zweck hinaus nur dazu dienen soll, dem Nachbar das Wasser zu entziehen. —

Die Anlegung eines Brunnens, wenn er nur 3 Fuß von der Grenze bleibt, ist also zulässig, auch wenn dem Nachbar das Wasser entzogen wird, nur darf es nicht lediglich zur Schädigung geschehen.

Andere Anlagen sind schon unstatthaft, sobald des Nachbars Brunnen dadurch verunreinigt oder unbrauchbar wird.

Wird die Brauchbarkeit des Brunnens nur gemindert, aber in der Absicht, den Nachbar zu schädigen, so muß auch dieses schon unstatthaft sein.

3. Wasserentziehung durch den Bergbau.

Handelt es sich bei Wasserentziehung um Einwirkungen des Bergbaues, so kommen die strengeren Vorschriften des Berggesetzes vom 24. Juni 1865 zur Geltung. Nach § 148 daselbst ist der Bergwerksbesitzer verpflichtet, für allen Schaden, welcher dem Grundeigentume oder dessen Zubehörungen durch den unterirdisch oder mittels Tagebaues geführten Betrieb des Bergwerks zugefügt wird, vollständige Entschädigung zu leisten, ohne Unterschied ob der Betrieb unter dem beschädigten Grundstück stattgefunden hat oder nicht, ob die Beschädigung von dem Bergwerksbesitzer verschuldet ist, und ob sie vorausgesehen werden konnte oder nicht.

Nach § 150 des Berggesetzes fällt diese Haftpflicht fort gegenüber solchen Anlagen, welche zu einer Zeit errichtet worden sind, wo die ihnen durch den Bergbau drohende Gefahr bei gewöhnlicher Aufmerksamkeit vorauszusehen war. Nach § 151 verjähren hier alle Ansprüche auf Schadenersatz, wenn sie nicht innerhalb 3 Jahren seit erlangter Wissenschaft durch gerichtliche Klage geltend gemacht sind.

4. Schutz der Mineralquellen.

Für Mineralquellen existiert außer den Bestimmungen des Berggesetzes ein bevorzugter gesetzlicher Schutz nicht. Die sog. Brunnenfelder sind nur als bergpolizeilich festgesetzte Schutzbezirke zur Verhütung gemeingefährlicher Wasserentziehung anzusehen. Namentlich war es rechtsirrtümlich, wenn eine Zeitlang, namentlich im Nassauischen, einem Brunnenfelde die Bedeutung beigelegt wurde, als ob dadurch in dem betr. Revier der Bergbau ausgeschlossen würde. Nach § 197 des Berggesetzes ist aber den Oberbergämtern die Befugnis beigelegt, Polizeiverordnungen zu erlassen zum Schutz gegen gemeinschädliche Einwirkungen des Bergbaues. Solche Verordnungen sind erlassen z. B. für die Mineralquellen von Wiesbaden, Schwalbach, Schlangenbad, Ems, Niederselters und Homburg. Für diese Bezirke sind Schürfarbeiten ohne spezielle Genehmigung der Bergbehörde unbedingt untersagt. Bei Wasserentziehung in den Fällen des § 196 hat die Bergbehörde nur die Befugnis, Prohibitivmaßregeln zu treffen; ist aber die Wasserentziehung bereits eingetreten, so gehört die Entscheidung vor die ordentlichen Gerichte. Vgl. Brassert und Achenbach, Zeitschrift für Bergrecht Jahrg. 1872 S. 91.

III. Abstand der Neubauten von älteren Gebäuden. §§ 139, 140 I 8 ALR.

1. Daß der Eigentümer die Grenzen seines Grundstücks beim Bauen nicht überschreiten darf, ergibt sich aus §§ 903, 905 BGB. Nach den §§ 139, 140 I 8 ALR. muß er bei Neubauten sogar 3 bezw. 1½ Fuß von der Grenze zurückbleiben. Bei Emanation des ALR. war ursprünglich an dieser Stelle nur die Rücksicht auf das Lichtrecht maßgebend. Erst bei der revisio monitorum wurde durch Suarez darauf aufmerksam gemacht, „es müsse auch generell bestimmt werden, wie weit ein Neubau von der Grenze des Nachbarn ohne Rücksicht ob dieser Fenster hat oder nicht, zurücktreten müsse". So sind schließlich die §§ 139, 140 in die nach Inhalt und Marginale vom Lichtrecht handelnden §§ 137—147 mitten hineingeraten. Nach Grein, Baurecht 2. Bearbeitung S. 102, 105 sind diese §§ das Resultat einer willkürlichen Idee, und weder durch Herkommen noch innere Notwendigkeit bedingt, und wäre es angemessen, diese §§ bei erster Gelegenheit durch die Gesetzgebung zu beseitigen. Alle anderen Landesgesetze haben keine den §§ 139, 140 ähnliche Vorschriften.

Immerhin haben sie nur subsidiäre Bedeutung; in erster Linie sind die von der zuständigen Polizeibehörde erlassenen Bestimmungen maßgebend. Der Zwischensatz „wenn nicht besondere Polizeigesetze ein anderes vorschreiben" bezieht sich auf beide §§, wenn auch die Wortfassung anscheinend dagegen spricht. Da beide §§ denselben Zweck verfolgen, kann nicht beabsichtigt sein, für den im § 140 vorgesehenen Fall abändernde Polizeigesetze auszuschließen. Vgl. Entsch. des ObTr. Bd. 52 S. 27, Strieth. Arch. Bd. 55 S. 167.

Tatsächlich sind derartige Polizeiverordnungen so allgemein eingeführt, daß für Bauten in Städten die §§ 139, 140 nahezu unschädlich gemacht sind.

2. Der Ausdruck „Gebäude" hat einen engeren und einen erweiterten Sinn. In letzterem umfaßt er alles, was nach den Regeln der Baukunst aufgeführt ist, mithin auch eine einzelne für sich stehende Mauer, so z. B. im § 327 I 9 ALR. Dagegen wird nach gewöhnlichem Sprachgebrauch unter Gebäude im engeren Sinn verstanden: ein durch Umfassungsmauern oder Wände umschlossener und gewöhnlich bedachter Raum über der Erde, ein Behältnis zum Aufenthalt von Menschen oder Vieh, oder zur Aufbewahrung beweglicher Gegenstände. So in

den §§ 139, 140, so auch im § 125 I 8 ALR.; Funck, Jur. Wochenschr. 1839 S. 114, davon ausgehend, daß als Gebäude jedes Bauwerk anzusehen, welches ein Immobile, und als solches nicht transportabel ist, setzt das Kriterium in das Vorhandensein eines ganz oder doch teilweise gemauerten Fundaments.

Eine Mistgrube, auch wenn sie ausgemauert und überdacht ist, kann zu dergleichen Gebäuden nicht gerechnet werden. ObTr. Erk. v. 12. März 1863 in Strieth. Arch. Bd. 48 S. 240. Die §§ 139, 140 sind hierauf so wenig anwendbar wie bei Zäunen, Planken und Scheidungen; über letztere handeln allein und gesondert die §§ 149—184 I 8, welche ein Zurücktreten der Zäune rc. nicht vorschreiben. ObTr. Erk. v. 13. Mai 1832. Lediglich für lebendige Hecken und zwar speziell wegen der Wurzeln und des Auswuchses verlangt § 174 I 8 die $1^1/_2$ Fuß Entfernung von der Grenze. In einem besonderen Falle ist eine Mauer als Gebäude anerkannt in dem Erk. ObTr. v. 13. Sept. 1859, weil dieselbe nicht zum Zweck der Grenzscheidung errichtet war, und ihrer Beschaffenheit nach als Teil eines zu errichtenden Gebäudes aufgefaßt werden konnte, vgl. Gruchot Bd. 6 S. 297, 14 S. 903. Speziell über Gartenmauern vgl. Ulrichs Arch. Bd. 10 S. 62. Für das Aufstellen oder Aufschichten von Materialien, Ziegelsteinen oder Holz in der Nähe von Gebäuden finden die §§ 139, 140 I 8 keine Anwendung, wohl aber die §§ 142—145 das. ObTr. Erk. v. 15. Okt. 1861, Entsch. Bd. 45 S. 63, Strieth. Arch. Bd. 42 S. 353.

Die §§ 139, 140 I 8 sprechen von „neu errichteten Gebäuden" oder „neuen Gebäuden"; die §§ 142—145 das. setzen beim Lichtrecht einen Neubau voraus. Schon der gemeine Sprachgebrauch scheidet beide Ausdrücke. Ein Neubau ist schon vorhanden, sowohl wenn auf ein vorhandenes Gebäude ein neues Stockwerk aufgesetzt, als auch wenn auf dem alten Fundament ein neuer Oberbau aufgeführt wird. Der Neubau umfaßt hiernach auch die Veränderungen eines alten Gebäudes. Plen.Beschl. v. 11. Mai 1846. Unter neuen Gebäuden im Sinne der §§ 139, 140 sind nur solche zu verstehen, welche auf bisher unbebautem Boden errichtet werden. ObTr.Entsch. Bd. 13 S. 27. RG. in Gruchot Bd. 24 S. 921. Es fallen unter diesen Begriff also weder Erhöhungen bestehender Gebäude, Strieth. Arch. 5 S. 55, noch die Wiederherstellung abgebrochener oder durch Naturgewalt zerstörter Gebäude, es sei denn, daß dabei die bebaute Fläche vergrößert ist. ObTr.Erk. Strieth. Arch. Bd. 71 S. 207. In letzterem Falle kann, wenn der gesetzliche Abstand nicht eingehalten ist, nur das Zurückrücken des auf dem früher unbebaut gewesenen Grund und Boden stehenden Gebäudeteils verlangt werden. ObTr.Entsch. Bd. 16 S. 520; Bd. 81 S. 21, jedoch nur soweit, daß der frühere Zustand wiederhergestellt wird. Hat das abgebrochene Gebäude z. B. nur 6 Zoll von der Grenze entfernt gestanden, das an seiner Stelle wiederhergestellte ist aber ganz an die Grenze gerückt, so kann der Nachbar nur Zurückrückung bis auf 6 Zoll Entfernung von der Grenze verlangen. Strieth. Arch. 98 S. 134 ff. War das Gebäude in diesem Falle außerdem verlängert, so kann die Zurückrückung der Verlängerung um 3 bezw. $1\frac{1}{2}$ Fuß von der Grenze verlangt werden.

Hat auf dem Platz bereits früher ein Gebäude gestanden, welches abgebrochen worden, und hat der Platz eine neue und andere Bestimmung erhalten, und es soll darauf wiederum ein Gebäude aufgeführt werden, so ist nach der Lage des einzelnen Falles zu beurteilen, ob aus der dem Platz gegebenen neuen Bestimmung ein Aufgeben des Rechts zum Wiederaufbau in den früheren Grenzen gefolgert werden kann oder nicht. ObTr.Erk. v. 11. Mai 1846 u. 20. Nov. 1877 (Entsch. Bd. 81 S. 21 ff.). Handelt es sich um einen Wiederaufbau, so kann der Nachbar also nur Wiederherstellung des früheren Zustandes verlangen. Daher kommen Ausbauchungen, die sich in der Mauer im Laufe der Zeit gebildet hatten, dem Bauenden nicht zu gute. ObTr. Strieth. Arch. Bd. 95 S. 82.

3. **Der Abstand von 3 bis $1\frac{1}{2}$ Werkschuh**, jus interstitii. Werkschuh gleichbedeutend mit rheinländischem Fuß, nach jetzigem Maß 0,31385 Meter. Vgl. Koch, Landrecht Anm. 100 zu § 127 I 8. Die §§ 139, 140 I 8 sind ihrer Bestimmung nach unanwendbar beim Bauen an öffentlicher Straße; für solches kommt das Privatinteresse eines Nachbarn nicht in Betracht. Entsch. des ObTr. Bd. 71 S. 146. Die in den §§ 139, 140 das. vorgeschriebenen Entfernungen werden gemessen von den zu Tage tretenden Umfassungsmauern, also von dem Mauerwerk einschließlich Verputz des neuen Gebäudes in der ganzen Höhe und Breitenausdehnung; die vorspringenden oder zurücktretenden Fundamente kommen nicht in Betracht. Erk. des ObTr. v. 14. Nov. und 6. Jan. 1857. Der vorgeschriebene Abstand ist auch nicht auszudehnen auf Dachausladungen, einzelne Mauerpfeiler und andere Vorsprünge des Gebäudes, diese dürfen nur nicht die Eigentumsgrenze überschreiten. ObTr.Erk. v. 14. Mai 1857, Entsch. Bd. 36 S. 32. Erk. v. 20. Febr. 1866, Strieth. Arch. Bd. 61 S. 353. Im Falle des § 140 wird die Entfernung von der Grenze, im Falle des § 139 nicht von der Grenze sondern lediglich von dem bestehenden Nachbargebäude gerechnet. Grein S. 107. Anderer Ansicht ObTr.Erk. v. 21. Dez. 1839, Präj. 780.

Unter den älteren schon vorhandenen Gebäuden, rücksichtlich deren der Abstand einzuhalten ist, sind hier nur zu verstehen Häuser (Wohnhäuser, Fabrikhäuser, Scheunen, Ställe), nicht andere Bauwerke, als Mauern, Zäune, Planken, ausgemauerte Mistgruben, Abtritte u. dgl.

4. Ein wesentlicher Unterschied besteht zwischen dem § 139 I 8 ALR. und den ihm derogierenden Vorschriften der Baupolizeiverordnungen. Ersterer ist dispositives, letztere sind absolutes Recht. Die Baupolizeiverordnungen, bei welchen die Rücksicht auf die feuer-, gesundheits- und sicherheitspolizeilichen Interessen maßgebend sind, haben öffentlichrechtlichen Charakter, und können daher durch Vertrag und Verzicht der Beteiligten so wenig, wie durch Verjährung abgeändert werden.

Dagegen sind die §§ 139, 140 I 8 der Abänderung durch Privatabkommen zugänglich.

Das Klagerecht auf Zurückrückung des Gebäudes verlor nach bisheriger Praxis unter analoger Anwendung des § 43 I 22 ALR. der Nachbar, wenn er dem Überschreiten der Baulinie nicht sofort nach erlangter Kenntnis widersprochen hat. Gruchot Bd. 24 S. 962, Bd. 36 S. 965. Nach BGB. behält der Nachbar das Widerspruchsrecht gegen die nach dem 1. Jan. 1900 errichteten vorschriftswidrigen Gebäude bis zum Ablauf der 30jährigen Verjährungsfrist. Die Aufnahme einer dem § 43 I 22 ALR. entsprechenden Vorschrift in das BGB. ist ausdrücklich abgelehnt. Prot. III S. 325. Auch findet der § 924 BGB. hier keine Anwendung, da dieses Widerspruchsrecht unter keinen der dort der Verjährung entzogenen Fälle, speziell auch nicht unter § 907 BGB. fällt. Nur in § 912 BGB. findet sich eine ähnliche Bestimmung, jedoch nur speziell für den Überbau; analoge Ausdehnung unzulässig.

IV. Fenster- (Licht-) Recht.

Literatur: Fahne, Licht- und Fensterrecht nach gem., röm. und französ. R. in Kamptz' Jahrb. 45 S. 387. — Funck in der Jurist. Wochenschr. 1838 S. 109. — Dorguth ebendaselbst 1841 S. 837. — Grein, Baurecht 1863 S. 94, 100. — Anwaltszeitung 1864 Nr. 40, 41. — Jurist. Monatsschrift Nr. 1 S. 74. — Paris, Kritik der herrschenden Lehre von Licht- und Fensterrecht 1879; Gruchot Bd. 24 S. 67.

Nach den §§ 903 und 905 BGB. kann der Eigentümer beliebig Öffnungen in seinem Hause anbringen, um ihm Luft und Licht zuzuführen; nur dürfen es, wenn das Gebäude auf der Grenze steht, nicht nach außen zu öffnende Fenster sein. Landesgesetzlich aber sind die dem Eigentümer zustehenden Befugnisse wesentlich eingeschränkt durch die nach Art. 124 des Einf.Ges. aufrecht erhaltenen §§ 137, 138, 142—144, 146, 147 I 8 ALR. (aufgehoben sind §§ 141, 145 das.). Diese Beschränkungen betreffen das Recht auf Verschaffung von Licht, § 138, und das Recht auf Entziehung von Licht, §§ 142, 143.

§ **137** I 8. Um Licht in sein Gebäude zu bringen, kann ein jeder Öffnungen und Fenster in seine eigene Wand oder Mauer machen, wenn dieselben gleich eine Aussicht über die benachbarten Gründe gewähren.

§ **138**. Sollen jedoch die Öffnungen in einer unmittelbar an des Nachbars Hof oder Garten stoßenden Wand oder Mauer gemacht werden, so müssen dieselben, wo es die Umstände gestatten, sechs Fuß von dem Boden des Zimmers oder Behältnisses erhöht; in allen Fällen aber mit eisernen nur zwei Zoll voneinander stehenden Stäben, oder mit einem Drahtgitter verwahrt sein.

§ **141**. Übrigens aber kann jeder in der Regel auf seinem Grunde und Boden, so nahe an die Grenze und so hoch bauen, als er es für gut findet.

§ **142**. Sind jedoch die Fenster des Nachbars, vor denen gebaut werden soll, schon seit zehn Jahren oder länger vorhanden, und die Behältnisse, wo sie sich befinden, haben nur von dieser Seite her Licht, so muß der neue Bau soweit zurücktreten, daß der Nachbar noch aus den ungeöffneten Fenstern des unteren Stockwerks den Himmel erblicken könne.

§ **143**. Hat in diesem Falle das Gebäude des Nachbars, in welchem die Fenster sich befinden, noch von einer anderen Seite Licht, so ist genug, wenn der neue Bau nur so weit zurücktritt, daß der Nachbar aus den ungeöffneten Fenstern des zweiten Stockwerks den Himmel sehen könne.

§ **144**. Sind aber die Fenster des Nachbars, vor welchen gebaut werden soll, noch nicht seit zehn Jahren vorhanden, so ist der Bauende bloß an die § 139 bestimmte Entfernung gebunden.

§ **145**. Der Nachbar kann alsdann dem neuen Baue, wodurch ihm das Licht benommen wird nur insofern widersprechen, als er ein Untersagungsrecht dagegen besonders erworben hat. (Tit. 22.)

§ **146**. Wo eine solche Grundgerechtigkeit obwaltet, da findet im Mangel ausdrücklich verabredeter, die gesetzliche Bestimmung des § 142 Anwendung.

§ **147**. In allen §§ 139, 140, 142, 143, 146 bestimmten Fällen bleibt der unbebaute Zwischenraum nach wie vor seinem bisherigen Eigentümer, und kann von demselben zu jedem in den Gesetzen nicht verbotenen Gebrauche angewendet werden.

1. Licht und Aussicht.

Zunächst ist zu unterscheiden das Recht auf Licht und Luft von dem Recht auf Aussicht.

In dieser Beziehung bestimmt das österreichische BGB. im § 488: „Das Fensterrecht gibt nur Anspruch auf Licht und Luft; die Aussicht muß besonders bewilligt werden; wer kein Recht zur Aussicht hat, kann angehalten werden, das Fenster zu vergittern." Das Landrecht für Baden bestimmte im § 676: „Jeder darf in seiner Mauer, um Licht sich zu verschaffen, Fenster anlegen," im § 678: „Der Aussicht wegen ist dies nur gestattet, wenn die Mauer 6 Fuß von der Grenze steht." Auch das französische Recht unterscheidet in den Art. 676, 677 code civil Licht- und Aussichtsfenster: fenêtres schlechthin oder jours — und fenêtres d'aspect oder vues. Dieser Unterscheidung folgt auch das preuß. ALR. in dem Marginale „Vom Licht und von der Aussicht". Den Ausdruck „Luft" hat das ALR. weder im Tit. 8 noch im Tit. 22, wohl aber findet er sich in den hierbei zu Grunde gelegten Berliner Bauobservanzen Tit. IV § 1.

Der § 137 I 8 ALR. gibt das Recht, sich Luft zu verschaffen durch Anlegen von Fenstern, und zwar mit dem Zusatz: „wenn dieselben gleich eine Aussicht über die benachbarten Gründe gewähren". Daraus ist aber nicht zu folgern, daß der § 137 auch disponiere über das Recht auf Verschaffung von Aussicht; vgl. Dorguth in Kamptz' Jahrb. Bd. 36 S. 246. Der § 137 gestattet vielmehr ein so weit gehendes Recht auf Licht, daß es sogar die größere Belästigung für den Nachbarn, die Aussicht zur Folge haben kann.

Im allgemeinen also kann niemand behindert werden, sich Licht zu verschaffen; aber Einrichtungen und Anlagen, welche nur die Aussicht bezwecken, sind größeren Beschränkungen unterworfen; vgl. § 62 I 22 ALR. Zu Gunsten der Aussicht hat das ALR. überhaupt keine gesetzlichen Eigentumsbeschränkungen, sondern überläßt dieses vertragsmäßigen Bestimmungen im Tit. 22.

Das ALR. handelt also trotz der anders lautenden Fassung des Marginale in den §§ 137—147 I 8 nur vom Lichtrecht. Bei diesem aber kommen die von den Gesetzesrevisoren besonders hervorgehobenen zwei Fragen in Betracht:

1. inwiefern man seinem Gebäude durch Anlegung von Öffnungen und Fenstern Licht verschaffen, §§ 137, 138;

2. inwiefern der Nachbar einem vorhandenen Gebäude durch Vorbau Licht entziehen darf, §§ 139—147.

Über die Entstehung der §§ 137—147, welche nach dem Urteil der Gesetzesrevisoren beinahe zufällig genannt werden können, gilt, was Suarez — Amtliche Vorträge bei der Schlußrevision S. 10 — allgemein über unsere baurechtlichen Bestimmungen sagt: Die hier vorkommenden Sätze sind aus einer Menge Polizeiverordnungen, aus Schriftstellern, aus den monitis und Preisschriften abstrahiert. —

Jedenfalls gründen sich die betr. §§ nicht auf einen hergebrachten Rechtszustand; vgl. Bornemann, System II S. 243.

2. Das Recht auf Verschaffung von Licht. § 138 I 8 ALR.

a) Öffnungen, Fenster.
b) unmittelbar an der Grenze.
c) Hof und Garten.
d) Verstäben, vergittern.
e) wo es die Umstände gestatten.
f) Widerspruchsrecht.
g) gemeinschaftliche Mauer.

Die im § 137 anerkannte Freiheit, durch Anlage von Öffnungen und Fenstern Licht in das Gebäude zu bringen, wird durch den § 138 unter den dort angegebenen Voraussetzungen beschränkt. Ist zwar im § 137 nur des Zweckes gedacht, Licht in das Gebäude zu bringen, so ist es doch nicht zulässig, darum die Anlage sonstiger Öffnungen für unbedingt freigegeben zu erachten. Des Lichtbringens ist nur deshalb besonders gedacht, um einzuschärfen, daß der Umstand, wenn Fenster auch eine Aussicht über das benachbarte Terrain gewähren, den Lichtfenstern kein Hindernis in den Weg legen soll. Präjud. 2200. ObTr.-Entsch. Bd. 19 S. 104. Die im § 138 verlangten Einrichtungen benehmen das Einfallen des Lichts so wenig wie die Aussicht. Sollten sie darin hinderlich werden, so kann die Erhöhung der Fenster ganz oder teilweise abgelehnt werden. Diese Maßregeln wollen vielmehr sonstigen Übelständen vorbeugen, es sind Vorkehrungen gegen das Hindurchsteigen, Ausgießen und Auswerfen. So ist der § 138 in dem ObTr.Erk. v. 26. März 1850 angewendet auf Luftlöcher eines Stallgebäudes.

a) Öffnungen. Es handelt sich um Neuanlagen für Luft, Licht oder Aussicht. Zu diesen Öffnungen gehören insbesondere auch die Fenster. Das Anbringen solcher Öffnungen kann vorkommen bei einem Neubau oder durch Änderungen eines bereits vorhandenen Gebäudes, endlich auch wenn an Stelle eines alten bereits mit Fenstern versehenen Grenzgebäudes ein neues errichtet wird. In den beiden letztgedachten Fällen kommt der § 138 nur dann zur Anwendung, wenn der Nachbar durch die neue Fensteranlage in eine nachteilige Lage versetzt wird, also unbedingt dann, wenn die Anzahl der neuen Fenster gegenüber der früheren Anlage vermehrt ist.

Haben aber die Fenster nur andere Dimensionen oder in der Lage nur eine weniger erhebliche Änderung erhalten, ist z. B. an Stelle zweier alter Fenster ein neues getreten, etwa die Mitte der beiden früheren einnehmend, so ist der Nachbar nicht mehr als früher belästigt, und deshalb zur Klage aus § 138 nicht berechtigt. Strieth. Arch. Bd. 94 S. 206. In solchem Falle gilt die Anlage nicht als neu. Entschieden als neue Anlage ist erachtet die Veränderung von Luken in Fenster. Strieth. Arch. Bd. 41 S. 298.

b) Unmittelbar an der Grenze. Nach dem ObTr.Erk. v. 14. Juli 1853, Entsch. Bd. 27 S. 42, setzt der § 138 voraus, daß die Wand, in welcher die Öffnungen angelegt werden, unmittelbar an das Nachbargrundstück anstößt, der § 138 also keine Anwendung findet, wenn zwischen der Wand und der nachbarlichen Grenzlinie nur ein wenn auch noch so geringer Zwischenraum vorhanden ist. Hierbei kommt es nicht darauf an, ob die bei Errichtung neuer Gebäude vorgeschriebene Baulinie (§§ 139, 140 I 8) eingehalten ist.

Gleicher Ansicht ist ein Erkenntnis des früheren OLG. Arnsberg, welches hervorhebt, daß es in Deutschland eine Menge Statuten gebe, welche die Anlage von Fenstern in der Grenzmauer untersagen, oder doch nur unter Modifikationen gestatten. Dieselbe Intention habe das ALR.; das Wort „unmittelbar" sei deshalb in streng grammatischem Sinne zu nehmen.

Die entgegengesetzte Ansicht ist in dem Erk. des ostpreußischen Trib. v. 3. Nov. 1841 wie auch bei Grein 2. Bearb. S. 98 vertreten. In Art. 50 der Bauordnung für das Großherzogt. Hessen v. 30. April 1881 werden die Beschränkungen nur auf Fenster in der Grenzmauer bezogen. In den anderen außerpreußischen Gesetzen gelten die Beschränkungen auch dann, wenn die Mauern von der Grenze zurückstehen, so § 55 der Bauordnung für Braunschweig, Art. 69 der BO. für Württemberg, § 152 der BO. für die Stadt Hannover.

Für Preußen gilt, da seit 1853 keine entgegenstehende letztinstanzliche Entscheidung ergangen ist, in der Rechtsprechung unbedingt nur die strikte Interpretation des Wortes „unmittelbar". Der § 138 kommt auch dann zur Anwendung, wenn der untere Teil der Wand unmittelbar an die Grenze stößt, in ihrem oberen Teile, wo die Fenster sich befinden, aber etwas zurückgezogen oder zurückgewichen ist. ObTr.-Erk. v. 7. Jan. 1873, Entsch. Bd. 68 S. 357.

c) Unter dem Ausdruck „Hof oder Garten" ist jeder zu dem Hause des Nachbarn gehörige offene Raum zu verstehen. ObTr.Erk. v. 17. Dez. 1856, Strieth. Arch. Bd. 23 S. 162; es hängt aber in jedem einzelnen Falle von der Lokalität, dem Zweck des Platzes und anderen dabei maßgebenden Verhältnissen ab. Strieth. Arch. Bd. 65 S. 315. Unter „Hof" im eigentlichen Sinn wird nach dem Sprachgebrauch der zu Gebäuden gehörige eingeschlossene nach oben offene Platz — Hofraum — verstanden, weshalb er im § 138 auch dem Garten gleichgestellt ist. RG.Erk. v. 10. Juni 1880. In dem Erk. des ehemaligen AppGer. Hamm v. 20. März 1862 ist ein geschlossener Zimmerplatz als Hofraum erachtet.

Ein Grundstück, welches durch Anlegung eines Eisenbahngeleises die Eigenschaft einer öffentlichen Straße erhalten, kann als Hof im Sinne des § 138 nicht angesehen werden. Strieth. Arch. Bd. 24 S. 32. Dasselbe gilt von einem wegen mangelnder Einfriedigung zur freien Passage tatsächlich benutzten Raum. Strieth. Arch. Bd. 69 S. 313, Bd. 94 S. 206.

Bei dem Begriff „Hof oder Garten“ kommt die rechtliche Natur des Grundstücks in Betracht. Der Hof oder Garten muß den Teil eines städtischen Grundstücks — praedii urbani im Gegensatz zu einem Ackerstück in der freien Feldflur — ausmachen, und mit dem Hausgrundstück als Zubehör als ein ihm dienender und deshalb meist steuerfreier Platz in räumlicher Verbindung stehen. Strieth. Arch. Bd. 69 S. 313, Bd. 94 S. 206. So ist eine Einfahrt unbedenklich als Hof behandelt, desgleichen der Zugang zu einem Kirchhof, wie auch ein zur Ableitung des Trauf- und Regenwassers dienender Raum. Strieth. Arch. Bd. 12 S. 312, Bd. 65 S. 309. Ist aber der unmittelbar an die betr. Grenzmauer anstoßende Teil auch bebaut, so ist § 138 nicht zutreffend. Deshalb wurde die Klage auf Vergitterung eines Fensters im Hinterhause des Beklagten über dem Dach des daran angebauten klägerischen Hauses vom ObTr. in dem Erk. v. 9. Juni 1874, Strieth. Arch. Bd. 92 S. 164, abgewiesen und das Präjud. 975 geschaffen: „Der § 138 kann keine Anwendung finden auf Fenster, welche über der Luftsäule eines unmittelbar anstoßenden Gebäudes des Nachbarn angelegt sind.“ In der Begründung ist ausgeführt, daß die dem ALR. zu Grunde liegenden partikularrechtlichen Bestimmungen sehr voneinander abweichen in ihren Voraussetzungen der hier bezl. Beschränkung. Einige lassen sie eintreten bei Fensteranlagen nach dem Hof des Nachbars, andere nach dessen Haus, nach dessen Hof oder Garten, oder gar nach dessen „Haus, Hof oder Garten“.

In dem § 138 I 8 ALR. ist aber der Fall, „unmittelbar an des Nachbars Haus“ nicht vorgesehen.

d) Die Beschränkung aus § 138 ist doppelter Art, teils absolut „Verstäben, — Vergittern in allen Fällen“, teils relativ „Erhöhen, wo es die Umstände gestatten“. In dem Ausdruck „verwahrt sein“ liegt es, daß die Stäbe oder Gitter in oder an der Wand dergestalt befestigt sein müssen, daß sie nicht beliebig herausgenommen werden können; dasselbe gilt von dem Rahmen, in welchem das Gitter angebracht wird. Wenn die eisernen Stäbe nicht mehr als zwei Zoll auseinander stehen dürfen, so darf selbstredend das Drahtgitter auch nur höchstens zwei Quadratzoll weite Öffnungen haben. Die Vergitterung der Fenster hat auch da einzutreten, wo die Norm wegen Erhöhung der Fenster nicht verlangt werden kann. Aber auch die Vergitterung kann nicht verlangt werden, wenn vertragsmäßig „freie Aussicht“ bewilligt wurde.

e) Die Vorschrift über die Erhöhung derartiger Fenster ist gemildert und bedingt durch den Zusatz „wo es die Umstände gestatten“. Bei Beurteilung der Frage, ob dieses der Fall sei, ist nicht nur die Beschaffenheit des Zimmers oder Behältnisses an sich, sondern die demselben gegebene Bestimmung in Betracht zu ziehen. Ist das Zimmer nur 6 Fuß hoch, so ist nicht etwa das Anbringen eines Fensters an sich unzulässig, vielmehr muß dann das Fenster so hoch als möglich angelegt werden; aber immer doch so, daß es noch seinen Zweck — Licht zu bringen — erfüllen kann. Die Worte „wo es die Umstände gestatten“ haben den Sinn, daß Lichtöffnungen nur so hoch hinaufgerückt werden sollen, als statthaft ist, um für die Erleuchtung des Behältnisses noch ausreichendes Licht zu gewähren. Strieth. Arch. Bd. 55 S. 214, Bd. 65 S. 316, Bd. 99 S. 166. Durch die entgegengesetzte Annahme, die Beschränkung solle nur bei gänzlicher Unbrauchbarkeit der Räumlichkeiten fortfallen, würde die vom Gesetz beabsichtigte Milderung aufgehoben, und das Gebot der Erhöhung zu einem bedingungslosen gemacht werden. Im Eigentumsrecht aber liegt die Befugnis des Bauenden, seinem Gebäude und den einzelnen Räumen die seinen Bedürfnissen und Wünschen entsprechende Bestimmung als Wohn- oder Arbeitsräume, als Atelier ꝛc. zu geben. Dieses Recht soll durch § 138 durchaus nicht beeinträchtigt werden. Erk. des RG. v. 28. Apr. 1881, Entsch. Bd. 5 S. 229.

Das Gesetz gibt dem Richter das freieste Ermessen, und hat die höchstinstanzliche Judikatur daran festgehalten, daß in denjenigen Fällen, wo der sechsfüßige Abstand des Fensters vom Zimmerboden den Zutritt des notwendigen Lichts nicht ermöglicht, auf ein geringeres Maß der Erhöhung zu erkennen, oder die Erhöhung ganz abzulehnen ist. Strieth. Arch. Bd. 23 S. 142; RG. Entsch. Bd. 5 S. 229.

Die neue Fensteranlage ist den vorher bestandenen faktischen Verhältnissen anzupassen. Werden aber durch Willkür des Bauenden die Verhältnisse und Bedürfnisse geändert, wird ein Haus in einen Gasthof umgewandelt, Strieth. Arch. Bd. 65 S. 309, so ist der Einwand „die jetzigen Umstände gestatten es nicht" ungerechtfertigt.

Für die Messung der 6 Fuß vom Zimmerboden ist nach Strieth. Arch. Bd. 10 S. 309 von Bedeutung, daß als Fenster nur die Lichtöffnung mit Rahmen in Betracht kommt, nicht aber das Fensterfutter, d. h. der Bretterkasten oder die Verkleidung, in welchem der Rahmen sitzt.

f) Das Einspruchsrecht aus § 138 I 8 ist privatrechtlicher Natur, und kann deshalb durch Vertrag geändert oder aufgehoben werden. Dieses kann für die nach dem 1. Jan. 1900 eingetretenen Fälle nach dem vom BGB. angenommenen Prinzip der Formfreiheit formlos geschehen. So wird darin, daß der Nachbar bei Herstellung des Fensters mitgeholfen hat, ein dem Bauenden gegenüber ausreichend zum Ausdruck gebrachter Verzicht gefunden werden können. So schon früher, vgl. Strieth. Arch. Bd. 98 S. 94.

Nur der jeweilige Besitzer des Nachbargrundstücks hat das Klagerecht aus § 138, aber nur so wie es seinem Vorbesitzer zustand. Hat letzterer es durch Vertrag aufgegeben, so ist es definitiv erloschen. ObTr. Entsch. Bd. 47 S. 88, 221; Strieth. Arch. Bd. 44 S. 237.

Der Anspruch aus § 138 unterliegt der Verjährung von 30 Jahren. Der § 924 BGB. findet keine Anwendung. Durch Unterlassung des Widerspruchs gegen die Anlage geht das Klagerecht nicht verloren. Der für das Geltungsbereich des ALR. in der Praxis unter analoger Anwendung des § 43 I 22 ALR. angenommene Grundsatz: daß der Nachbar das Recht aus § 138 verliere, wenn er nicht sofort nach erlangter Kenntnis widersprochen hat, ist hinfällig geworden für Fälle nach dem 1. Jan. 1900.

Die Aufnahme einer dem § 43 I 22 ALR. ähnlichen Bestimmung in das BGB. ist ausdrücklich abgelehnt, vgl. Kommiss. Prot. III S. 325, Turnau u. Förster I S. 275, 276. Die im § 912 BGB. gegebene Spezialvorschrift kann hier nicht analog zur Anwendung kommen.

g) Der § 138 findet nur Anwendung auf eigene Mauern, nicht aber auf gemeinschaftliche (§ 135 I 8), und ebensowenig auf den unter Befolgung des § 139 I 8 entstehenden Zwischenraum zwischen zwei Häusern. In letzterem Fall entscheiden die §§ 921, 922 BGB.

§ 138 I 8 ALR. enthält eine Beschränkung des § 137 für den Fall, daß ausnahmsweise der Neubau nicht den in §§ 139, 140 vorgeschriebenen Abstand einhält, sondern bis unmittelbar an die Grenze stößt. Da aber letzteres durch die Polizeiverordnung fast überall zur Regel geworden, so fragt es sich, ob und wieviel der § 138 dadurch an Bedeutung verloren hat. Reicht nämlich unter Beobachtung der Polizeiverordnung jedes der beiden Gebäude bis an die Grenze, stehen sie also unmittelbar aneinander, so ist die Möglichkeit, auf der Grenzseite Fenster anzubringen, ausgeschlossen, umsomehr als durch die Polizeivorschrift der Brandmauern solches sogar verboten ist.

Gleichwohl ist das im § 137 ausgesprochene Prinzip unangetastet geblieben. Es wird also demjenigen, der zuerst baut, unbenommen bleiben, in der Grenzmauer Fenster anzubringen, welchen der in den §§ 142, 143 gegebene Fensterschutz zu gute kommt, wenn der Zeitraum von 10 Jahren verstreicht, ohne daß der andere Nachbar baut. Sind aber die Fenster noch nicht 10 Jahre vorhanden, so ist der Bauende bloß an die im § 139 bestimmte Entfernung gebunden.

3. Das Recht auf Entziehung von Licht. §§ 142, 143 I 8 ALR.

Dernburg, Sachenrecht 1901 S. 244. — Turnau u. Förster, Liegenschaftsrecht I S. 277. — Grein, Baurecht 2. Bearb. S. 112.

a) Öffnungen, Fenster.
b) Behältnisse.
c) Neubauten.
d) rechtl. Natur der Frist (10 Jahre).
e) Licht haben.
f) von einer anderen Seite.
g) Himmel erblicken.
h) gemeinschaftl. Mauer.
i) Klage.

Das preußische ALR. gewährt einen besonderen Lichtschutz, indem es die Regel des § 144 I 8, daß im allgemeinen beim Neubau auf die nachbarlichen Fenster keine Rücksicht zu nehmen ist, einschränkt durch die §§ 142, 143 für den Fall, daß die Fenster schon seit 10 Jahren oder länger bestehen. In der Kollision zwischen Baufreiheit und Lichtschutz ist aber erstere als das stärkere Recht erachtet und begünstigt. RG. Entsch. Bd. 32 S. 192 Abs. 3.

Will der Eigentümer eines Grundstücks an der Grenze ein Gebäude errichten, und es steht auf dem Nachbargrundstück ein Gebäude, welches nach der Grenzseite zu Fenster hat, so braucht der Bauende, wenn jene Fenster noch nicht 10 Jahre bestehen, nur die im § 139 vorgeschriebene Entfernung einzuhalten. In diesem Falle ist es also zulässig, durch den Neubau das Licht der an der Grenzseite befindlichen Zimmer und Behältnisse des Nachbarn zu beeinträchtigen, selbst wenn diese Zimmer von keiner anderen Seite Licht empfangen. ObTr.Entsch. Bd. 45 S. 68; Gruchot Bd. 24 S. 432. Es sei denn, daß der Nachbar eine entgegenstehende Grunddienstbarkeit erworben hat; vgl. § 146 I 8 ALR., Art. 115 Einf.Ges. z. BGB. Bestehen dagegen die Fenster des Nachbarn schon seit 10 Jahren oder länger, so kommen die §§ 142, 143 I 8 zur Anwendung. Nur für diese Fenster besteht der Lichtschutz.

Die §§ 142, 143 stehen im engsten Zusammenhang, für beide gelten die hier berührten Streitfragen. Der einzige Unterschied besteht darin, daß das Gesetz, anknüpfend an den rein äußerlichen Umstand, ob das Behältnis nur von dieser Seite (§ 142) oder auch von einer anderen Seite Licht hat (§ 143), in letzterem Falle ein geringeres Maß von Entfernung vorschreibt.

Unter Nachbarn sind hier nur die Eigentümer der unmittelbar nebeneinander liegenden Grundstücke zu verstehen, Strieth. Arch. Bd. 61 S. 29. Werden die Grundstücke durch eine noch so enge öffentliche Gasse oder den Streifen eines Privatgrundstücks getrennt, so ist die Anwendung der §§ 142, 143 ausgeschlossen. Jurist. Wochenschr. 1900 S. 303 Nr. 26.

a) Beim Recht auf Verschaffung von Licht sprechen die §§ 137, 138 von „Öffnungen“ bezw. „Öffnungen und Fenstern“; die §§ 142, 143 haben nur den Ausdruck „Fenster“.

Grein Baurecht folgert hieraus, daß die §§ 142 ff. sich nur auf die eigentlichen Fenster oder Lichtöffnungen, nicht aber auf Luftöffnungen bezieht; a. A. Dorguth in Kamptz' Jahrb. Bd. 36 S. 246. Jedenfalls können die Worte „den Himmel erblicken“ nur Bedeutung haben für Anlagen, welche lediglich das Einlassen des Lichts bezwecken. Bei Anlagen zur Beförderung des Luftzuges u. dgl., bei Luftlöchern, wie sie die Berliner Bauobservanzen bezeichnen, würde die ratio legis — den Himmel erblicken zu können — nicht zutreffen und völlig wertlos sein. Wenn auch Fenster und andere Lichtöffnungen zu identifizieren sind, so gehören offenbar alle anderen Öffnungen nicht hierher. RG. Erk. v. 27. Jan. 1886 in Gruch. 30 S. 938; v. 23. März 1897, ebenda Bd. 41 S. 641.

b) Der § 142 I 8 spricht von Behältnissen, darunter sind zu verstehen nicht nur Wohnräume, sondern schlechthin alle Räumlichkeiten, also auch Treppenhäuser, Hausflure und Bodenräume. Deshalb ist im Gegensatz zu der längst aufgegebenen Ansicht des ObTr. (Strieth. Arch. Bd. 37 S. 245) in den zitierten Erkenntnissen v. 27. Jan. 1886 und 23. März 1897 vom Reichsgericht dahin erkannt worden, daß der Lichtschutz aus den §§ 142, 143 sich auch erstreckt auf Flur-, Treppen- und Bodenfenster, überhaupt auf alle Behältnisse der Bauseite, welche durch daselbst befindliche Fenster erhellt werden. Jur. Wochenschr. 1897 S. 258 Nr. 96. In dem Rechtsfalle des Erkenntnisses v. 23. März 1897 handelt es sich um Öffnungen im Bodenraum, eingerichtet wie Fenster, mit Glasscheiben von 26 cm Breite und 30 cm Höhe. Im Gesetz findet sich kein Anhalt dafür, daß Fenster eine bestimmte Größe und Lage haben müssen; diese hängt naturgemäß von dem größeren oder geringeren Lichtbedürfnis und der Beschaffenheit der Räume ab. Normale Fenster gibt es überhaupt nicht. Wesentlich ist für den Begriff des Fensters, daß es den Zweck hat, Licht in das Gebäude zu bringen.

c) Die §§ 142, 143 sind in ihrer Anwendbarkeit keineswegs zu beschränken auf Neubauten, d. h. auf bisher unbebaut gewesenen Stellen, sondern auch zutreffend bei Erhöhungen bereits vorhandener Gebäude, wie auch bei Bauten auf bisher schon zum Bau benutzten Stellen. ObTr.Entsch. Bd. 13 S. 27, Bd. 24 S. 51; JMBl. 1880 S. 230; Jurist. Wochenschr. 1897 S. 258 Nr. 95.

Die §§ 139, 140 I 8 sprechen von „neu errichteten" oder „neuen Gebäuden"; die §§ 142, 143 dagegen setzen voraus nur einen „neuen Bau". Ein neuer Bau ist auch vorhanden, wenn ein neues Stockwerk aufgesetzt, oder auf altem Fundament ein neuer Oberbau aufgeführt wird, also bei jeder Veränderung eines alten Gebäudes. Wird aber das abgebrochene oder abgebrannte Gebäude genau in seinen früheren Dimensionen nach der Grenzseite hergestellt, so können gleichwohl Rechte aus den §§ 142, 143 nicht hergeleitet werden. Kommen die §§ aber zur Anwendung, so haben alle Fenster nach der Bauseite Anspruch auf Schutz. Besonders kann auch der Bauende sich nicht darauf berufen, daß ein Fenster einem polizeilichen Gebot zuwider angelegt ist. Ist nämlich durch Baupolizeiverordnungen die Anlage von Fenstern in Brand- und Giebelmauern verboten, so greifen dennoch dem Nachbarn gegenüber privatrechtlich die §§ 142, 143 Platz. RG. Entsch. Bd. 35 S. 181, Bd. 36 S. 218.

d) Die rechtliche Natur der zehnjährigen Frist anlangend, hatte das ObTr. die Verjährungstheorie aufgestellt und daran die Konsequenz geknüpft, diese Verjährungsfrist könne durch Klage oder Protestation unterbrochen, also beliebig verlängert werden. Koch und Dernburg nehmen eine Erklärungsfrist an, während Paris, Eccius-Förster (Bd. 3 § 170 Anm. 37) und das Reichsgericht davon ausgehen, daß es sich um eine gesetzliche nachbarrechtliche Baubeschränkung, um eine Baufrist handelt, bedingt durch das tatsächliche zehnjährige Bestehen der Fenster. Unter Widerlegung der entgegenstehenden Ansichten ist dieses ausführlich erörtert in dem RG.Erk. v. 29. Sept. 1899, Entsch. Bd. 44 S. 313. Namentlich ist dabei der Satz aufgestellt „die Entstehung des Lichtrechts aus §§ 142 ff. kann durch eine vom Nachbar des Fenstereigentümers vor Ablauf der zehnjährigen Frist angestellte Klage und erwirkte Grundbucheintragung nicht gehindert werden." Die gegenteilige auch von Dernburg (Sachenrecht § 86 S. 245 Note 17) vertretene Ansicht — eine Protestation sei geeignet, den Ablauf der zehnjährigen Frist aufzuhalten —, wird durch den Hinweis auf die Entstehungsgeschichte des § 142 widerlegt. Nach dem Entwurf war nämlich in den §§ 102, 103 eine Frist von 3 Jahren (statt der 10 Jahre) und die Protestation vorgesehen, also die Möglichkeit, durch Widerspruch die Entstehung des Lichtrechts zu hindern. Diese Möglichkeit hat man im Gesetz fallen lassen und den Zeitraum von 3 auf 10 Jahre verlängert. Es ist damit die Absicht des Gesetzgebers völlig klar zum Ausdruck gebracht, ein Widerspruch des Nachbars solle der Entstehung des Lichtrechts wirksam nicht entgegengestellt werden können. Was aber von dem einfachen formlosen, direkt dem Fenstereigentümer gegenüber erklärten Widerspruch gilt, muß in gleicher Weise auch bezüglich einer gerichtlichen Protestation wie auch von der Klage anerkannt werden. Letzterer würde es zudem an jedem Grunde und Gegenstand fehlen.

Es kann also der Nachbar die Entstehung dieses Lichtrechts nur dadurch hindern, daß er vor Ablauf von 10 Jahren **baut**, oder durch Vertrag mit dem Eigentümer des Fenstergrundstücks das Recht, dessen Fenster verbauen zu dürfen, erwirbt. Der § 142 trägt nämlich den Charakter einer **dispositiven** Gesetzesvorschrift, die demgemäß durch rechtsgültige Verträge der Beteiligten abgeändert, also auch aufgehoben werden kann. RG.Entsch. Bd. 44 S. 321 Abs. 2. Geschieht dieses durch dinglichen Vertrag und Eintragung, so ist das erworbene Recht eine Grunddienstbarkeit. § 1018 BGB.

Neben dem mindestens 10jährigen Bestehen der Fenster wird vorausgesetzt, daß die Behältnisse im Falle des § 142 nur von dieser Seite, im Falle des § 143 noch von einer anderen Seite Licht haben. Die Verschiedenheit beider Fälle besteht in dem relativ verschiedenen Umfang der Beschränkung.

Ist der in den §§ 142, 143 I 8 vorgesehene 10jährige Bestand der Fenster nicht als gesetzliche Beschränkung aufzufassen, so hat dies zur Folge, daß dieser Rechtsschutz nur solchen Fenstern zu gute kommt, die am 1. Jan. 1900 mindestens schon 10 Jahre bestanden haben.

So Art. 67 des Einf.Gesetzes v. 9. Juni 1899 für Bayern.

e) Der Ausdruck „**Licht haben**" ist nicht in dem Sinne von „sich Licht verschaffen können", soudern wörtlich in der Bedeutung von „Fenster haben" aufzufassen nach der konstanten höchstinstanzlichen Judikatur. Die Möglichkeit, Fenster anzubringen, und die Bereitwilligkeit des Bauenden, dieses auf seine Kosten tun zu wollen, sind nicht geeignet, die Anwendbarkeit der §§ 142, 143 auszuschließen. ObTr.Entsch. Bd. 80 S. 267, Bd. 99 S. 230. RG.Entsch. Bd. 2 S. 196, Bd. 35 S. 181. Anderer Ans. **Dernburg**, Sachenrecht S. 246 Note 6 und **Paris**, welche sich berufen auf die Äußerung von **Suraez** „wenn der Nachbar sich auf andere Weise helfen kann, so darf eine bloße Unbequemkeit den Bauenden in dem freien Gebrauch seines Eigentums nicht hindern".

Im Falle des § 142, wenn also die Behältnisse nur von der Bauseite Licht haben, muß der neue Bau so weit zurückrücken, daß der Nachbar noch aus den ungeöffneten Fenstern des unteren Stockwerks den Himmel erblicken kann. Das untere Stockwerk ist das Erdgeschoß. **Strieth**.Arch. Bd. 55 S. 358. Im Falle des § 143, wenn das Behältnis noch von einer anderen Seite Licht hat, ist das Maß des zu belassenden Lichtes ein geringeres, es bestimmt sich alsdann nach dem zweiten Stockwerk. Ist kein zweites Stockwerk vorhanden, so muß ein solches fingiert und alsdann die Entfernung bestimmt werden. RG.Entsch. Bd. 32 S. 194. ObTr.Entsch. Bd. 72 S. 95 u. 102.

f) **Unter einer anderen Seite** ist jede Seite des Behältnisses mit Ausnahme der dem Bau zugekehrten zu verstehen. RG.Entsch. Bd. 36 S. 217. Der Sprachgebrauch, welcher alle einen Körper oder geschlossenen Hohlraum begrenzenden Flächen als Seiten bezeichnet, der insbesondere auch eine Ober- und Unterseite kennt, gestattet eine gleichwertige Behandlung der vertikalen und horizontalen Wände. Eine Verschiedenheit zwischen Seiten- und Oberlicht anzunehmen, erweist sich schon als unzulässig, sobald man an Fenster in schrägen Flächen denkt; bei einer Flächenneigung von 45° würde die Unterscheidung zwischen Ober- oder Seitenlicht unmöglich sein.

Unter einer anderen Seite ist also zu verstehen auch die Zimmerdecke, auch eine Öffnung im Dach. Oberlicht.

Ob das Licht von einer anderen Seite unmittelbar oder mittelbar z. B. durch die Glastür eines Nebenraumes zugeführt wird, ist gleichgültig. RG.Entsch. Bd. 2 S. 196; JMBl. 1880 S. 227; Jurist. Wochenschr. 1897 S. 585 Nr. 67.

Es braucht nicht etwa das Gebäude in seiner Totalität gleich weit zurückzutreten. Der Vorschrift der §§ 142, 143 wird genügt, wenn derjenige Teil der Wand, welcher das Licht dem Nachbarfenster benehmen würde, zurücktritt, während mit den übrigen Teilen nur die in §§ 139, 140 I 8 vorgeschriebene Entfernung eingehalten wird. Es genügt also, wenn durch einen sog. Lichtschacht aus dem ungeöffneten Fenster des Nachbarn der Himmel erblickt werden kann. In welcher Weise dieser Erfolg herbeigeführt wird, bestimmt das Gesetz nicht. Erk. des ObTr. v. 8. Juni 1876, Entsch. Bd. 78 S. 16. Es genügt sogar, wenn der Lichtschacht trichterförmig angelegt wird. Wesentlich ist nur, daß das zufließende Licht ausreichend ist. RG.Entsch. Bd. 2 S. 196, Jurist. Wochenschr. 1897 S. 258 Nr. 96 und S. 585 Nr. 67, 1899 S. 709 Nr. 32.

g) Man muß den Himmel erblicken können, und zwar in vertikaler Richtung; seitlich einfallendes Licht kommt nicht in Betracht. ObTr.Entsch. Bd. 64 S. 26, Bd. 65 S. 256. Es genügt, daß der Nachbar aus irgend einer Scheibe des Fensters den Himmel sehen kann, das Gesetz verlangt nicht, daß es aus allen Scheiben möglich sei. In diesem Sinne hat schon das ehemalige Hofgericht Arnsberg in einem Erk. v. 2. März 1830 entschieden. Ulrichs Arch. Bd. 1 S. 636.

Unter welchen Umständen anzunehmen ist, daß man aus den ungeöffneten Fenstern den Himmel sehen kann, ist eine von jeher bestrittene Frage. Ursprünglich wurde angenommen, es sei erforderlich, daß ein Mensch von gewöhnlicher Größe in gerader ungezwungener Stellung in der ganzen Fensterbreite den Himmel sehen kann. Ulrichs Arch. Bd. 2 S. 518, 529; Jurist. Wochenschr. 1839 S. 120, Boele. ObTr.Erk. v. 10. Juni 1835. Bald darauf trat dominierend in den Vordergrund die in dem Präjudiz des ObTr. v. 9. Dez. 1839, Entsch. Bd. 5 S. 166 sanktionierte Auffassung: „Es genügt, wenn es dem Besitzer des Nachbarhauses auf irgend eine Weise und in irgend einer Stellung möglich ist, den Himmel zu sehen."

Erst das Reichsgericht fand den Rückweg zu der ursprünglichen Auffassung. Hiernach kann nicht eine liegende oder hockende Stellung in Betracht kommen, sondern es ist an solche Stellungen zu denken, welche dem natürlichen Körperbau und den Gewohnheiten des Menschen entsprechen. Da das gewöhnliche Leben mit seinen Durchschnittsanforderungen zu Grunde zu legen ist, so genügt es, wenn ein mittelgroßer Mensch in ungezwungener Haltung den Himmel sehen kann. Die Person des Nachbarn kommt dabei nicht in Betracht. RG.Erk. v. 25. Okt.

1893, Entsch. Bd. 32 S. 188, abgedr. in Jurist. Wochenschr. 1893 S. 569 Nr. 48.

Hat das Gebäude in dem Erdgeschoß zwar keine Fenster, wohl aber in den oberen Stockwerken, so ist gleichwohl der § 142 I 8 anzuwenden. Der Ausblick auf den Himmel muß dann aus den Fenstern des nächsten Stockwerks möglich bleiben. ObTr.Entsch. Bd. 46 S. 68, Bd. 64 S. 32.

Fälle, in denen der Ausblick auf den Himmel zwar aus den Fenstern des Erdgeschosses, nicht aber aus den Fenstern des oberen Stockwerks möglich ist, fallen nicht unter den § 143 I 8, vielmehr findet alsdann der § 142 das. Anwendung. Strieth.Arch. Bd. 21 S. 44, Bd. 22 S. 162. Dergleichen Fälle setzen eine ungewöhnliche Dachkonstruktion (Dachausladungen) voraus, die bei der Frage des Lichtschutzes als nicht vorhanden betrachtet werden müssen. Jurist. Wochenschr. 1895 S. 304 Nr. 42; 1900 S. 303 Nr. 25.

h) Nicht anwendbar sind die §§ 142, 143 I 8 bei Fenstern in einer gemeinschaftlichen Mauer, sondern nur bei Fenstern in der eigenen Mauer. Der § 137 I 8 bestimmt: Um Licht in sein Gebäude zu bringen, kann ein jeder Öffnungen und Fenster in seine eigene Wand oder Mauer machen. Es ist somit anzunehmen, daß § 142 auch nur solche Fenster voraussetzt, welche der Eigentümer eines Gebäudes in seiner eigenen Mauer kraft der ihm gemäß § 137 gesetzlich zustehenden Befugnis angebracht hat. Hierzu zwingt der § 135 I 8, welcher besondere Vorschriften für die Benutzung gemeinschaftlicher Mauern gab. Jetzt sind hierfür maßgebend die §§ 921, 922 BGB.

Das Recht, dem Bestehen eines Fensters in einer solchen Mauer zu widersprechen, kann durch Verjährung untergehen. § 924 BGB. Ob dann der Nachbar rechtlich behindert ist, das Fenster zu verbauen — ObTr.Entsch. Bd. 49 S. 99; RG.Entsch. Bd. 36 S. 217 —, wenn letzteres nach Vollendung der Verjährung mindestens 10 Jahre bestanden hat, ist zweifelhaft; vgl. §§ 928, 758 BGB.

Wird aber dem einen Nachbar das Recht, in der gemeinschaftlichen Mauer ein Fenster zu haben, durch dinglichen Vertrag und Eintragung von dem anderen Nachbar eingeräumt, so fällt das Rechtsverhältnis unter die Grunddienstbarkeiten. Mot. III S. 277.

i) Die Klage aus den §§ 142, 143 I 8 kann nur anstellen der der Eigentümer des Nachbargrundstücks bezw. der Erbbauberechtigte und Nießbraucher. Die Klage steht dem Mieter nicht zu.

Passiv legitimiert ist nur der bauende Eigentümer, nicht aber derjenige, der für ihn den Bau ausführt. Jurist. Wochenschr. 1898 S. 620 Nr. 67.

Die Klage verjährt erst in 30 Jahren für diejenigen Fälle, in welchen der beeinträchtigende Bau erst nach dem 1. Jan. 1900 errichtet ist; in diesem Falle geht also das Klagerecht nicht etwa verloren durch unterlassenen Widerspruch.

Dagegen erlischt bei den Fällen vor dem 1. Jan. 1900 das Untersagungsrecht des Eigentümers aus §§ 142, 143 I 8 durch stillschweigende Einwilligung sofort, wenn er ohne zu protestieren wissentlich geschehen läßt, daß ihm der Nachbar die Fenster verbaut.

Veranlassung zur Ausübung des Widerspruchsrechts ist erst vorhanden, wenn eine faktische Beeinträchtigung des Lichtrechts angenommen werden kann; also noch nicht bei den ersten Vorbereitungen zum Neubau, weil noch nicht feststeht, ob das Gebäude auch wirklich den Behältnissen des Nachbarn das Licht rauben wird. Hat aber etwa der bauende Eigentümer in betreff der Höhe des Baues etc. den Nachbar derartig vorher unterrichtet, daß das Vorhandensein des im § 142 gedachten Falles mit Sicherheit angenommen werden mußte, so kann Veranlassung gegeben sein, sogar vor Beginn des Baues bereits das Untersagungsrecht auszuüben.

Noch nicht die Verdunkelung der Fenster, sondern erst die Wahrnehmung, daß die Fortsetzung des Baues das im § 142 I 8 gewährleistete Lichtrecht unmöglich machen werde, gibt begründeten Anlaß zum Einschreiten.

Das Widerspruchsrecht erlischt, wenn der gefährdete Nachbar ohne zu protestieren wissentlich geschehen läßt, daß ihm die Fenster verbaut werden. Wissen müssen kommt nicht in Betracht; es muß feststehen, daß der Berechtigte während des Baues von dessen Ausführung Kenntnis tatsächlich erhalten hat. Daraus, daß er den Bau sehen konnte, folgt nicht, daß er ihn gesehen hat. Jurist. Wochenschr. 1896 S. 717 Nr. 76.

Protestieren, Vergleichsverhandlungen und demnächst Klage ist nicht wissenliches Geschehenlassen, wenn auch Verzögerungen dazwischen treten; Beschlußfassung einer Stadtvertretung erfordert geschäftsordnungsmäßig mehr Zeit als die Entschließungen einer Einzelperson. Wenn aber auf das Protestieren nicht andere Maßregeln wie Selbsthilfe, Sistieren und Klage folgen, so kann trotzdem stillschweigender Verzicht angenommen werden. RG.Entsch. Bd. 32 S. 189.

Die Klage aus §§ 142, 143 I 8 ist nicht statthaft, wenn der Grundstückseigentümer vor den Fenstern des Nachbarn bewegliche Sachen, Holz, Ziegel oder dgl. aufstapelt. ObTr.Entsch. Bd. 45 S. 63; Strieth.Arch. Bd. 88 S. 74, Bd. 95 S. 336. And. Ansicht Dernburg, Sachenrecht S. 245 Anm. 18.

V. Türen.

ALR. I 8 § **148**. Neue Türen, welche unmittelbar auf des Nachbars Grund und Boden führen, dürfen wider dessen Willen niemals angelegt werden.

1. Neue Türen.

Unter Tür ist hier jede Öffnung zu verstehen, welche geeignet ist, das Betreten und Benutzen des Nachbargrundstücks zu vermitteln. Erk. des ObTr. Strieth.Arch. Bd. 80 S. 206. Neu ist die Tür, wenn bisher an der betreffenden Stelle keine solche oder keine Einfahrt (Torweg) vorhanden gewesen ist. Die beim Wiederaufbau eines abgebrochenen Gebäudes an Stelle einer bereits vorhanden gewesenen eingerichtete Tür ist keine neue, auch dann nicht, wenn sie nicht genau an derselben Stelle und in denselben Dimensionen hergestellt ist. ObTr.Entsch. 59 S. 345, Bd. 81 S. 23. Auch soll es nach Strieth.Arch. Bd. 15 S. 95 unerheblich sein, ob die Tür nach innen oder außen zu öffnen ist; a. A. Turnau u. Förster, weil durch eine nach außen zu öffnende Tür unmittelbar in des Nachbarn Eigentum eingegriffen wird. Steht dem einen Grundstück vertragsmäßig das Recht zu, in der Wand eines Schuppens eine Ausgangstür nach dem daranstoßenden Grundstück des Klägers zu haben, und wird demnächst an Stelle des Schuppens ein Wohnhaus gebaut und eine Tür ganz an derselben Stelle angebracht, wo die des Schuppens sich befand, so ist in Bezug auf das vertragsmäßige Recht der frühere Zustand nur fortgesetzt, und in dem Recht, die Tür an der betreffenden Stelle zu haben, nichts geändert worden. Dieser dem vorigen ähnliche Fall ist in dem Erk. des ObTr. v. 23. Jan. 1863 resp. in Strieth. Arch. Bd. 44 S. 168 Nr. 42 behandelt.

2. Bedeutung des Wortes „unmittelbar".

Das Präj. 2471 (Erk. ObTr. v. 14. Juli 1853) findet bezüglich des Wortes „unmittelbar" auch Anwendung auf § 148 I 8; vgl. ObTr.Erk. v. 11. Dez. 1856, Strieth. Arch. Bd. 23 S. 142 Nr. 35.

Hierzu Grein, Baurecht 2. Bearb. S. 123:

Es soll durch diese Vorschrift dem Eigentümer die Möglichkeit, des Nachbars Grundstück zu betreten, beschränkt werden. Dieser Moment ist wichtig für die Erklärung des Wortes unmittelbar, welches in dem Sinne des § 138 I 8 zwar zu nehmen ist, aber doch eine weitere Deutung verlangen dürfte. Danach ist eine Tür als eine unmittelbar auf des Nachbars Grund und Boden führende anzusehen, wenn zwischen der Tür und der Grenze noch ein solcher Flächenraum sich befindet, welcher es möglich macht, daß man aus der Tür auf den Grund und Boden des Eigentümers treten und sich auf diesem fortbewegen kann, ohne das nachbarliche Grundstück zu betreten.

Nur wenn kein vermittelnder Gegenstand oder Raum das Betreten des nachbarlichen Grundstückes verhindert, ist das Ausbrechen der Tür verboten.

Glaubt der Nachbar durch den schmalen vor der Tür liegenden Raum sich gegen das Betreten seines Grundstücks nicht genügend gesichert, muß es ihm überlassen bleiben, auf eigene Kosten die nötige Sicherheit durch Anlegung einer Scheidung sich zu verschaffen.

3. Bezüglich der Zwischenräume nach §§ 139, 140 I 8.

Bezüglich der **Zwischenräume**, welche z. B. unter Beobachtung der §§ 139, 140 I 8 zwischen den Häusern entstehen, kann in der Regel der hier bezl. § 148 I 8 nicht zur Anwendung kommen. Sind die Zwischenräume oder Winkel gemeinschaftlich, so ist die Anlegung neuer Türen nach Analogie des ObTr.Erk. v. 25. Sept. 1855 zulässig; vgl. oben Teil II Kap. 2 V 3. Ist der Zwischenraum gemeinschaftlich, so können neue Türen angelegt werden und steht § 148 I 8 nicht entgegen, soweit das betr. Gebäude 1½ Fuß von der Eigentumsgrenze entfernt steht.

Begründet das Vorhandensein von Türen im Fall des § 121 I 8 eine Vermutung für das Eigentum? Verneint in einem Aufsatz der Jur. Zeitung Jahrg. 1833 S. 971, weil, wenn der eine Nachbar eine Tür habe, der andere Nachbar das Traufrecht, Privete oder offene Fenster habe, so würde der erstere im Besitz des Eigentums, der andere im Besitz einer Grundgerechtigkeit sein; vgl. Rönne, Erg. ad § 121 I 8, Grein S. 74.

4. Klage auf Beseitigung widerrechtlich angelegter Türen.

Das Untersagungsrecht resp. Klage auf Beseitigung widerrechtlich angelegter Türen geht nicht durch stillschweigende Einwilligung verloren, der § 43 I 22 ALR. kommt hier nicht zur Anwendung, denn es handelt sich um eine serv. in non faciendo. Es gilt also hier das über den § 138 I 8 bei der Fensteranlage Angeführte. Vgl. oben Teil II Kap. 2 IV 3 i u. 2 f. — Das Untersagungsrecht wird erst existent durch Anlegung der Tür, ist also geltend zu machen innerhalb der Verjährungsfrist.

Zu der Annahme, daß eine Tür in diesem Sinne wider Willen des Nachbars angelegt sei, ist eine positive Tätigkeit des letzteren, ein vorhergehender förmlicher Widerspruch nicht erforderlich. Erk. ObTr. v. 19. Okt. 1875, Entsch. Bd. 76 S. 108. Hierdurch ist die entgegenstehende Ansicht, der Nachbar müsse aber doch dartun, daß die Tür wider seinen Willen angelegt, und seinerseits widersprochen ist, welche in dem Erk. ObTr. v. 11. Dez. 1856 vertreten war (Strieth. Arch. Bd. 23 S. 142) als durchaus irrig beseitigt. In dem ObTr.Erk. v. 30. März 1854, Strieth. Arch. Bd. 12 S. 315, ist schon ausgeführt, daß durch Schweigen allein der Eigentümer seines Widerspruchsrechts nicht verlustig geht, da eine solche Folge gesetzlich nicht angedroht ist und aus den allgemeinen Vorschriften nicht gefolgert werden kann.

5. Der § 148 I 8 ist auch anwendbar, wenn der Nachbar eine öffentliche Passage gestattet hat.

Zander, Baugesetze S. 105 bemerkt noch unter Hinweis auf das ObTr.Erk. v. 19. Okt. 1875, daß die Anwendung des § 148 I 8 dadurch nicht ausgeschlossen wird, daß der Nachbar über betr. Grund und Boden eine öffentliche Passage gestattet. Der dort gemeinte Fall war folgender: Die Beklagten als Eigentümer eines am Dominiplatz belegenen Grundstücks haben in den Jahren 1871 und 1872 beim Umbau ihrer südlich nach dem Frauenkirchhof liegenden Baulichkeiten mehrfache Veränderungen in der Frontwand des Hauses vorgenommen, und namentlich an Stelle eines früher im Erdgeschoß befindlichen Fensters eine Tür ausbrechen lassen. Der Magistrat der Stadt als Vertreter des Hospitals, dem der Frauenkirchhof gehört, verlangte auf Grund des § 148 I 8 Beseitigung jener Tür. In I. und II. Instanz erfolgte Abweisung der Klage, weil der Teil des Kirchhofes, auf welchen die Tür münde, ein öffentlicher Platz geworden und somit der Disposition des Klägers nunmehr entzogen sei. Das ObTr. hat aber in entgegengesetztem Sinne entschieden. Der fragliche, früher von der Straße mittels Gitter und Mauer abgeschlossene Raum bezw. Teil des Frauenkirchhofes war nämlich durch Zurückrücken dieser Mauer und Beseitigung des Gitters auf Beschluß der städtischen Behörden offengelegt worden, mit der Absicht ihn ganz frei liegen zu lassen und mit einem Weg für Fußgänger und mit Anlagen zu versehen. Hierdurch — nahm das Erk. II. Instanz an — wurde jener Raum, wenn auch das Eigentum daran dem Hospital verblieb, ein öffentlicher, hörte auf in der ausschließlichen Benutzung des Eigentümers zu stehen und ist damit auch der Befugnis desselben entrückt, irgend jemanden an dessen Benutzung in einer solchen Weise, wie sie ein jeder üben kann, zu hindern. Deshalb sei der Klageantrag unberechtigt. Das ObTr. aber geht davon aus, daß mit der Offenlegung des Frauenkirchhofes das Hospital sich nur derjenigen Eigentumsbefugnisse entäußert hat, deren fernere Ausübung mit der Freiheit der Passage tatsächlich oder rechtlich in Widerspruch treten würde. Es bleibt aber den Beklagten auch ohne den verlangten besonderen Zugang das dem übrigen Publikum zugestandene Recht in vollem Maß gewahrt. Es war deshalb der Klageantrag gerechtfertigt nach § 381 I 16, weil Beklagter durch Offenlegung des Kirchhofes dritten Privatpersonen gegenüber an seinen aus dem Eigentum fließenden Befugnissen nichts verliert. § 148 I 8 gibt dem Kläger eine serv. in non faciendo, welche lediglich ein Ausfluß des Eigentums an dem Kirchhof ist und an andere Voraussetzungen nicht gebunden ist. Solange Kläger hierauf nicht besonders und ausdrücklich verzichtet hat, fällt sein Bestand mit der Dauer des Eigentumsrechts selbst zusammen. Die Freilegung des Platzes ist als solcher Verzicht nicht aufzufassen.

6. Der § ist ausgeschlossen, wenn die Passage auf polizeiliche Anordnung angelegt ist.

Anders gestaltet es sich, wenn nicht wie in dem Fall ad 5 der Grundeigentümer freiwillig gestattet, daß sein Grund und Boden zur öffentlichen Passage benutzt werde. So ist durch Erk. des RG. v. 4. Mai 1882, Gruchot III. Folge 6. Jahrg. S. 940 ausgesprochen, daß, wenn zwischen den Nachbargrundstücken der Parteien ein Bürgersteig (also eine öffentliche Passage) auf Anordnung der Polizeibehörde wider den Willen des Klägers angelegt ist, dieser von dem Widerspruchsrecht aus § 148 I 8 gegen Anlegung einer neuen Tür keinen Gebrauch machen kann, wenngleich er Eigentümer des zum Bürgersteig verwendeten Areals geblieben ist. Die Beschränkung des Grundeigentümers tritt in dem vollen Maß ein, wie der Polizeibehörde die Verfügung über das Straßenareal zusteht. Insbesondere ist mit der Befugnis der Polizeibehörden, den Baukonsens zu erteilen und Anordnungen in Bezug auf die Einrichtung der Häuserfront zu treffen, das Recht des Eigentümers des Straßenareals die Anbringung von Türen zu untersagen, schlechthin unvereinbar. Es muß der § 148 I 8 dem § 80 I 8 also weichen.

VI. Erhöhung des Bodens.

ALR. I 8: § **185.** Wer seinen Grund und Boden erhöhen will, muß mit dieser Erhöhung drei Fuß von dem Zaune, der Mauer oder Planke des Nachbars zurückbleiben.

§ **186.** Daraus, daß der Nachbar die Erhöhung in einer größeren Nähe ohne ausdrücklichen Widerspruch geschehen läßt, folgt noch nicht, daß er dem Ersatze des daraus in der Folge erwachsenden Schadens entsagt habe.

Es enthalten die §§ 185 ff. I 8 zwar gesetzliche Einschränkungen zum Besten der Nachbarn, haben aber keine direkte Beziehung zu dem eigentlichen Baurecht.

So gehören offenbar bloße Veränderungen und Erhöhungen der Erdoberfläche nicht zum Begriff eines Baues — Einschränkungen dieser Art sind auch dem gemeinen Recht unbekannt —, wohl aber interessieren hier die darauf bezüglichen §§, weil derartige Anlagen fast immer nur in Verbindung mit einem Bau aufzutreten pflegen.

1. Begrifflich kann von einer Erhöhung oder Erniedrigung des Bodens in rechtlichem Sinne dann noch keine Rede sein, wenn es sich nur um Planierungen handelt, wenn das Material zum Erhöhen der tiefer liegenden Stellen gewonnen wird aus Abtragnng der höher liegenden Stellen, wenn also weder fremde Erde zu den Erhöhungen herbeigeschafft, noch bei Vertiefungen das vorhandene Material fortgeschafft wird.

Hierfür spricht namentlich der den landrechtlichen Bestimmungen zu Grunde liegende Wortlaut des § 1 Tit. II der Berliner Bauobservanzen: „Wenn jemand seinen Fundum mit fremder Erde erhöht, muß er entweder u. s. w. Hingegen kann jedermann seinen von Natur unebenen Platz wohl planieren, und wenn dadurch mehr Erde an des Nachbars Zaun kommt, darf er diesem dafür nicht gerecht werden, sondern der Nachbar muß selbst Mittel vorkehren, den etwaigen Schaden abzustellen."

Auch in anderer Weise kann es vorkommen, daß Veränderungen, welche tatsächlich eine Erhöhung oder Erniedrigung des Bodens bewirken, doch je nach den Verhältnissen nicht unter die betr. §§ fallen. So ist durch das ObTr.Erk. v. 9. Febr. 1849, Entsch. Bd. 17 S. 115, anerkannt worden, daß eine Drumme, welche zur Abführung des Wassers in die Erde gelegt ist, als Erniedrigung des Bodens nicht zu erachten, und daher der Entfernung vom benachbarten Grundstück auf 3 Fuß (§ 187) nicht unterworfen ist.

Eine Drumme ist eine Wasserleitung im Sinne des § 128 I 8 und hindert vermöge ihrer Konstruktion den Nachsturz des anliegenden Erdreichs; der § 187 aber bezweckt nur, den Besitzer des benachbarten Grundstücks zu sichern gegen einen durch den Nachsturz des Erdreichs zu besorgenden Nachteil.

2. Die §§ 185 ff. sind nur gegeben zum Schutz von Scheidungen

jeder Art; der § 187 spricht von Verzäunungen im allgemeinen, der § 185 von Zäunen, Mauern und Planken. Hieraus ergeben sich verschiedene Beschränkungen.

a) Unter dem Ausdruck „Mauer“ im § 185 ist nach einem Erk. des AppGer. Hamm v. 10. Okt. 1857 — vgl. Gruchot Bd. 6 S. 312 — nicht zu verstehen die Grundmauer eines Gebäudes, sondern nur eine Scheidemauer im Freien. Begründet wird dieses damit, daß die §§ 185 bis 188 sich unmittelbar anschließen an die §§ 149—184, letztere aber lediglich von Scheidungen handeln, welche zwischen einzelnen Grundstücken ganz abgesehen von Häusern errichtet sind; wogegen die nachbarlichen Rechte in betreff der Häuser beim Beginn der ganzen Lehre in den §§ 124 ff. ihre Stelle haben.

Indessen gerade die enge Beziehung der §§ 185—188 zu den §§ 149—184 muß die Konsequenzen des Erk. v. 10. Okt. 1857 als bedenklich erscheinen lassen, weil die §§ 159, 160, 161 nach dem ObTr. Erk. v. 29. April 1843, Präj. Nr. 1298, anwendbar sind nicht nur auf Scheidungen im Freien, sondern auch auf Scheidemauern zwischen Gebäuden. Vgl. unten Kap. 3 IV.

Die §§ 159—161 haben gerade ihre wesentlichste Bedeutung bei Entscheidung der Frage, ob eine Mauer zwischen Gebäuden gemeinschaftliches Eigentum beider Nachbarn ist, oder ausschließlich nur dem einen gehört, entsprechend den Bestimmungen des Code civil in Art. 653, 654. Vgl. Raschdorff, Baurecht der Rheinprovinz S. 119—131.

Auch kommt hier in Betracht das Erk. des ReichsGer. v. 27. Okt. 1881, vgl. Entsch. in Zivils. Bd. 6 S. 261. Es handelt sich dort um folgenden Fall: Beklagter hat auf seinem Grundstück den Keller eines zu errichtenden Wohnhauses ausschachten lassen, dabei aber versäumt, die an sein Grundstück stoßende Giebelmauer des klägerischen Hauses zu stützen, und auch nicht überall einen 3 Fuß breiten Wall gegen jene Mauer stehen lassen. Kläger verlangt Ersatz für die demzufolge eingetretenen Beschädigungen seines Hauses. In diesem Erkenntnis handelt es sich zwar zunächst um die Haftpflicht aus § 367 Nr. 14 des StrGB., indessen ist in den Gründen auch der § 187 I 8 des näheren in Betracht gezogen. Wenn aber nach der Ansicht des ReichsGer. der § 187 nur auf eine Scheidemauer im Freien, nicht aber auf die Grundmauer eines Gebäudes anwendbar sein soll, so wäre es auffallend, daß dieses in dem betr. Erkenntnis in keiner Weise zu erkennen gegeben ist.

Was aber vom § 187 I 8 gilt, das muß in gleicher Weise auch für den § 185 I 8 maßgebend sein.

b) Die §§ 185 ff. sind zu beziehen auf Scheidungen, nämlich auf ein von Menschenhänden angelegtes Werk, welches zur Befriedigung eines Grundstücks geeignet ist. Existiert also eine solche Scheidung nicht, so können auch die betr. §§ keine Anwendung finden. Vgl. das ObTr.Erk. v. 28. Okt. 1850 im JMBl. 1851 S. 172. Nach dem dort vorliegenden Rechtsfall besitzt Beklagter ein Ackerstück, an welches der Begräbnisplatz der klagenden Gemeinde grenzt, durch Verzäunung oder andere Anlagen davon aber nicht getrennt wird. Von dem Ackerstück ist auf einer Strecke bis unmittelbar an den Begräbnisplatz Erde weggefahren worden, dadurch eine erhebliche Vertiefung entstanden und in diese das Erdreich vom Begräbnisplatz nachgestürzt. Klägerin stellt das Verlangen, Beklagter müsse dort einen Wall von 3 Fuß Breite aufführen und so befestigen, daß der Grund und Boden des Begräbnisplatzes nicht nachstürzen könne, weil Erniedrigungen unmittelbar an der Grenze nicht zulässig seien, die Verzäunung aber nur die Bedeutung haben könne, die Grenzlinie zu markieren und als Anfangspunkt für die 3 Fuß Zwischenraum zu dienen. Das ObTr. hat indessen den klägerischen Anspruch für gerechtfertigt nicht erachtet, weil der § 187 I 8 nur den Schutz einer Scheidung bezweckt, und als Einschränkung des Eigentums eine ausdehnende Erklärung nicht gestattet.

Zu bemerken bleibt, daß eine Ausnahmebestimmung für Berlin in dem § 2 Tit. II der Bauobservanzen vorliegt, indem dort bei allen Erniedrigungen an der nachbarlichen Grenze ohne Rücksicht darauf, ob daselbst sich eine Scheidung befindet oder nicht, ein 3 bis 4 Fuß breiter Wall stehen bleiben muß. Der § 2 Tit. II lautet nämlich: „Wenn jemand seinen Fundum erniedrigt, muß er an des Nachbars Seite 3 bis 4 Fuß breit einen Wall stehen lassen."

3. Der § 185 I 8 gestattet Erderhöhungen bis auf 3 Fuß Entfernung von des Nachbars Scheidung. Läßt nun der eine Nachbar bis auf geringere Entfernung Erde aufwerfen, will der andere Nachbar solches aber nicht dulden, so muß er in continenti widersprechen, widrigenfalls nach §§ 43 ff. I 22 ALR. stillschweigende Genehmigung vorliegt. Das ObTr. hat sich in dem Erk. v. 3. Mai 1860, Entsch. Bd. 43 S. 78, dahin ausgesprochen, daß durch das Geschehenlassen der Erhöhung ohne Widerspruch das Recht, die Wegschaffung derselben zu fordern, verloren geht; vgl. auch Jur. Wochenschr. 1836 S. 729. Nach § 186 I 8 bleibt aber immerhin das Recht auf Entschädigung.

4. Läßt der Nachbar die Erhöhung in größerer Nähe ohne ausdrücklichen Widerspruch geschehen, so hat er nach § 186 Anspruch auf Schadensersatz. Diese Vorschrift scheint einen Hinweis auf § 43 I 22 ALR. zu enthalten, daß bei unterlassenem Widerspruch nur Schadensersatz, nicht aber Beseitigung der Erhöhung gefordert werden kann. Der Grundsatz des § 43 I 22 ist aber nicht in das BGB. übergegangen, vielmehr die Aufnahme einer entsprechenden Vorschrift ausdrücklich abgelehnt. Prot. III S. 325. Es ist somit bei Erhöhungen, welche nach dem 1. Jan. 1900 stattfinden, nach dem BGB. auch der Beseitigungsanspruch bis zum Ablauf der Verjährungsfrist zulässig. Der Klageanspruch richtet sich gegen den jedesmaligen Eigentümer des erhöhten Grundstücks. ObTr.Entsch. Bd. 70 S. 103.

5. Auch Stadtgemeinden und Fiskus müssen bei Erhöhungen des Straßenkörpers 3 Fuß von den Mauern 2c. der Anlieger entfernt bleiben. ObTr.Erk. Strieth. Arch. Bd. 11 S. 164; Entsch. Bd. 49 S. 92. Eine andere Frage ist, ob selbst bei Einhaltung dieses Abstandes die Straßenanlieger einen Rechtsanspruch haben auf Entschädigung wegen Verkehrserschwerungen. Diese Frage greift in das öffentliche Recht hinüber und ist von dem Obertribunal wie vom Reichsgericht wechselnd, meist aber verneinend beantwortet worden. Eine eingehende Kritik

namentlich unter Ablehnung der Fiktion des stillschweigenden Servitutenvertrages bietet „in dem Recht der Anlieger an öffentlichen Straßen" W. von Blume, Königsberg 1900. Sehr ausführlich ist der Entschädigungsanspruch der Adjazenten bei Veränderungen des Wegekörpers behandelt in dem „Wegerecht in Preußen" von Germershausen 2. Aufl. 1900 Bd. I S. 99.

VII. Vertiefung des Bodens. § 909 BGB.

Das römische Recht gab im Falle des gefährlichen Grabens in der Nähe der Grenze nur den Anspruch auf die cautio damni infecti. Das ALR. § 187 I 8 bestimmte, daß ein Wall von 3 Fuß Breite gegen die benachbarte Grenze stehen bleiben muß. Der aufrecht erhaltene Art. 674 code civil geht von dem allgemeinen Grundsatz aus, daß niemand eine für das angrenzende Grundstück gefährliche und nachteilige Anlage machen darf, dazu werden auch einfache excavations gerechnet. Die Vorsichtsmaßregeln sind den reglements et usages überlassen. Über die im ALR. bestimmte Entfernung hinaus konnte also der Grundeigentümer beliebig seinen Grund und Boden vertiefen, wenn auch dadurch das Nachbargrundstück geschädigt wird, Maßregeln zum Schutz des letzteren hat er nicht zu treffen. Dagegen verbietet das BGB. ohne Rücksicht auf Entfernung jedes Vertiefen des Grundstücks, durch welches der Boden des Nachbargrundstücks die erforderliche Stütze verliert. Das Verbot greift aber nicht Platz, wenn — was Sache des Einredebeweises ist — für eine anderweitige genügende Befestigung gesorgt ist. Abweichende Bestimmungen der Landesgesetze sind nicht aufrecht erhalten. Die anderweitige Befestigung muß schon zur Zeit der Vertiefung vorhanden sein, so daß jede Gefahr eines Einsturzes oder einer Senkung für das Nachbargrundstück und dessen Anlagen ausgeschlossen ist. Die §§ 908, 909 BGB. stehen in enger Beziehung zueinander. Durch die Vertiefung darf nicht einmal eine vorübergehende Gefahr begründet werden. Welcher Art die anderweitige Befestigung ist, ob schön oder dauerhaft, ist gleichgültig.

Ist für genügende Befestigung nicht gesorgt, so hat der Eigentümer des Nachbargrundstücks den negatorischen Anspruch auf Unterlassung der Vertiefung; er kann auch sofortige Einstellung der begonnenen Arbeiten durch einstweilige Verfügung erlangen. Ist aber die Vertiefung bereits vorgenommen, so hat der geschädigte Nachbar wahlweise einen Anspruch darauf, zu verlangen daß der frühere Zustand wieder hergestellt oder für eine genügende anderweitige Befestigung gesorgt wird. Die Fassung des Antrags in der zweiten Alternative muß allgemein gehalten werden, weil es dem Beklagten überlassen bleibt, welche Art von Befestigung er wählen will. Durch Verurteilung zur Aufführung einer Schutzmauer würde er in diesem Wahlrecht beschränkt werden.

Zur Klage berechtigt ist der Eigentümer bezw. Miteigentümer § 1011, der Eigenbesitzer, Erbbauberechtigte § 1017 Abs. 2, der Dienstbarkeitsberechtigte §§ 1027, 1090 Abs. 2 und der Nießbraucher § 1065 BGB. Es wird auch dem nicht unmittelbar angrenzenden Nachbar das Klage-

recht nicht zu versagen sein, sofern auch sein Grundstück durch die Vertiefung gefährdet wird. Meisner, bayer. Nachbarrecht S. 91. Liegen z. B. an einem Hang drei Äcker übereinander, und wird der unterste vertieft, so daß das mittlere Grundstück der Gefahr eines Einsturzes ausgesetzt wird, dann besteht auch für das oberste Grundstück die Gefahr des Nachsturzes.

Passiv legitimiert ist derjenige, welcher die Vertiefung vornimmt, oder vornehmen läßt (vgl. Männer, Recht d. Grundstücke S. 122. Biermann, Sachenrecht Anm. zu § 909) und derjenige, welcher den gefährdenden Zustand bestehen läßt. Erk. des ObLG. Braunschweig v. 8. März 1901, des ObLG. Marienwerder v. 14. Nov. 1901, des ObLG. Kassel v. 5. Mai 1902. Denn der Anspruch aus § 909 setzt kein Verschulden voraus, und richtet sich nicht nur gegen den Handelnden, vielmehr ist für die Beeinträchtigung jeder verantwortlich, welcher den Zustand bestehen läßt, obwohl er nach seinem Verhältnis zu dem vertieften Grundstücke in der rechtlichen Lage ist, die Beeinträchtigung aufzuheben. Nicht nur das Vertiefen als Handlung sondern auch den daraus sich ergebenden den Nachbar beeinträchtigenden Zustand erklärt das Gesetz für unstatthaft. Als Störer ist deshalb verantwortlich auch jeder spätere Eigentümer, welcher den Zustand bestehen läßt.

In zweiter Linie kommt die Schadensersatzpflicht in Betracht. Die absichtliche oder fahrlässige Übertretung des gesetzlichen Verbotes ist ein gegen den Eigentümer sich richtendes Delikt mit allen Folgen einer unerlaubten Handlung gemäß § 823 BGB. Der eingetretene Erfolg kann aber dem Täter nur dann zugerechnet werden, wenn er denselben voraussehen konnte. Eine Ersatzpflicht für den Einsturz eines Hauses trifft ihn daher nur dann, wenn er bei sorgfältiger Prüfung hätte voraussehen können, daß nach der Bodenbeschaffenheit und sonstigen Verhältnissen das Nachbargrundstück durch die Vertiefung die erforderliche Stütze verlieren würde. Vgl. Turnau u. Förster I Anm. 2 zu § 909.

Weiter geht das ObLG. Kassel in einer Entscheidung. Wer auf seinem Grund eine Vertiefung vornimmt, der handelt stets auf seine Gefahr; er hat die gesetzliche Pflicht, das objektiv Genügende für anderweitige Befestigung vorzunehmen. Auf die größere oder geringere Einsicht und Vorsicht des Vertiefenden kommt danach nichts an, der Erfolg allein entscheidet. Erweist sich die Befestigung als nicht genügend, so hat der Vertiefende für alles einzustehen.

Kapitel 3.

Sonstige Bestimmungen, welche nur indirekt das Nachbarverhältnis beeinflussen.

I. Einsturz. § 908 BGB.

Gefahr des Einsturzes von Gebäuden; das aus dem römischen Recht übernommene gemeinrechtliche Institut der cautio damni infecti führt zu strenger Haftung auch dann, wenn dem Handelnden irgend welche Schuld nicht beizumessen ist. Nach ALR. I 8 § 37 ist nur der Eigentümer von Gebäuden, welche an Straßen oder öffentlichen Plätzen stehen, verpflichtet, dieselben in baulichem Zustande zu erhalten, soweit solches zur Verhütung von Nachteilen für das Publikum erforderlich ist. Die Unterlassung dieser Pflicht hat nach ALR. I 6 § 26 die Haftung für allen Schaden zur Folge. Das ALR. gewährt nur einen öffentlich-rechtlichen Anspruch, einen polizeilichen Schutz, welcher zudem nur den an einer Straße belegenen Gebäuden zu gute kommt.

Der § 908 BGB. schafft einen privatrechtlichen Anspruch auf Ergreifung gewisser Vorsichtsmaßregeln. Der § 908 ist nach den Protokollen der Justizkommission erst später eingeschoben, und zwar hinter § 864 (jetzt 907) als § 864a. Es ergab sich nämlich, daß hier der § 907 nicht zutreffend ist, denn „die Nachteile, welche dem Nachbarn durch den Einsturz von Gebäuden zugefügt werden, sind nicht die Folge des Bestehens oder der Benutzung einer konkreten Anlage, sondern die Folge eines allgemeinen Naturgesetzes, kraft dessen Gebäude mit der Zeit zu Grunde gehen".

1. Voraussetzung des § 908 ist, daß einem Grundstück Gefahr droht durch den Einsturz eines Gebäudes oder eines anderen Werks. Die Gefahr muß drohen von Werken, welche mit einem Nachbargrundstücke verbunden sind. Es ist nicht erforderlich, daß die Grundstücke unmittelbar aneinander stoßen; es genügt, wenn dieselben in einer so nahen räumlichen Beziehung zueinander stehen, daß der Einsturz z. B. eines Fabrikschornsteins eine schädigende Einwirkung auf das andere Grundstück ausüben kann. Eine Beschädigung ist in jeder mechanischen Einwirkung auf die Substanz des Grundstücks nebst Anlagen zu erblicken. Die Beschädigung von Pflanzen durch Dachziegel des Nachbars kann unter den § 908 fallen. Eine Beschädigung des Grundstücks liegt unter Umständen schon vor, wenn dessen Benutzung beeinträchtigt wird, z. B. wenn Ziegel auf den gepflasterten Hofraum des Nachbars fallen.

Unter einem Werk ist jede von Menschenhand hergestellte unbewegliche Anlage zu verstehen, also Mauern, Brunnen, Zäune, Telegraphenstangen, Dämme, Türme, Gerüste 2c. Das Herabstürzen eines Felsblocks oder Zusammenbrechen eines morschen Baumes rechtfertigt also keinen Schutz aus § 908 BGB. Aus diesem weiteren Begriff eines Werkes sind vom Gesetz besonders hervorgehoben die Gebäude.

2. Eine drohende Gefahr der Beschädigung muß vorliegen. Es kann der künftige Eintritt der Gefahr gewiß sein, es genügt aber schon, wenn nach Lage der Verhältnisse die Möglichkeit zu gewärtigen ist. Diese Möglichkeit muß unter Zugrundelegung der vorliegenden Umstände und der normalen Verhältnisse gegeben sein. Zu letzteren kann nicht ein Erdbeben wohl aber ein heftiger Sturmwind gerechnet werden. Hochwasser gehört zu den normalen Verhältnissen eines im Überschwemmungsgebiet belegenen Werkes. Ob eine Gefahr droht, ist nach objektivem Maßstab zu beurteilen. Eine vermeintliche nur in der Einbildung des Grundeigentümers existierende Gefahr kommt nicht in Betracht.

3. Der Anspruch aus § 908 ist gerichtet auf Vorkehrungen zur Abwehr, auf Zwang zu direktem Handeln. Es ist nicht Sache des Klägers, die erforderlichen Vorkehrungen bestimmt zu bezeichnen. Dem Beklagten muß es überlassen werden, wie er die Abwendung der Gefahr bewerkstelligt. Ob seine Maßnahmen genügend sind, findet sich eventuell bei der Zwangsvollstreckung. Gruchot 44 S. 1097. Auch der Abbruch des Werkes wird verlangt werden können, wenn andere Vorkehrungen zur Abwehr der Gefahr nicht möglich sind. Ist der Abbruch eines Hauses im Wege der Zwangsvollstreckung durch den gefährdeten Nachbar bewerkstelligt, will alsdann der Eigentümer des abgebrochenen Hauses auf Schadensersatz klagen, so hat der Hauseigentümer zu beweisen, daß andere Vorkehrungen möglich gewesen wären. Dieser Beweis wird dann schwerlich zu erbringen sein.

Die §§ 38 ff. I 8 ALR. haben die Wiederherstellung des Gebäudes im öffentlichen Interesse im Auge, in letzter Linie gestattet auch § 56 ibidem das Gebäude abzubrechen.

4. Als Kläger ist legitimiert der Eigentümer des bedrohten Grundstücks, nach § 1011 BGB. der Miteigentümer, nach § 1017 der Erbbauberechtigte, nach §§ 1027, 1090 der Dienstbarkeitsberechtigte, nach § 1065 der Nießbraucher; nicht aber der Besitzer (Mieter, Pächter 2c.). Kläger hat zu beweisen, daß seinem Grundstück die Gefahr droht, durch den Einsturz eines Gebäudes oder durch Ablösung von Teilen des Gebäudes beschädigt zu werden. Diese drohende Gefahr ist als Beeinträchtigung des Eigentümers im Sinne des § 1004 BGB. zu betrachten, und deshalb zur Klagebegründung geeignet; Planck. Die Ursache der Gefahr ist gleichgültig; es kommt namentlich nicht darauf an, ob sie auf einem Verschulden des Eigentümers, auf einem Baufehler oder mangelhafter Unterhaltung beruht. Selbst eine durch ein Erdbeben oder eine Feuersbrunst herbeigeführte Baufälligkeit gibt dem Nachbar das Klagerecht aus § 908.

5. Als Beklagter kommt in Betracht nicht der Eigentümer der gefährdenden Anlage als solcher, sondern derjenige, welcher nach §§ 836 Abs. 1, 837, 838 BGB. für den eintretenden Schaden verantwortlich sein würde. Die Klage richtet sich also gegen den Eigenbesitzer des Grundstücks, oder an dessen Stelle gegen denjenigen, welcher auf fremdem Grundstück in Ausübung eines eigenen Rechts — Miete, Pacht, Erbbaurecht, Dienstbarkeit — das Gebäude oder andere Werke besitzt (§ 837), oder gegen den Dritten, welcher zur Unterhaltung des Gebäudes 2c. ver-

tragsmäßig oder vermöge eines ihm zustehenden Nutzungsrechts verpflichtet ist. Dem früheren Besitzer gegenüber ist der Klageanspruch zu versagen, weil jener in der Regel nicht in der Lage ist, Vorkehrungen zur Abwendung der Gefahr zu treffen. Dem Beklagten kommt nicht zu statten die dem § 836 Abs. 1 beigefügte Beschränkung, wonach der Besitzer nur haftet bei fehlerhafter Errichtung oder mangelhafter Unterhaltung. Gleichfalls unanwendbar auf den Fall des § 908 ist der weitere Zusatz des § 836, wonach die Ersatzpflicht ausgeschlossen ist, wenn die im Verkehr erforderliche Sorgfalt angewendet ist. Vgl. Turnau und Förster sowie Biermann (Sachenr.) S. 55.

Eine andere Frage ist die Haftung des Beklagten für den durch den Einsturz eines Werkes verursachten Schaden. Für die Schadensklage sind allein die §§ 836 ff. BGB. maßgebend.

II. Wurzeln, Zweige, Früchte. §§ 910, 911 BGB.

Auch diese Vorschriften enthalten gesetzliche Einschränkungen des Eigentums und bezwecken das Nachbarverhältnis einfach zu gestalten zur Vermeidung von Prozessen, welche zwischen Nachbarn erfahrungsmäßig mit besonderer Erbitterung geführt zu werden pflegen. Nach §§ 903, 905 BGB. braucht der Nachbar das Übergreifen von Wurzeln und Zweigen eines fremden Baumes über die Grenzen hinaus nicht zu dulden. Der § **910** gestattet deshalb das Recht der Selbsthilfe, eine Art privatrechtlicher Enteignung, nämlich die eindringenden Zweige und Wurzeln des fremden Baumes abzutrennen und zu behalten.

Das gemeine Recht hatte nur für überhängende Zweige, der code civil nur für Wurzeln Sonderbestimmungen. Das ALR. gab in den §§ 287, 288 I 9 im Einklang mit dem BGB. das Recht auf eigenmächtige Beseitigung der Zweige und Wurzeln, gestattete aber nicht das Behalten des Holzes. Abweichend vom bisherigen Rechte steht das Recht der Selbsthilfe nach BGB. dem Eigentümer nur dann zu, wenn die Wurzeln oder die Zweige die Benutzung des Grundstücks beeinträchtigen. Daß letzteres nicht der Fall sei, hat der Baumeigentümer zu beweisen. Prot. III S. 141.

Einen Anspruch, den Baumeigentümer zu zwingen, seinerseits die Beseitigung der Wurzeln oder Zweige vorzunehmen, gewährt § 910 nicht. Der erste Entwurf des BGB. hatte im § 861 einen solchen Anspruch vorgesehen; dieser § wurde indessen nach eingehender Motivierung gestrichen.

Bezüglich der überragenden Zweige macht das Gesetz das Recht der Beseitigung noch davon abhängig, daß zuvor der beeinträchtigte Eigentümer dem Besitzer des Nachbargrundstücks eine angemessene Frist gestellt hat, selbst die Beseitigung der Zweige vorzunehmen, und daß diese Frist fruchtlos verstrichen ist. Ist der Besitzer des Nachbargrundstücks mit dem Eigentümer des Baumes nicht identisch, so ist die Frist dem Baumeigentümer zu bestimmen. Prot. III S. 142. Was im Einzelfall als angemessene Frist anzunehmen ist, entscheidet sich eventuell nach richterlichem Ermessen.

In Betracht kommt, daß die Beseitigung der Zweige und Äste in der Periode des Wachstums des Baumes schädlich ist. Gilt dieses bei wertvollen Obstbäumen, so muß bei einem großen Walde auch der Umfang der Arbeit berücksichtigt werden. Hat aber der beeinträchtigte Eigentümer vor der Beseitigung der Zweige keine oder doch keine angemessene Frist gesetzt, so ist die Beseitigung widerrechtlich. Er muß alsdann nach §§ 867, 1005 BGB. dem Nachbarn die Abholung der Zweige gestatten, und unter Umständen Ersatz leisten, wenn er z. B. bei dem Ausästen von Obstbäumen nicht sorgfältig verfahren ist. Prot. III S. 143.

Art. 183 EG. enthält eine Übergangsbestimmung für Waldungen; landesgesetzliche Bestimmungen, wie sie Art. 183 voraussetzt, existieren für Preußen nicht. Aufgehoben sind §§ 287, 288 I 9 und § 177 I 8 ALR. sowie Art. 672 code civil.

Baumfrüchte, § 911, gehören, solange sie hängen, dem Baumeigentümer; er darf sie abernten. Fallen die Früchte auf das Nachbargrundstück, so gelten sie als Früchte dieses Grundstücks, gleich als ob sie auf diesem gewachsen wären. Gleichgültig ist es, wodurch veranlaßt worden ist, daß die Früchte hinüberfielen; § 911 gilt auch bei einem durch Sturm verursachten größeren Obstfall. Selbst wenn das Fallen der Früchte durch Schütteln veranlaßt ist, gelangen sie in das Eigentum desjenigen Grundstücks, auf welchem sie liegen. Hat der Nachbar geschüttelt, so hat er unbefugt gehandelt und muß nach §§ 812, 823 BGB. die Früchte zurückgeben oder deren Wert ersetzen. Einen Diebstahl aber begeht er nur, wenn er die Früchte direkt pflückt. Darf der Baumeigentümer straffrei die überhängenden Früchte abernten auch mittels eines Obstbrechers, so begeht er einen Diebstahl, wenn er die auf das Nachbargrundstück gefallenen Früchte sich aneignet.

Nach Satz 2 des § 911 findet die Vorschrift keine Anwendung, wenn das Nachbargrundstück dem öffentlichen Gebrauch dient, wenn es ein öffentlicher Weg, Platz, Fluß oder See ist. Alsdann verbleiben die übergefallenen Früchte dem Baumeigentümer, so lange bis ein Preisgeben aus den Umständen zu entnehmen ist, und damit die Früchte herrenlos geworden sind.

III. Grenzverhältnisse. §§ 919—923 BGB.

a) Abmarkung durch Grenzzeichen, § 919. c) Grenzanlagen, §§ 921, 922.
b) Grenzverwirrung, § 920. d) Grenzbaum, § 923.

Die Regelung der Grenzverhältnisse hat das BGB. nach dem Vorgang moderner Kodifikationen besonders geordnet, und damit dem Nachbarverhältnis die sicherste Grundlage gegeben. Die §§ 919—923 verpflichten den einen Nachbar gegenüber dem anderen etwas zu tun oder zu unterlassen, was er auf sein Eigentum gestützt mindestens teilweise ablehnen könnte. Insofern handelt es sich auch hier um Eigentumsbeschränkungen.

a) Abmarkung. § 919.

Die Grenze zwischen zwei Grundstücken wird durch eine gedachte mathematische Linie bestimmt, welche der Gefahr von Verdunkelungen ausgesetzt ist, wenn sie nicht äußerlich in zweckentsprechender Weise durch sichtbare Zeichen markiert (beurkundet) wird. Der § 919 Abs. 1 gibt deshalb im Anschluß an das bisherige Recht (preuß. ALR. I 17 § 383; code civil Art. 646; sächs. BGB. § 364) jedem der Eigentümer gegen den anderen den Anspruch auf Mitwirkung zur Errichtung bezw. Wiederherstellung fester Grenzzeichen.

In denjenigen Fällen, wo die Grenze nicht beiderseits als richtig anerkannt wird, sie also erst ermittelt werden muß, kommt der § 920 zur Anwendung.

Unter festen Grenzzeichen sind nach Mot. III S. 269 solche zu verstehen, welche in der Zukunft geeignet bleiben, die erfolgte Anerkennung des Grenzzuges jederzeit zu beweisen.

Der Anspruch aus § 919 ist privatrechtlicher Natur; die in dem öffentlichen Rechte begründete und im Verwaltungswege erzwingbare Abmarkungspflicht bleibt unberührt.

Der Anspruch ist aber auch dinglicher Natur, als aus dem Eigentum hervorgehend.

Nach § 934 ist er der Verjährung nicht unterworfen. Ein Verzicht ist nur auf Zeit und nur mit obligatorischer Wirkung gestattet. Die Abmarkung wirkt als ein gemeinschaftliches Geschäft der Nachbarn nur für und gegen diese, da in dem Bestande der Grundstücke keine Änderung eintritt. Mot. III S. 268. Dingliche Rechte Dritter, welche nicht zugezogen sind, bleiben unberührt. Doch wird eine im geordneten Verfahren bewirkte Abmarkung auch in einem Grenzstreite, bei dem ein Dritter Partei ist, erheblich dazu beitragen, das Gericht zu überzeugen, daß die der Abmarkung zu Grunde gelegte Grenze die richtige ist.

Der Anspruch aus § 919 kann nur von dem Eigentümer des einen Grundstücks und gegen den Eigentümer des anderen Grundstücks erhoben werden. Ist aber das eine oder andere Grundstück mit einem Erbbaurecht oder mit einem durch das Einf.Ges. Art. 63, 68 der Landesgesetzgebung vorbehaltenem Nutzungsrecht belastet, so erscheint aktiv und passiv legitimiert auch derjenige, welchem dieses Recht zusteht. § 1017.

Die Art der Abmarkung und das Verfahren bei derselben bleibt nach § 919 Abs. 2 der Landesgesetzgebung vorbehalten.

Die Parteien können zur Beurkundung der Abmarkung die Organe der freiwilligen Gerichtsbarkeit in Anspruch nehmen. Nach dem preuß. Gesetz über die freiwillige Gerichtsbarkeit v. 21. Sept. 1899 Art. 31 Abs. 1 sind hierfür die Amtsgerichte und die Notare zuständig.

Die Kosten der Abmarkung sind nach § 919 Abs. 3 von den Nachbarn zu gleichen Teilen zu tragen. Eine anderweitige Regelung der Kostenlast ist gerechtfertigt aus Vertragsbestimmungen oder infolge einer unerlaubten Handlung.

Der obligatorische Erstattungsanspruch wegen zuviel gezahlter Kosten ist der Verjährung unterworfen.

Der § 924 bezieht sich nur auf den aus § 919 sich ergebenden dinglichen Anspruch.

b) Grenzverwirrung. § 920.

Ist die Linie, durch welche zwei Grundstücke voneinander getrennt werden, zwischen den Nachbarn streitig, so kann jeder von den beiden auf Ermittlung der Grenze klagbar werden. Diese Klage hat an sich nichts Besonderes. Ihr Rechtsgrund ist das Eigentum. Von der Eigentumsklage aus §§ 985, 1004 weicht freilich die Grenzklage darin ab, daß letztere eine ausdrückliche Entscheidung nicht über das Eigentum an dem streitigen Stück, sondern nur über die Grenzlinie begehrt.

Die Besonderheit des Grenzstreits nach § 920 tritt ein im Fall der Grenzverwirrung, also wenn die wahre Grenzlinie sich nicht ermitteln läßt. Alsdann kann das Gericht die Klage nicht zurückweisen wegen mangelnden Beweises, sondern es muß positiv entscheiden durch Bestimmung der Grenzlinie. Um eine sachliche Entscheidung treffen zu können, gibt das Gesetz besondere Normen.

Es soll der Besitzstand maßgebend sein.

Welcher Zeitpunkt hierfür entscheidend sein soll, ist im Gesetz nicht ausgesprochen, anzunehmen ist also der gegenwärtige zur Zeit der Urteilsfällung. Fehlerhafter Besitz, § 858, kann nicht berücksichtigt werden; ruhiger Besitzstand wird nicht erfordert; Besitzer eines Grundstücks ist derjenige, welcher die tatsächliche Gewalt an demselben ausübt.

Läßt sich aber der Besitzstand nicht feststellen, so soll durch Halbierung des streitigen Stücks die Grenzlinie ohne Rücksicht auf Bonität und Wert festgestellt werden.

Aber auch dieses ist nicht zutreffend, wenn das Resultat den ermittelten Umständen z. B. der feststehenden Größe des Grundstücks widersprechen würde. Immer aber ist der Richter an die Parteianträge gebunden, er kann nicht ultra petitum zusprechen.

Sind tatsächlich die beiden Grundstücke größer als die Summe des Flächeninhalts, welche jede Partei ihrem Grundstück zuschreibt, so wird von dem überschießenden Flächeninhalt jedem der Grundstücke ein nach dem Größenverhältnis zu bemessendes Stück zuzuteilen sein.

Das Urteil ist nicht konstitutiver sondern deklaratorischer Natur. Auch hier tritt eine Änderung in dem Bestande des Grundstücks nicht ein, das Urteil ist deshalb auch für die Hypothekengläubiger maßgebend, ohne daß es deren Zuziehung bedarf.

Die Grundscheidungsklage steht zu dem Eigentümer, resp. nach § 1011 auch dem Miteigentümer gegen den Eigentümer des anderen Grundstücks. Sie muß auch zustehen dem Nießbraucher; andernfalls würde er, wenn der Eigentümer sich passiv verhält, rechtlos sein. Dernburg gibt die Klage jedem Realberechtigten.

Die Klage kann auch gegen einen anderen Realberechtigten angestrengt werden, als gegen den Eigentümer, z. B. gegen den Nießbraucher. Dernburg hält nur den Eigentümer für passiv legitimiert; a. A. Planck. Ist aber der Eigentümer nicht zugezogen, so wirkt auch gegen ihn das Urteil nicht.

Der Verjährung ist der Anspruch auf Grenzermittlung aus demselben Grunde entzogen, wie der Anspruch auf Abmarkung.

c) Grenzanlagen. §§ 921, 922.

Die gemeinrechtliche Theorie sowie das ALR. I 8 §§ 101, 118—122, 134, 135, 161, 168, 178—184 und der code civil Art. 653, 666, 670 behandelte das Rechtsverhältnis als Miteigentum.

Das BGB. stellt dagegen nur die Vermutung auf, daß die Eigentümer der Grundstücke zur Benutzung der Einrichtung gemeinschaftlich berechtigt sind. Dieses Mitbenutzungsrecht enthält eine Eigentumsbeschränkung, da jedes Grundstück einen Teil zu der Fläche beitragen muß, die von der Grenzeinrichtung in Anspruch genommen wird, mithin der Eigentümer den von ihm beigetragenen Teil nicht ausschließlich (§ 903) benutzen kann.

Diese rechtliche Vermutung setzt voraus, daß die Grundstücke aneinander grenzen, und daß auf der Grenze sich eine Einrichtung befindet, die zum Vorteil beider Grundstücke dient.

Die Vermutung fällt weg, wenn äußere Merkmale sich finden, die darauf deuten, daß die Einrichtung einem der Nachbarn allein gehört.

Befindet sich die Einrichtung nicht auf der Grenze, sondern neben derselben, so gehört sie dem Nachbarn, auf dessen Grundstück sie errichtet ist. Alsdann ist § 921 nicht anwendbar.

Nach dem Standpunkt des BGB. bilden die §§ 921, 922 einen wesentlichen Bestandteil des Eigentums am Grundstück, und eine gegenseitige Erweiterung und Beschränkung der sich aus den allgemeinen Bestimmungen der §§ 903, 905 BGB. ergebenden Rechte des Eigentums benachbarter Grundstücke.

Soweit also Mitbenutzungsrechte in Betracht kommen, beruhen sie auf dem Gesetz und werden nicht in das Grundbuch eingetragen. Deshalb gibt auch das Gesetz im § 922 besondere Bestimmungen über das Recht zur Benutzung der Grenzeinrichtung.

Obschon die Nachbarn zu der Benutzung gemeinschaftlich berechtigt sind, so ist deren Ausübung doch nicht uneingeschränkt gemäß §§ 742 ff. BGB. Es bestehen nicht etwa zwei parallel laufende Benutzungsrechte. Protok. III S. 130.

Liegt also zwar eine nach den §§ 741 ff. BGB. zu beurteilende Gemeinschaft vor, so ergeben sich die im § 922 gegebenen Besonderheiten von selbst.

Zunächst kann die Benutzung beim Mangel allgemeiner Vorschriften über die Kollision der Rechte von einem Nachbar nur so ausgeübt werden, daß nicht die Mitbenutzung des anderen beeinträchtigt wird.

Das besagt Satz 1 des § 922. Können sich die Nachbarn nicht einigen, so ist die Entscheidung nach § 745 Abs. 2, 3 zu treffen.

Satz 2 des § 922 bestimmt uneingeschränkt also nicht nur im Zweifel (§ 742), daß die Unterhaltungskosten zu gleichen Teilen von beiden zu tragen sind.

Kosten für die Wiederherstellung einer Anlage, die einer der Nachbarn schuldhafterweise beschädigt hatte, fallen ihm nach § 823 allein zur Last.

Die wichtigste Abweichung von den Vorschriften über die Gemeinschaft liegt in dem Satz 3 des § 922 nämlich: Die Grenzeinrichtung muß so lange erhalten bleiben, als auch nur einer der Nachbarn an ihrem Fortbestande ein Interesse hat. Der Eigentümer des anderen Grundstücks darf auch alsdann ohne Zustimmung des Nachbars nichts vornehmen, was den Zweck vereiteln könnte. Handelt er aber dem zuwider, so hat der Mitberechtigte den Anspruch auf Wiederherstellung der Einrichtung.

Wird mit Zustimmung beider Nachbarn ohne den Vorbehalt der Erneuerung die Einrichtung beseitigt, so erlischt das gemeinschaftliche Benutzungsrecht. Auch kann jeder Nachbar die Beseitigung verlangen, wenn die Einrichtung dem Grundstück des anderen keinen Vorteil gewährt, ein Interesse an ihrer Erhaltung mithin nicht mehr besteht.

Satz 4 verweist im übrigen auf die Vorschriften über die Gemeinschaft.

§§ 742, 743 werden im allgemeinen durch den Satz 1 des § 922 ersetzt. Nur § 743 Abs. 1 behält die Bedeutung, als er das in dem gemeinschaftlichen Benutzungsrecht eingeschlossene Recht auf die Früchte klarstellt.

Für die gemeinschaftliche Verwaltung und Benutzung der Einrichtung sind die §§ 744, 746 maßgebend. Eine Regelung durch Mehrheitsbeschluß ist nur dann denkbar, wenn die Einrichtung zum Vorteil von mehr als zwei Grundstücken dient, was etwa bei einem Brunnen vorkommen kann. Handelt es sich nur um zwei Beteiligte, und ist deren Einigung nicht zu erzielen, so darf jeder Nachbar die notwendigen Maßregeln, z. B. Wiederherstellung der verfallenen Mauer, auch ohne Zustimmung des anderen auf beiderseitige Kosten vornehmen. § 744 Abs. 2. Zweckmäßige Maßregeln darf er ohne Zustimmung des anderen und auf Grund einer gerichtlichen Entscheidung vornehmen, die er im Wege der Klage gegen den anderen beantragt. § 745 Abs. 2.

Soll die über Verwaltung und Benutzung getroffene Vereinbarung auch für und gegen die Sondernachfolger wirksam sein, so bedarf es der Eintragung in das Grundbuch; vgl. BGB. § 873. § 747 ist hier nicht anwendbar.

§ 748 ist beeinflußt durch § 922 Satz 2: Kosten und Lasten sind stets zu gleichen Teilen zu tragen.

Die Anwendung der §§ 749—758 ist hier ausgeschlossen, da nach der Natur des gemeinschaftlichen Benutzungsrechts keiner der Nachbarn gegen den anderen einen Anspruch hat auf Aufhebung der Gemeinschaft durch Teilung oder Verkauf.

Vielmehr kann das Benutzungsrecht des § 921 nach § 922 Satz 3 nur aufgehoben werden, wenn beide Teile einverstanden sind, oder wenn der dissentierende Nachbar an dem Fortbestand der Einrichtung kein Interesse mehr hat.

Die Zustimmung zur Aufhebung des Rechts bedarf keiner besonderen Form, kann vielmehr auch in konkludenten Tatsachen ihren Ausdruck finden, insbesondere in einem längere Zeit hindurch der Ausübung des Rechts entgegenstehendem Zustand.

Für die Übergangszeit kommen die Vorschriften der §§ 921, 922

BGB. neben den Grundsätzen des nach bisherigem Recht bestehenden Miteigentums zur Anwendung. Es gilt also das Benutzungsrecht des BGB. auch für Grenzanlagen, die schon vor dem 1. Jan. 1900 bestanden, gemäß § 181 des Einf.Gesetzes. Habicht, Einwirkung des BGB. auf zuvor entst. Rechtsverhältnisse § 39 S. 280 (2. Aufl.) and. Ansicht.

Für das preußische Gebiet des rheinischen Rechts sind durch Art. 23 des Ges. v. 20. Sept. 1899 in Ansehung der Grenzmauern besondere Übergangsbestimmungen getroffen.

d) Grenzbaum. § 923.

Ein Baum, der nicht auf der Grenze steht, ist nach § 94 BGB. wesentlicher Bestandteil des Grundstücks, aus welchem er herauswächst. Für den Grenzbaum folgt hieraus, daß das Eigentum an jedem der Grundstücke den Teil des Baumes mitergreift, der diesseits der Grenzlinie belegen ist. Das ALR. I 9 § 286 konstruiert das Rechtsverhältnis als Miteigentum. Das BGB. gestattet nicht, den Baum, welcher ein wesentlicher Bestandteil des Bodens ist, als Gegenstand eines besonderen Miteigentums anzusehen. Erst mit der Trennung vom Boden tritt ein Miteigentum an dem Mobile ein. Der Baum selbst und dessen Früchte würden dann so geteilt werden, daß jeder der Nachbarn einen Bruchteil erhielte, der seinem vor der Trennung durch die Grenzlinie bestimmten Anteile des Baumes entspricht.

Das BGB. weist aber, um einfaches und klares Recht zu schaffen, jedem Nachbar einen gleichen Anteil an dem Holze wie an den Früchten zu.

Solange der Baum mit dem Boden zusammenhängt, kann der einzelne Nachbar nicht nach Belieben mit ihm verfahren. Dagegen kann nach § 923 Abs. 2 Satz 1 jeder der 2 bezw. 3 Nachbarn die Beseitigung des Baumes verlangen. Der andere Nachbar kann nur dann widersprechen nach Satz 4, wenn der Baum als Grenzzeichen dient, und ein Ersatz durch ein anderes zweckmäßiges Grenzzeichen nicht zu ermöglichen ist. § 919 Abs. 1.

Im Prozeßwege ist dieses zu entscheiden, und hat derjenige, welcher die Beseitigung des Baumes verlangt, die Beweislast dafür, daß der Baum als Grenzzeichen dient und durch ein anderes nicht ersetzt werden kann.

Die Kosten der Beseitigung des Baumes haben die Nachbarn zu gleichen Teilen zu tragen. Es kann aber einer von jedem Kostenbeitrag sich befreien, wenn er auf seinen Anteil an dem Baume verzichtet. Die Folge des Verzichts, welcher an keine Form gebunden ist, wird im Satz 3 dahin ausgesprochen, daß der andere Nachbar das Alleineigentum erwirbt und alle Kosten zu tragen hat.

Die Ansprüche aus § 923 sind der Verjährung nicht unterworfen, vgl. § 924.

§ 923 Abs. 3 gilt auch für einen Strauch.

Das Einf.Gesetz hat Vorbehalte im Art. 122 für Obstbäume, im Art. 183 für Waldgrundstücke.

Besteht ein Nießbrauch an dem Grundstück, so ist nicht der Eigentümer sondern der Nießbraucher zur Trennung und zur Verfügung über die getrennten Stücke des Baumes, welche sein Eigentum werden, befugt.

Der Baum ist eine Frucht und gehört als solche dem Nießbraucher. Mot. III S 279.

IV. Scheidungen.

Das ALR. nennt diejenigen Scheidungen, welche die Grenzlinie zwischen zwei Grundstücken durch gewisse Merkmale bezeichnen, Grenzscheidungen, und behandelt diese in I 17 §§ 362ff. Die §§ 149—184 I 8 ALR. befassen sich dagegen mit den zur Einfriedigung dienenden Scheidungen, welche wie beispielsweise die Hecken keineswegs immer auf der Grenzlinie stehen. In Bezug auf die Art der Einfriedigung kommen in Betracht

a) Mauern, nämlich die aus Bruch-, Feld- oder Ziegelsteinen aufgeführten Scheidungen. Im Sinne des ALR. sind hierhin zu rechnen auch diejenigen Mauern, welche nicht lediglich als Scheidungen errichtet sind, nämlich auch Mauern eines an der Grenze stehenden Gebäudes. ObTr.Erk. v. 30. Mai 1843, Entsch. Bd. 9 S. 200.

b) Planken oder Zäune, nämlich Scheidungen aus Ständern, Stielen oder Pfosten, mit zwischengefügtem Fachwerk aus Brettern. In den §§ 154 (149), 162 I 8 wird zwar unterschieden zwischen Planken und Zäunen im Gegensatz zu lebendigen Hecken; während in der Provinz Sachsen der Sprachgebrauch gilt, daß man unten Zäunen gerade die lebendigen Hecken versteht. Im allgemeinen aber fallen unter dem Begriff Zäune alle Einfriedigungen vorwiegend von Holzwerk, also auch Planken und Stakete.

c) Stakete sind diejenigen hölzernen Einfriedigungen, welche gleich den Planken in Ständerwerk aufgeführt sind, aber statt der Bretter mit Latten oder Stäben ausgefüllt und deshalb durchsichtig sind. Scheidungen von gleicher Konstruktion in Metall sind nicht besonders erwähnt, müssen aber den Staketen analog behandelt werden, soweit nicht wegen des gemauerten Fundaments die Vorschriften über Mauern maßgebend werden.

d) Lebendige Hecken. Diesen gibt das ALR. einen gewissen Vorzug in den §§ 170, 171, welcher zum Teil wieder aufgehoben ist durch die §§ 172, 173, da Hecken in Städten niemals denselben Schutz bieten wie Zäune und Planken. Wenn das ALR. im § 162 noch die Wellerwände erwähnt, nämlich Scheidungen, deren Fachwerk aus einem Flechtwerk mit Lehm und Stroh besteht, so weisen diese keinerlei Besonderheit auf.

Durch Art. 124 des Ausf.Gesetzes sind aufrecht erhalten nur die §§ 152, 153, 155, 156, 162—167, 169—174 I 8 ALR. als gesetzliche Einschränkungen des Eigentümers zum Besten der Nachbarn. Die in diesen §§ enthaltenen Vorschriften lassen sich zusammenfassen unter folgende Gesichtspunkte.

1. Das Recht des Eigentümers, seine Grundstücke einzufriedigen, ist durch Gesetze nicht beschränkt. Dieses gilt auch nach Aufhebung der §§ 149—151 I 8. Nach § 155 hat der Nachbar das Hammerschlags-

recht zu gestatten; nach § 156 muß der Eigentümer die Stiele nach seiner Seite abdachen.

2. Zur Anlegung neuer Scheidungen ist niemand verpflichtet. Bezüglich der Frage, ob für den Eigentümer die Verpflichtung existiert, neue Scheidungen anzulegen, kommen die §§ 152, 162 I, 8 in Betracht. Der § 152 enthält außer der selbstverständlichen und deshalb überflüssigen Bestimmung — daß derjenige, welcher eine neue Scheidung anlegt, wo solche bisher nicht existiert hat, solches auf eigene Kosten zu tun hat — den Satz, daß der Eigentümer einer vorhandenen Scheidung verpflichtet ist, dieselbe zu unterhalten, wie solches im § 162 wiederholt ist. Zur Errichtung und Anlegung einer neuen Scheidung im Interesse des Nachbars ist aber nach § 152 niemand verpflichtet; dieser § stellt es vollständig in das Belieben des Eigentümers, ob er eine neue Scheidung anlegen will oder nicht. Auch der § 162 I 8 verpflichtet hierzu nicht. Das Kgl. ObTr. hat zwar in dem Erk. v. 5. Dez. 1848 Präj. 2081 angenommen:

„der Besitzer hat nicht bloß den vorhandenen Zaun zu unterhalten, sondern auch in dem Fall, wenn bisher noch gar kein Zaun daselbst vorhanden gewesen ist, den Bau desselben zu bewerkstelligen."

Indessen ist dieses reprobiert durch das Präjudiz 2713 im Erk. des ObTr. v. 4. Juni 1860, Entsch. Bd. 43 S. 1, JustMinBl. S. 291. Der Wortlaut ergebe, daß § 162 sich nur auf einen schon vorhandenen Zaun beziehe; der § 168 spreche ausdrücklich nur von der Pflicht zur Unterhaltung der vorhandenen Scheidungen, nehme aber Bezug auf den § 162, also könne in letzterem nicht die Rede sein von der Anlage neuer Scheidungen. Der Ausdruck „bauen und unterhalten" könne das Präj. 2081 noch nicht rechtfertigen. Diese Worte seien vielmehr in ihrem Zusammenhang dahin zu verstehen, daß sie sich ebenso wie im § 155 I 8, wo von „Bauen und Reparaturen" gesprochen wird, auf die Pflicht des Eigentümers beziehen, verfallene Scheidungen wiederherzustellen oder, wie im § 164 angeordnet ist, an Stelle der abgebrochenen Scheidewand einen neuen Zaun zu bauen oder anzulegen.

Der § 162 I 8 verpflichtet also den Besitzer nicht zum Bau einer bisher daselbst gar nicht vorhanden gewesenen Scheidung. Vgl. auch ObTr.Erk. v. 17. Juli 1860, Strieth. Arch. Bd. 38 S. 181.

3. Von der Verbindlichkeit, einmal errichtete Scheidungen zu unterhalten. In den §§ 152, 153 ist deutlich ausgesprochen, daß einmal vorhandene Scheidungen unterhalten werden müssen und es nicht dem Besitzer freisteht, dieselben später wieder eingehen zu lassen.

Unterhaltungspflichtig ist

a) der Eigentümer der Scheidung, vgl. Präj. 235 im ObTr.Erk. v. 21. Apr. 1837 und ObTr.Erk. v. 1. Juli 1851, Strieth. Arch. Bd. 2 S. 215, sowie Erk. v. 2. Mai 1871, Strieth. Arch. Bd. 81 S. 353. — Erk. des RG. v. 13. Mai 1880, Entsch. Bd. 2 S. 213. Der Grundeigentümer hat ein Recht darauf, zu verlangen, daß eine zwischen seinem und des Nachbarn Grundstück befindliche Scheidung erhalten bleibt.

Dieses Recht kann auch geltend gemacht werden gegen den Dritten, welcher die Scheidung beseitigt.

Diese Verpflichtung erleidet aber zwei Ausnahmen.

α. Zunächst ergibt sich daraus, daß diese Verpflichtung lediglich zu Gunsten des angrenzenden Eigentümers besteht, daß Scheidungen nach einer öffentlichen Straße nicht unterhalten zu werden brauchen. So erkannt vom ObTr. unterm 15. Dez. 1862, Strieth. Arch. Bd. 47 S. 228, wo der Satz aufgestellt ist: Es kann der Umstand, daß der Eigentümer die dort vorhanden gewesene Verzäunung hat wegnehmen lassen, denjenigen, dessen Vieh beim Treiben über die Straße auf sein Grundstück übergetreten ist, von der Verpflichtung zur Zahlung des Pfandgeldes selbst dann nicht befreien, wenn die Beschaffenheit und geringe Breite der Straße das Übertreten des Viehes in ungewöhnlicher Weise veranlaßt hat.

β. Der Eigentümer eines Zaunes in der freien Feldflur ist zu dessen Unterhaltung nicht verpflichtet. Vgl. den Aufsatz in der Jur. Zeitung Jahrg. 1836 S. 360. — ObTr.Erk. v. 4. Nov. 1835 in Ulrichs Archiv Bd. 3 S. 64, wo ausgeführt ist, daß die Verpflichtung hierzu nicht einmal durch Verjährung entstehen kann. — Grein, Baurecht, 2. Bearb. S. 131 bemerkt: Wenn aber mehrere aneinander grenzende Grundstücke in der Feldflur zum Zweck ihrer Einfriedigung voneinander getrennt sind, so handle es sich nicht mehr um Scheidungen in der freien Feldflur im Sinne des § 151, sondern um Scheidungen zwischen geschlossenen Grundstücken, und sei dann die allgemeine Vorschrift des § 153 anwendbar. Grein ebendaselbst S. 136 führt im übrigen aus, daß der § 162 unter städtischen Grundstücken und Gärten alle diejenigen verstehe, welche nicht in der freien Feldflur liegen.

Schließlich ist aber hervorzuheben, daß bei den Vorschriften des ALR. eine Observanz über die Pflicht der Unterhaltung der Scheidezäune ländlicher Grundstücke Platz greifen kann. Vgl. Erk. des ObTr. v. 17. Dez. 1861, Entsch. Bd. 46 S. 74.

b) Event. hat jeder Besitzer nach **§ 162** die Zäune rechter Hand vom Haupteingang zu unterhalten. Der § 162 hat nur die alte Gewohnheit, nach welcher der Besitzer eines Grundstücks den Zaun zur rechten Hand unterhalten mußte, gesetzlich regeln wollen; es braucht aber die im § 162 aufgestellte Regel nicht immer, und insbesondere nicht dann zu gelten, wenn in der fraglichen Gegend nachweislich eine andere Gewohnheit besteht. Die Worte „in der Regel" geben schon zu erkennen, daß auch Ausnahmen zulässig sind.

Der § 162 spricht zwar nur von „Zäunen und Wellerwänden", findet aber Anwendung auf Scheidungen jeder Art; dieses ist zu folgern aus der revisio monitorum, wonach für diesen § eigentlich folgende Fassung bestimmt war:

> **„Bei andern Scheidungen, deren Beschaffenheit nicht auf das Eigentum schließen läßt, als da sind Zäune und Wellerwände, ist in der Regel jeder Besitzer u. s. w. . . . . ."**

Die Bezeichnung „städtische Grundstücke und Gärten" in dem § 162 anlangend, führt Grein in seinem Baurecht, 2. Bearb. S. 137 aus,

daß damit alle diejenigen Grundstücke gemeint sind, welche außerhalb der freien Feldflur liegen. Auch in den §§ 149 bis 153 I 8 unterscheidet das ALR. zwischen Scheidungen in- und außerhalb der Feldflur; es kennt Verpflichtungen zur Unterhaltung nur bezüglich der Scheidungen außerhalb der freien Feldflur; diesen stellt es in § 162 auch die Gärten gleich, weil auch deren Einfriedigung üblich und zweckmäßig ist.

Hiernach sind die gegenseitigen Rechte und Verbindlichkeiten auch in dem Falle zu beurteilen, wenn eine ganze Stadt oder ein einzelnes Stadtviertel abgebrannt ist und wieder aufgebaut wird. Auch in diesem Falle kann ein Nachbar gegen den andern auf Grund des § 162 die Errichtung von Scheidungen rechter Hand verlangen, wenn vor dem Brande erweislich dort eine Scheidung bestand, deren Unterhaltung dem andern Nachbar oblag.

Nach **§ 163** wird die im § 162 auferlegte Verpflichtung, die Scheidung rechter Hand zu unterhalten, in keiner Weise berührt durch eine Verlegung des Haupteinganges.

Dieses ergibt sich mit Notwendigkeit daraus, daß die einmal aus der Lage einer Scheidung entstandene Verbindlichkeit durch einseitige und willkürliche Veränderungen nicht alteriert werden kann.

Der **§ 164** setzt voraus, daß ein Gebäude zur Schließung des nachbarlichen Grundstücks gedient hatte und dazu ausreichend war, somit die Haltung eines Zaunes entbehrlich machte. Wird ein solches Haus beseitigt, so entsteht dadurch für dessen Eigentümer die Pflicht, nunmehr an dessen Stelle einen Zaun zu errichten. Erforderlich ist, daß, solange das Gebäude stand, das nachbarliche Grundstück vollständig geschlossen war. Lag aber zwischen dem Gebäude und dem nachbarlichen Grundstücke noch ein Streifen Landes, welcher das unbehinderte Betreten jenes Grundstücks gestattete, so war letzteres nicht geschlossen, und gibt in solchem Fall der § 164 dem einen Nachbar nicht das Recht, von dem andern die Anlegung eines Zaunes zu verlangen.

Handelt es sich aber nur um die geringe durch § 140 I 8 vorgeschriebene Entfernung von 18 Zoll von der Grenze, so steht dieses nach dem ObTr.Erk. v. 18. Dez. 1840, Präj. Nr. 960 der Anwendung des § 164 keineswegs entgegen. Hier würde also derjenige, welcher das Haus beseitigt, an dessen Stelle einen Zaun zu errichten haben, welcher aber unmittelbar auf die Grenze gesetzt werden kann, da die §§ 139, 140 auf Zäune keine Anwendung finden. So ist erkannt in dem ObTr.Erk. v. 12. Dez. 1857, Entsch. Bd. 38 S. 64, weil im § 164 die Worte, „den dafür anzulegenden Zaun" nicht bedeuten können, daß der Zaun gerade auf die Stelle der früheren Hausmauer gesetzt werden müsse.

c) Durch die **§§ 165, 166** wird der zur linken Hand neu anbauende Nachbar verpflichtet, bei Schließung seines Grundstücks die betreffende rechter Hand belegene Scheidung zur Unterhaltung zu übernehmen; wodurch also die allgemeine Regel wiederhergestellt wird, daß jeder den Zaun zur rechten Hand unterhalten muß. Gleichzeitig wird dadurch derjenige Eigentümer wieder entlastet, welcher vordem, solange der Nachbar zur Linken zögerte, genötigt war, auch dort eine neue Grenzscheidung zu errichten. Aus § 166 ist zu folgern, daß auch das Eigentum an einem solchen Zaune gleichzeitig mit der Unterhaltungspflicht auf den betreffenden Nachbar übergeht, also, wie im § 153 angegeben, Eigentum und Unterhaltungspflicht zusammenfallen.

Will aber derjenige, welcher tatsächlich die Scheidung errichtet hat, auch deren Eigentümer bleiben, so kann er auch dem Nachbar deren Unterhaltung nicht aufdrängen.

d) Der **§ 167** bezieht sich auf Quer- und Rückscheidungen, während in den §§ 162 bis 166 lediglich von Seitenscheidungen die Rede ist. Es müssen also nach § 167 die Quer- und Rückscheidungen gemeinschaftlich angelegt und unterhalten werden. Steht indessen fest, wer als Eigentümer dieser Scheidungen anzusehen ist, so hat auch nur dieser die Scheidungen zu unterhalten.

4. Gesetzliche Beschaffenheit der Scheidungen:

a) Die Scheidungen zwischen Höfen müssen in der Regel nicht unter 6 Fuß, zwischen Gärten nicht unter 5 Fuß hoch sein, § 169.

b) Art der Scheidungen. Wo es die Umstände gestatten, sollen Gärten und geschlossene Ackerstücke durch lebendige Hecken geschieden werden, § 170. Die Entfernung von der Grenze bestimmt § 174.

Die Eigentumsbeschränkung des code civil Art. 648 ist nach Art. 124 des Einf.Gesetzes aufrecht erhalten.

Dritter Teil.

Grunddienstbarkeiten.

Kapitel 1.

Notwendige Servituten.

Grunddienstbarkeiten sind nach der gesetzlichen Definition des § 1018 BGB. partielle Nutzungsrechte in Bezug auf die nachbarlichen Verhältnisse. Für Entstehung und Umfang der Grunddienstbarkeiten ist allein entscheidend der Privatwille, der Vertrag. Sie können deshalb in beliebiger Art und Zahl sich gestalten; nur soweit im einzelnen derartige Rechte durch §§ 1019, 1023 BGB. inhaltlich beschränkt sind, können durch Privatwillkür diese Schranken nicht gelockert oder beseitigt werden. Mot. III S. 476.

Begrifflich treten die Grunddienstbarkeiten in Gegensatz zu den Nachbarrechten, insofern letztere nur auf dem Gesetz beruhen und eine beschränkte in sich geschlossene Zahl umfassen. Ein Mittelglied zwischen beiden bilden die notwendigen Servituten. Diese gehen wie die Nachbarrechte aus dem Gesetz zwar hervor, bedeuten aber nur eine gesetzliche Nötigung, indem das Gesetz nicht unmittelbar das Recht selbst verleiht, sondern nur die Verhältnisse bestimmt, unter welchen die Bestellung einer Grunddienstbarkeit verlangt werden kann. Hierhin gehören nach dem BGB. der Überbau, §§ 912—916, und der Notweg, §§ 917, 918; bei letzterem ist die Entwicklung der Rechtsidee am deutlichsten zu erkennen.

In beiden Fällen handelt es sich um eine gesetzliche Duldungspflicht. In gewissem Sinn kann man den Überbau als eine gesetzliche, den Notweg als eine richterliche Enteignung bezeichnen. In beiden Fällen tritt in der rentenartigen Entschädigung auch wieder der Charakter der Grunddienstbarkeit hervor. Daß aber gleichwohl Überbau und Notweg nicht schlechthin unter die Grunddienstbarkeiten zu verweisen sind, ergibt sich daraus, daß die Rente bezw. deren Aufhebung nicht erfolgt nach den allgemeinen Vorschriften der Grunddienstbarkeiten. Vgl. Turnau-Förster I S. 393.

I. Überbau. §§ 912—916 BGB.

Wer bei Errichtung eines Gebäudes die Grenze überschreitet, begeht einen Eingriff in das Eigentum des Nachbars, und würde letzterer die Beseitigung des Bauwerks verlangen können. Es würde die Durchführung des Eigentumsschutzes aber als eine unbillige Härte erscheinen, namentlich in dem Falle, wo die Überschreitung lediglich unabsichtlich geschah. Deshalb erscheint es im wirtschaftlichen Interesse geboten, in solchem Falle das Gebäude zu erhalten. Das ALR. I 9 §§ 340—342 suchte den Ausgleich dahin, daß der Nachbar das Eigentum der überbauten Fläche gegen Entschädigung dem bauenden Eigentümer überlassen mußte. Das BGB. weicht den dabei mit Rücksicht auf die Realberechtigten namentlich die Hypothekengläubiger unvermeidlichen Schwierigkeiten aus, indem es dem Nachbarn das Eigentum an dem überbauten Teile seines Grundstücks beläßt und ihn nur nötigt, den Überbau gegen Entschädigung durch eine Geldrente zu dulden. Während also das ALR. den Überbau als eine originäre auf dem Gesetz beruhende Erwerbsart des Eigentums behandelt, und danach ihm im Teil I Tit. 9 seine Stelle gab, läßt das BGB. die Eigentumsfrage ganz unberührt.

Die §§ 912—916 BGB. haben rückwirkende Kraft, sie gelten auch dann, wenn der Überbau schon vor dem 1. Jan. 1900 vorgenommen ist, und über diesen Tag hinaus fortbestanden hat. Nur da greifen die neuen Bestimmungen nicht Platz, wo der Überbauende schon vor dem 1. Jan. 1900 nach altem Recht das Eigentum an der überbauten Fläche erlangt hatte. Habicht a. a. O. 2. Aufl. S. 379.

1. Voraussetzungen der zeitlich unbestimmten Duldungspflicht sind nach § 912:

a) Errichtung eines Gebäudes. Gebäude ist jedes Bauwerk, welches nach seiner Anlage geeignet ist, Personen, Tieren oder Sachen durch seine räumliche Umfriedigung Schutz gegen äußere Einflüsse zu gewähren. Es muß ein Immobile und als solches nicht transportabel sein, also feste Verbindung mit dem Erdboden haben. Der § 912 findet keine Anwendung auf den Fall, daß eine für sich allein stehende Mauer oder Wand, welche nicht Bestandteil eines Gebäudes ist, die Grenze überschreitet. Auch Keller und Backöfen gehören zu den Gebäuden. Im übrigen muß es sich um einen Neubau handeln, der § trifft also nicht zu bei der Reparatur eines Gebäudes.

b) Überschreitung der Grenze. Unerheblich ist es, ob schon das Fundament oder nur einzelne zu Tage tretende Teile des Gebäudes, Erker rc. in das Raumgebiet des Nachbars eindringen. Auf den Fall, wenn das Gebäude in seinem ganzen Umfang auf dem Nachbargrundstück steht, ist der § 912 nicht berechnet. Hierauf bezogen sich die aufgehobenen §§ 327—333 I 9 ALR. Bei Errichtung des Gebäudes muß die Grenzüberschreitung erfolgt sein. Ein nach Errichtung des Gebäudes angebrachter Balkon oder Erker muß auf Verlangen des Nachbars beseitigt werden.

c) Weder Vorsatz noch grobe Fahrlässigkeit darf dem bauenden

Eigentümer zur Last fallen, was dieser zu beweisen hat. Vorsatz liegt vor, wenn der Bauende wissentlich und willentlich die Grenze überschreitet. Eine Definition über grobe Fahrlässigkeit gibt das BGB. nicht, nach den Umständen des einzelnen Falles ist darüber zu befinden, ob eine besonders schwere Verletzung der im Verkehr erforderlichen Sorgfalt § 276 BGB. in Frage kommt. Turnau-Förster Anm. 3 zu § 912, Erk. des Reichsger. v. 5. Dez. 1900. Bei einem Irrtum hat billigerweise der Irrende den Schaden zu tragen. Ist der Bau durch einen Vertreter ausgeführt, so kommt für Vorsatz und Fahrlässigkeit nicht die Person des Vertretenen sondern die des Vertreters in Betracht. Liegt aber Vorsatz oder grobe Fahrlässigkeit vor, oder hat der Nachbar Widerspruch erhoben, so kann nach §§ 903, 1004 BGB. Beseitigung des überstehenden Gebäudeteils verlangt werden.

d) Nichterhebung des Widerspruchs. Die im § 340 I 9 ALR. gebotene Anzeigepflicht des Bauenden hat das BGB. nicht übernommen, dagegen den Zeitpunkt der Widerspruchserhebung präziser zum Ausdruck gebracht. Bei § 342 I 9 ALR. hat die Judikatur erst nachhelfen müssen, daß der Widerspruch nicht beliebig verzögert werden darf, sondern rechtzeitig zu erheben ist. Das BGB. bezeichnet den Zeitpunkt deutlich durch die Worte „vor oder sofort nach der Grenzüberschreitung". Also nicht unverzüglich d. h. ohne Verzögerung, und nicht erst nach erlangter Kenntnis; wie der Nachbar Kenntnis von der Grenzüberschreitung erhält, ist seine Sache. Maßgebend sind nicht die Erdarbeiten oder das Aufstellen des Baugerüstes, sondern die Mauerarbeiten, das Legen des Fundaments, a. M. Wolff, Grenzüberbau S. 121. Sofort ist aber nicht gleichbedeutend mit augenblicklich; nach den Lebensgewohnheiten ist eine mäßige Spanne Zeit zu gewähren.

Der Widerspruch ist an keine Form gebunden, aber er muß ausdrücklich, wenn auch nicht gerade schriftlich geschehen, in Worten oder Werken. Er kann auch durch konkludente Handlungen z. B. durch Niederreißen des Baues zum Ausdruck gebracht werden. Wolff, Überbau S. 120. Schriftliche Mitteilung ist verkehrsüblich und für die Beweisführung empfehlenswert. Bei schriftlicher Form ist der Zeitpunkt der Absendung maßgebend, mag auch der Brief etwas verspätet dem Adressaten zugehen. Der Widerspruch ist eine empfangsbedürftige Willenserklärung; er setzt Geschäftsfähigkeit des Widersprechenden voraus und wird nach § 130 BGB. erst wirksam, wenn er dem Adressaten zugeht. Widerspruchsberechtigt ist derjenige, welcher als Eigentümer, Erbbauberechtigter oder Dienstbarkeitsberechtigter durch den Überbau beeinträchtigt wird. Hat von den mehreren Eigentümern nur einer widersprochen, so genügt das für die anderen. Hat der Eigentümer widersprochen, nicht aber der Erbbau- oder Dienstbarkeitsberechtigte, so kann ersterer die Beseitigung des Überbaues verlangen, während die anderen ihn dulden müssen. Der Widerspruch muß demjenigen gegenüber erfolgen, welcher den Überbau vornimmt. Ein unglücklicher Zufall ist es, wenn der Aufenthalt des überbauenden Eigentümers nicht bekannt ist, ihm also der Widerspruch nicht sofort zugehen kann. Es muß aber genügen, wenn der Widerspruch einem zur Empfangnahme berechtigten Vertreter des bauenden Eigentümers, etwa dem Leiter des Baues zugeht. Der einem Bauarbeiter gegenüber erfolgte Widerspruch genügt an sich nicht, macht er aber noch rechtzeitig dem Bauherrn Mitteilung, so kann er als Bote des Widersprechenden gelten. Wolff, Grenzüberbau S. 120.

Ein genereller Protest ist wirkungslos, das gilt namentlich für einen vor der Grenzüberschreitung erfolgten Widerspruch. Derselbe muß sich immer gegen die konkrete Grenzüberschreitung richten.

Den Beweis des Überbaues und des erfolgten Widerspruchs hat der beeinträchtigte Nachbar zu führen.

2. Inhalt der Duldungspflicht. Sind die unter 1 aufgeführten Voraussetzungen gegeben, so hat nach § 912 der Nachbar den Überbau zu dulden. Die Verpflichtung beruht lediglich auf dem Gesetz, nicht auf dem Verlangen des Bauenden. Das Eigentum an der überbauten Grundfläche steht nach wie vor demjenigen zu, welchem auch der übrige Teil des Grundstücks gehört. Der Überbau aber wird nicht Bestandteil des Grundstücks, auf welchem er steht, vielmehr folgt der hinübergebaute Teil des Gebäudes dem rechtlichen Schicksal der Hauptsache. Dem Überbauenden ist nicht verwehrt, Reparaturen und Veränderungen, namentlich auch Erhöhungen an dem Überbau vorzunehmen, sofern nur nicht die Grenzüberschreitung vergrößert bezw. eine größere Beeinträchtigung des Nachbargrundstücks herbeigeführt wird. Die aus dem Überbau sich ergebenden Rechte und Pflichten bleiben stetig so lange, bis der Überbau beseitigt ist. Die Beseitigung des Überbaues ist schon als eingetreten zu erachten, wenn die Überbleibsel nach den Umständen keine selbständige wirtschaftliche Bedeutung haben. Bei einem mit Grundmauern versehenen Gebäude ist dieser Moment noch nicht eingetreten, solange das unversehrte Fundament noch vorhanden ist und dieses nicht etwa dadurch bedeutungslos geworden, daß der Neubau weiter zurückgesetzt oder offensichtlich ein Wiederaufbau nicht beabsichtigt wird. Beseitigung wertloser Überbleibsel wird der Grundeigentümer mit der a° negatoria verlangen können.

3. Die Entschädigung des Grundeigentümers erfolgt durch eine Rente nach § 912 Abs. 2 BGB., welche die Natur einer gesetzlichen Reallast hat.

a) Der Rentenberechtigte ist der jeweilige Eigentümer des beeinträchtigten Nachbargrundstücks. Die Duldungspflicht und Zahlung der Rente verhalten sich zueinander wie Leistung und Gegenleistung, aber nicht so, daß die Duldungspflicht von der Entrichtung der Rente abhängig ist. Die Rente wird dafür gezahlt, daß dem Eigentümer des Überbaues die Benutzung eines fremden Grundstücks durch das Gesetz gestattet wird. Die Vorteile dieser Benutzung d. h. die Rente fließen dem Eigentümer und dem am beeinträchtigten Grundstück dinglich Berechtigten zu. Die Rente gilt als Bestandteil dieses Grundstücks, teilt dessen rechtliche Schicksale, haftet also den Hypothekengläubigern. Turnau u. Förster I S. 577. Das Recht auf die Rente ist unverjährbar und nicht ablösbar; verjährbar und zwar nach § 197 BGB. in 4 Jahren sind nur die fälligen Jahresbeiträge, welche auch abgetreten und gepfändet werden können.

b) Rentenpflichtig ist der Eigentümer des Überbaues. Die Rentenpflicht ist dinglich und geht deshalb über auf den neuen Eigentümer des Überbaues. Der jedesmalige Eigentümer haftet für die während der Dauer seines Eigentums fälligen Leistungen auch persönlich; der Besitznachfolger haftet für die Rückstände des Vorbesitzers nur dinglich. Wird das Grundstück, zu welchem der Überbau gehört, geteilt, so haftet für die Rente nur der Eigentümer desjenigen Teils, auf welchem das Gebäude sich befindet. Biermann; Wolff, Grenzüberbau S. 141; Männer S. 125.

c) Für die Höhe der Rente ist die Zeit der Grenzüberschreitung maßgebend. Mot. III S. 286. Es kann nicht allein der Schaden des beeinträchtigten Grundstücks in Betracht kommen; dann auch, wenn ein Schaden gar nicht nachweislich ist, gilt der Anspruch auf Rente, welche alsdann zu berechnen ist nach dem Nutzen des Nachbargrundstücks. Die Höhe der Rente ist nach dem Zeitraum eines Jahres zu bemessen und im voraus zu entrichten, § 913 BGB. Alle an den beiden Grundstücken dinglich Berechtigten haben einen klagbaren Anspruch darauf, daß die Höhe der Rente auf einen angemessenen Betrag festgesetzt wird. Die Hypothekengläubiger des rentenberechtigten Grundstücks haben ein Interesse daran, daß sie nicht zu niedrig, die Hypothekengläubiger des rentenpflichtigen Grundstücks daran, daß sie nicht zu hoch bemessen wird. Sie werden also nicht ohne weiteres gebunden, weder durch die von anderer Seite abgeschlossenen Rechtsgeschäfte, noch durch die in Prozessen zwischen anderen Personen ergehenden Urteile. Prot. III S. 136; Mot. III S. 286. Eine Bindung aller Interessenten wird erst durch dinglichen Vertrag und Eintragung erreicht; es ist also die Zustimmung aller Interessenten erforderlich.

d) Erlöschen der Rente. Der Fortfall der Duldungspflicht hat auch den Fortfall der Rente zur Folge; letztere erlischt also mit Beseitigung des Überbaues und zwar ohne Löschung, auch wenn sie eingetragen ist. Es ist alsdann ein Anspruch auf Berichtigung des Grundbuchs aus § 894 BGB. gegeben. Nach § 914 BGB. wird das Recht auf die Rente nicht eingetragen. Das bezieht sich aber nur auf die Rente in ihrer gesetzlichen d. h. angemessenen Höhe; während die vertragsmäßige Höhe und der Verzicht auf dieselbe dingliche Wirkung erst durch ihre Eintragung erlangen.

4. Recht des Grundeigentümers auf Kapitalabfindung gegen Abtretung der überbauten Fläche. § 915 BGB. Nur dem Rentenberechtigten ist dieser Anspruch eingeräumt; dem Rentenpflichtigen steht also die Befugnis nicht zu, seinerseits die Übereignung der überbauten Grundfläche zu verlangen. Niemals führt der Überbau nach BGB. zu einer gesetzlichen Zwangsenteignung wie nach §§ 341—342 I 9 ALR., sondern zu einem Kaufvertrage. Auch wird die Eigentumsänderung im Grundbuch nicht durch das Gesetz vermittelt, sondern es bedarf der Auflassung und Eintragung. Die Auflassungserklärung des Rentenpflichtigen kann

nach § 894 ZPO. durch rechtskräftiges Urteil ersetzt werden. Da die Vorschriften über den Kauf anzuwenden sind, so ist das Eigentum frei von Lasten zu übertragen, Zug um Zug gegen Zahlung der Kapitalabfindung; auch unter Vereinfachung der Freigabe mittels eines Unschädlichkeitsattestes. Der Rentenberechtigte kann jederzeit von dem § 915 BGB. Gebrauch machen, er braucht sich auf Duldung des Überbaues gegen Empfang einer Rente nicht erst einzulassen. Die Geltendmachung des Anspruchs aus § 915 erfolgt durch eine Willenserklärung des Berechtigten. Für den Rentenpflichtigen besteht eine gesetzliche Verpflichtung zur Annahme dieses Verlangens, ein Kontrahierungszwang. Biermann; a. A. Wolff S. 169. Der Eigentümer des Überbaues kann sich diesem Zwang allerdings entziehen dadurch, daß er den Überbau beseitigt. Kommt es zu einem Vertrage, so sind die gesetzlichen Formvorschriften des Kaufs zu erfüllen. Eine formlose Einigung über die Höhe der Kapitalabfindung erzeugt keine rechtliche Wirkung. Für die Höhe des Wertersatzes ist die Rente zu kapitalisieren nach Maßgabe des zur Zeit der Grenzüberschreitung landesüblichen Zinsfußes. Die bereits bezahlten Rentenbeträge kommen auf die Kapitalabfindung nicht in Anrechnung. Es können aber neben den bezogenen Renten nicht noch Zinsen von dem Übernahmekapital gefordert werden. Turnau u. Förster. Für die Zeit bis zur Eigentumsänderung ist die Rente zu entrichten. Der Anspruch auf die Kapitalabfindung aus § 915 ist nach § 924 BGB. unverjährbar. Der Anspruch auf Leistung der festgestellten Kapitalabfindung unterliegt der Verjährung.

II. Notweg. §§ 917, 918 BGB.

Der Notweg war im römischen Rechte nur bekannt in dem Falle, daß der Weg zu einer Begräbnisstelle fehlte, l. 12 D. 11, 7. Die gemeinrechtliche Praxis verallgemeinerte diesen Spezialfall für jedes von der öffentlichen Straße abgesperrte Grundstück. Noch weiter ging das preuß. ALR. I 22 §§ 3—10. Nach gemeinem Recht und ALR. handelte es sich um richterliche Enteignung; im code civil und im sächsischen BGB. entstand das Recht des Notweges unmittelbar aus dem Gesetz.

Das BGB. regelt den Notweg unter Ablehnung weiterer Fälle sogenannter Notservituten analog dem Überbau. Die Vorschriften über den Notweg fallen unter den Art. 181 EG. und sind deshalb auch anwendbar, wenn deren Voraussetzungen schon vor dem 1. Januar 1900 eingetreten waren, vgl. Habicht a. a. O. 2. Aufl. S. 379, denn Notweg wie Überbau gehören im Prinzip zu den gesetzlichen Eigentumsbeschränkungen.

1. **Voraussetzung** bei dem Anspruch aus §§ 917, 918 ist, daß einem Grundstück die Verbindung mit einem öffentlichen Wege fehlt, welche zu seiner ordnungsmäßigen Benutzung notwendig ist. Nur für Grundstücke, städtische wie ländliche, kommt der Anspruch in Betracht; eine Schäfereiberechtigung ist kein Grundstück. Der Begriff des öffentlichen Weges ist nach Landesrecht festzustellen.

a) Die notwendige Verbindung ist auch als fehlend anzusehen in dem Falle, wenn eine vorhandene Verbindung nicht ausreicht, wenn zwar ein Fußweg, nicht aber der erforderliche Fahrweg vorhanden, oder letzterer zu schmal ist. Die Verbindung mit einem schiffbaren Fluß schließt den Anspruch nicht aus, auch wenn ein Leinpfad vorhanden ist, denn dieser darf nur zu Zwecken der Schiffahrt benutzt werden.

b) Nach § 918 liegt eine berechtigte Wegenot dann aber nicht vor, wenn sie durch willkürliche Handlungen des Eigentümers herbeigeführt ist, z. B. durch Abbruch einer Brücke, Aufführung einer Mauer, Verzicht auf eine Wegedienstbarkeit. Der erste Entwurf des BGB. wollte das Recht auf Notweg überhaupt nur gewähren, analog wie bei § 912, wenn die Notlage, weder durch Vorsatz noch durch grobe Fahrlässigkeit herbeigeführt wäre.

Einen ganz besonderen Fall hat § 918 Abs. 2 im Auge.

c) Notwendig für die ordnungsmäßige Benutzung des Grundstücks muß die Verbindung sein. Die bloße Schwierigkeit oder Unbequemlichkeit rechtfertigt den Notweganspruch nicht, der Vorteil einer Wegekürzung kommt nicht in Betracht. Ordnungsmäßig kann auch die von der bisherigen abweichende Benutzungsart sein, wenn sie nur dem wirtschaftlichen Bedürfnis entspricht. Das Wort „ordnungsmäßig“ bietet ein gewissen Spielraum, um bei wirklich veränderten Bedürfnissen die Erzwingung eines Notwegs zu ermöglichen. „Aber nicht jede spekulative Änderung in der Benutzung genügt, sondern es muß das Grundstück objektiv und seiner Natur nach zu einer der Änderung entsprechenden Benutzungsart bestimmt sein.“ Prot. III S. 152. Soll auf einem Grundstück der dort vorhandene Steinbruch ausgebeutet, zur Verwertung eines Tonlagers eine Ziegelei angelegt werden, so ist das eine ordnungsmäßige Benutzung, die einen Fahrweg notwendig macht.

2. Inhalt der Duldungspflicht. Sind die gesetzlichen Voraussetzungen gegeben, so hat der Nachbar die Benutzung seines Grundstücks zur Herstellung des erforderlichen Weges zu dulden. Die Verpflichtung zu dieser Duldung tritt nur auf Verlangen des Eigentümers des notleidenden Grundstücks ein. Der Berechtigte muß also angriffsweise eventuell durch Klage seinen Anspruch geltend machen. Das Urteil hat nur deklaratorische nicht konstitutive Bedeutung. Aktiv legitimiert ist der Eigentümer des notleidenden Grundstücks; desgleichen auch ein einzelner Miteigentümer. Die Duldungspflicht trifft die Eigentümer aller jener Grundstücke, welche der Verbindung mit dem öffentlichen Wege entgegenstehen, unter Umständen also auch diejenigen der mittelbaren Nachbargrundstücke. Der Berechtigte ist nicht befugt, die Richtung des Weges und die dadurch zu belastenden Grundstücke zu bestimmen; dieses ist Sache des Gerichts. Beschränkt sich der Kläger darauf, ein oder zwei Grundstückseigentümer in Anspruch zu nehmen, hält das Gericht aber einen dritten für duldungspflichtig, so kann endgültig der Prozeß nicht entschieden werden. Nimmt aber Kläger alle etwa in Betracht kommenden Grundstückseigentümer in Anspruch, so ist unvermeidlich, daß die Klage gegen den einen oder anderen abgewiesen werden muß. Indessen wird Kläger bei einiger Vorsicht die Verhältnisse richtig zu beurteilen wohl im stande sein. Es kommt nicht immer gerade auf die kürzeste, sondern auf die nach den Terrain- und sonstigen örtlichen Verhältnissen naturgemäße Verbindung an.

Die Vereinbarung über die Richtung des Notweges und den Umfang für die Benutzungsart läuft auf die Bestellung einer Grunddienstbarkeit hinaus, erfordert also den dafür geltenden Vorschriften gemäß dingliche Einigung und Eintragung.

3. Entschädigung des Grundeigentümers. Der Duldungspflicht steht ein Anspruch auf Entschädigung durch eine Rente gegenüber. Die Vorschriften des § 912 Abs. 2 Satz 2 und der §§ 913, 914, 916 finden entsprechende Anwendung; nicht aber der § 915, der Eigentümer des mit dem Notweg Belasteteten Grundstücks hat keinen Anspruch darauf, daß er gegen Abtretung der Notwegsfläche eine Kapitalabfindung erhält.

Die Rente hat die Natur einer gesetzlichen, allen anderen Lasten, auch den älteren vorgehenden Belastung. § 914 Abs. 1 BGB. Sie bleibt bei der Zwangsvollstreckung auch unberührt, auch wenn sie bei Feststellung des geringsten Gebots nicht berücksichtigt war. § 52 Abs. 2 Zw.Vollstr.Ges.

a) Rentengläubiger ist der jeweilige Eigentümer des Grundstücks, über welches der Notweg führt; in gleicher Weise nach § 916 auch der Erbbau- und Dienstbarkeitsberechtigte; weitere Realberechtigte kommen nicht in Betracht. Das Rentenrecht an sich gilt als Bestandteil des Grundstücks und kann von demselben nicht getrennt oder abgetreten werden. Nur die fälligen Jahresbeträge können abgetreten und gepfändet werden. Wird das Grundstück, über welches der Notweg führt, geteilt, so ist der Eigentümer jenes Teils rentenberechtigt, auf welchem sich der Notweg befindet.

b) Rentenschuldner ist der Eigentümer desjenigen Grundstücks, welchem der Notweg dient. Er haftet für die während der Dauer seines Eigentums fälligen Leistungen auch persönlich. Der Besitznachfolger haftet für die Rückstände seines Vorbesitzers nur dinglich. Wird das Grundstück, welchem der Notweg dient, geteilt, so haften für die Rente die Eigentümer aller einzelnen Teile als Gesamtschuldner.

c) Für die Höhe der Rente ist maßgebend der Zeitpunkt, in welchem der Wegebedürftige den Notweg in Anspruch nimmt, T u r n a u u. F ö r s t e r. Für die Höhe und sonstigen Verhältnisse der Notwegsrente gelten die für den Überbau gegebenen Vorschriften und Ausnahmen des § 915 BGB. Auch hier ist die Eintragung der Rente nicht zulässig. Die Rente steigt mit dem gesteigerten Wegebedürfnis, nicht aber mit dem Steigen des Grundwertes. Die Feststellung der Rentenhöhe ist zunächst der Vereinbarung der Beteiligten überlassen, dingliche Wirkung wird nur erzielt durch eine formelle den Gesetzen entsprechende Einigung mit hinzutretender Eintragung. Im Streitfalle wird durch richterliches Urteil die Rentenhöhe fixiert. Das beim Überbau Gesagte gilt auch hier.

Kapitel 2.

Allgemeine Grundsätze bei Grunddienstbarkeiten.

Allen dinglichen Rechten an fremder Sache — nach Hartmann „den begrenzten Rechten" — ist gemeinsam, daß sie das Eigentum beschränken, die Sache belasten.

Das BGB. bezeichnet mit dem Gattungsnamen „Dienstbarkeiten" erstlich den Nießbrauch, sodann die beschränkten persönlichen Dienstbarkeiten wie auch die Grunddienstbarkeiten. Hier interessieren nur die begrenzten Rechte an Grundstücken; letztere aber können nur mit einer beschränkten persönlichen Dienstbarkeit oder mit einer Grunddienstbarkeit belastet werden. Je nachdem eine einzelne individuell bestimmte Person oder der jeweilige Besitzer eines Grundstücks in Betracht kommt, handelt es sich also um Personal- oder Prädialservituten.

Das BGB. regelt an erster Stelle in den §§ 1018—1029 die Grunddienstbarkeiten, welche den Zweck haben, die wirtschaftliche Benutzung eines Grundstücks dadurch zu fördern, daß ihm ein anderes Grundstück in gewissen Beziehungen dienstbar gemacht wird. Das BGB. unterscheidet nicht zwischen serv. rusticae und urbanae, continuae und discontinuae; wenigstens verbindet es mit den betreffenden Unterscheidungsmerkmalen keine rechtlichen Folgen.

I. Begründung und Aufhebung.

Das ALR. I 22 stellte bezüglich der Grundgerechtigkeiten besondere Grundsätze auf über deren Erwerb §§ 13—24, Umfang und Schranken §§ 26—42 und deren Erlöschen §§ 43—54. Diese §§ sind sämtlich aufgehoben. Vgl. Ausf.Ges. Art. 89 Nr. 1.

Das BGB. enthält dagegen nur einige Bestimmungen in den §§ 1018—1029 über Umfang und Schranken der Grunddienstbarkeiten, gibt aber keine besonderen Vorschriften über deren Begründung und Aufhebung. Es finden hier also die allgemeinen Grundsätze über die Belastung eines Grundstücks mit einem Recht, nämlich die §§ 873—878 BGB. Anwendung.

Während nach dem ALR. als Entstehungsgründe in Betracht kamen Vertrag und Verjährung, als Gründe der Aufhebung: Vertrag — stillschweigende Einwilligung — Verjährung und Konfusion, hat das BGB. dieses wesentlich vereinfacht durch Beseitigung der Akquisitiv- wie Extinktivverjährung und der Konfusion. Das BGB. kennt zur Begründung wie zur Aufhebung einer Grunddienstbarkeit einzig und allein die Einigung resp. Einwilligung und die Eintragung §§ 873, 875 BGB. Nach Art. 128 Einf.Ges. bleiben zwar die landesgesetzlichen Vorschriften über Begründung und Aufhebung einer Dienstbarkeit an einem nicht eingetragenen Grundstücke in Kraft. Dieses hat aber für Preußen keine Bedeutung, da die auf Begründung von Dienstbarkeiten bezüglichen Bestimmungen des ALR. I 32 §§ 13 ff. nach dem Ausf.Gesetz Art. 89 Nr. 1 ausnahmslos aufgehoben sind.

1. Zur rechtsgeschäftlichen Begründung ist der Regel nach gemäß § 873 BGB. Einigung und Eintragung erforderlich. Die Einigung ist die ausdrückliche — nicht stillschweigende — Erklärung des auf die Begründung eines Rechts an der Sache gerichteten Vertragswillens. Die Wirksamkeit der Einigung hängt in der Regel von einer Form nicht ab. Die unter der Herrschaft des ALR. geschlossenen Verträge über Grundgerechtigkeiten bedurften unter allen Umständen der Schriftform (ALR. I 5 § 135). Zu der Einigung muß aber die Eintragung in das Grundbuch hinzukommen; es sind dieses gleichwertige wenn auch nicht gleichzeitige Erfordernisse der Rechtsänderung; fehlt das eine, so bleibt das andere unwirksam.

Nach der Eintragung ist die an sich gültige Einigung immer bindend. Vor der Eintragung läßt der § 873 Abs. 2 BGB. die Gebundenheit der Beteiligten an die Einigung nur dann eintreten, wenn letztere gerichtlich oder notariell beurkundet, oder vor dem Grundbuchamt abgegeben, oder bei diesem eingereicht, oder dem Berechtigten als Eintragungsbewilligung ausgehändigt ist.

Abweichend von dem gemeinen Recht und den meisten Landesrechten (Preußen, Bayern, Sachsen) hat das BGB. den Eintragungszwang eingeführt. Auch die Grunddienstbarkeiten sollen aus dem Grundbuch erkennbar sein, um schon wegen der Unzulässigkeit der Ersitzung nicht nur das Bestehen sondern auch den Inhalt der Dienstbarkeit außer Zweifel zu stellen. Denkschrift S. 207.

2. Für die Aufhebung der Dienstbarkeiten sind maßgebend die §§ 875, 876, 878, 901, 902 BGB. Grundsätzlich können sie nur durch einseitige Erklärung des Berechtigten (Verzicht) und durch Löschung im Grundbuch aufgehoben werden. Das Erlöschen durch Konfusion ist ausdrücklich ausgeschlossen durch § 889. Ebenso hat das BGB. die Aufnahme einer dem ALR. I 22 § 43 entsprechenden Bestimmung „Aufhebung durch stillschweigende Einwilligung" grundsätzlich abgelehnt.

Auch das Erlöschen durch Verjährung ist ausgeschlossen durch § 902 BGB. Von dieser Regel sind zwei Ausnahmen gemacht durch die allgemeinere Vorschrift des § 901, und in dem singulären Falle des § 1028.

Während nach § 222 Abs. 1 BGB. die Verjährung das Recht nicht aufhebt, sondern nur eine den Anspruch ausschließende Einrede erzeugt, gibt der § 901 ausnahmsweise der Verjährung die rechtliche Wirkung, daß das Recht selbst erlischt, und zwar sowohl in Fällen, in welchen das Recht im Grundbuch zu Unrecht gelöscht ist, Satz 1, wie auch in denjenigen, wo das Recht kraft Gesetzes also außerhalb des Grundbuchs zur Entstehung jedoch nicht zur Eintragung gelangt ist. Der § 901 bezweckt lediglich einen dauernden Zwiespalt zwischen dem Inhalt des Grundbuchs und der wirklichen Rechtslage zu verhindern, hat aber auch nur wenig praktische Bedeutung, da es für den Eigentümer kaum von Belang ist, ob ein nicht eingetragenes Recht, welches gegen ihn nicht geltend gemacht werden kann, als erloschen anzusehen ist oder nicht. Vgl. Planck, Sachenrecht S. 126.

Die besondere auf einen ganz singulären Fall sich beschränkende, anfangs abgelehnte, aber durch die Reichstagskommission eingeschaltete Vorschrift des § 1028 beruht auf der Erwägung, daß Grunddienstbarkeiten, deren Beeinträchtigung durch eine auf dem belasteten Grundstück gemachte Anlage der Berechtigte während 30 Jahre geduldet hat, für diesen regelmäßig ohne Wert sind, und deshalb auch im öffentlichen Interesse solche wertlose Dienstbarkeiten den Eigentümer in der freien wirtschaftlichen Benutzung des belasteten Grundstücks nicht behindern dürfen.

Nach Verjährung des Anspruchs auf Herstellung des der Dienstbarkeit entsprechenden Zustandes (§§ 194 ff. BGB.) erlischt also die Grunddienstbarkeit selbst, und zwar ipso jure ohne Löschung im Grundbuch, jedoch nur soweit, als der Bestand der Anlage mit ihr in Widerspruch steht. Der Eigentümer des belasteten Grundstücks kann also nach § 894 die Berichtigung des Grundbuchs verlangen.

Im Falle des § 1028 Abs. 2 finden also die Grundsätze des § 892 über den öffentlichen Glauben des Grundbuchs keine Anwendung, während der § 1028 Abs. 1 im Gegensatz zu dem Eintragungszwang des § 875 die Dienstbarkeit untergehen läßt ohne Löschung im Grundbuch, und somit die Ausnahme bildet von der Regel des jede Verjährung ausschließenden § 902 BGB.

Außerhalb der rechtsgeschäftlichen Aufhebung kommen noch die in den §§ 1019, 1025, 1026 BGB. vorgesehenen Fälle in Betracht, in welchen bei tatsächlicher dauernder Unmöglichkeit der Ausübung wie auch bei Teilung des belasteten oder berechtigten Grundstücks ein Erlöschen der Grunddienstbarkeit kraft Gesetzes eintritt, so daß ohne besondere Bewilligung des Berechtigten lediglich auf Antrag des Eigentümers die Löschung im Grundbuch erfolgen kann.

3. Gelten die Erläuterungen ad 1 u. 2 für die Neubegründung von Grunddienstbarkeiten nach dem Inkrafttreten des BGB., so handelt es sich außerdem um den Fortbestand bezw. um die spätere Aufhebung der vor dem 1. Januar 1900 begründeten Dienstbarkeiten.

Während bei Besitz und Eigentum sofort mit dem 1. Januar 1900 die neuen Vorschriften des BGB. nach Art. 180 EG. auch auf zuvor entstandene Rechtsverhältnisse Anwendung finden, regelt sich bei älteren Grunddienstbarkeiten deren Entstehung, Veränderung und Aufhebung nach dem alten Recht, so daß hierauf das BGB. keine rückwirkende Kraft hat. Namentlich sind die älteren Grunddienstbarkeiten zur Erhaltung ihrer Wirksamkeit dem Eintragungszwange nur ausnahmsweise unterworfen. Von der durch Art. 187 Abs. 2 EG. der Landesgesetzgebung beigelegten Befugnis, auch für ältere Grunddienstbarkeiten den Eintragungszwang anzuordnen, hat Preußen keinen Gebrauch gemacht. So hat denn nach Art. 187 Abs. 1 EG. die Eintragung nur dann zu erfolgen, wenn sie von dem Berechtigten oder vom Eigentümer des belasteten Grundstücks verlangt wird.

Eine weitere Ausnahme von der Regel des Eintragungszwangs

ergibt sich aus dem Art. 189 EG., nach welchem die Begründung, Veränderung und Aufhebung einer Grunddienstbarkeit nach bisherigen Gesetzen erfolgt auch in der Zeit vom 1. Januar 1900 bis zu dem Zeitpunkt, in welchem das Grundbuch als angelegt anzusehen ist. Für Preußen fallen nach der Königlichen Verordnung v. 13. Nov. 1899 beide Zeitpunkte im wesentlichen zusammen. So kann z. B. seit dem 1. Januar 1900 eine Grunddienstbarkeit durch Ersitzung nicht mehr erworben, eine begonnene Ersitzung nicht mehr vollendet werden.

Für die Aufhebung älterer Grunddienstbarkeiten, — welche also nicht eingetragen sind, und auch der Eintragung nicht bedürfen — sind nach Art. 128 EG. die landesgesetzlichen Bestimmungen maßgebend. Als solche würden für Preußen ALR. I 22 §§ 53—54 in Betracht kommen. Diese sind aber nach Art. 89 Nr. 1 des Ausf.G. aufgehoben. Anderseit kann das BGB., welches grundsätzlich die nicht eingetragenen Dienstbarkeiten nicht anerkennt, keine Vorschriften über deren Aufhebung enthalten. Es würde also hier wie dort an Normen fehlen. Turnau u. Förster I S. 394 will deshalb die Aufhebung der landesgesetzlichen Vorschriften hier nur beschränkt gelten lassen.

Bleiben die älteren Grunddienstbarkeiten unberührt von dem BGB. mit dem aus den früheren Gesetzen sich ergebenden Inhalt bestehen, so sind sie nach Art. 184 EG. gleichwohl hinsichtlich ihrer Ausübung den neueren Vorschriften der §§ 1020—1028 BGB. unterworfen, deren Wirksamkeit sofort mit dem 1. Januar 1900 eingetreten ist. Nur die §§ 1018, 1019 über Begriff und Inhalt, sowie § 1029 über den Schutz eingetragener Grunddienstbarkeiten haben keine rückwirkende Kraft auf die zuvor entstandenen Rechtsverhältnisse.

II. Begriff und Inhalt.

Eine Grunddienstbarkeit ist nach der gesetzlichen Definition des § 1018 ein partielles Benutzungsrecht, die nachbarrechtlichen Befugnisse betreffend, oder dahin gehend, daß etwas zu unterlassen ist, was kraft des Eigentums am belasteten Grundstück an sich erlaubt sein würde.

Die Regel ist, daß nach dem 1. Januar 1900 kein Recht an der Sache begründet werden kann, welches nach dem BGB. unzulässig ist. Zulässig aber sind Grunddienstbarkeiten nur soweit das Recht geht auf

a) Benutzung des dienenden Grundstücks in einzelnen Beziehungen, z. B. zum Gehen, Fahren, Viehtreiben 2c.

b) Untersagung gewisser Handlungen, z. B. daß das Grundstück nicht bebaut werden darf.

c) Ausschließung bestimmter aus den §§ 903—923 BGB. sich ergebender Eigentumsbefugnisse, also individuelle Regelung des gesetzlichen Nachbarrechts im Vertragswege, z. B. Ausschließung des Untersagungsrechts hinsichtlich übermäßiger Immissionen.

Die Vorschriften des § 1018 sind zwingender Natur. Den Antrag auf Eintragung einer Grunddienstbarkeit mit einem anderen als im § 1018 gestatteten Inhalt hat das Grundbuchamt zurückzuweisen.

Aus dem Eintragungszwang des § 873 BGB. ergibt sich als bedeutsam die Prüfung, ob die Dienstbarkeit nach § 1018 eintragungsfähig ist. Ist im Einzelfall dieses zu verneinen, so liegt keine Grunddienstbarkeit vor. Eine Eintragung, die nach geltenden Gesetzen praktische Bedeutung nicht hat, muß als unzulässig erachtet werden. Kamm.Ger. v. 11. Sept. 1900 („Recht" 1900 S. 542). A. A. Planck, BGB. § 1018 Note 1 b. Der Verzicht auf die Ausübung eines Rechts, der sich aus dem Eigentum am Grundstück (§§ 903—923 BGB.) ergibt, ist eintragungsfähig. Dagegen ist der bloße Verzicht auf die aus einem unbefugten Eingriff entspringende Entschädigungsforderung, einen rein obligatorischen Anspruch der Eintragung nicht fähig. Kamm.Ger. v. 11. März 1901 („Recht" 1901 S. 590).

Mit einer Grunddienstbarkeit kann belastet werden nur ein Grundstück oder das Erbbaurecht, als dasjenige Recht, auf welches die Vorschriften über Grundstücke Anwendung finden. Auch an öffentlichen Grundstücken, Straßen, Wegen und Plätzen können Grunddienstbarkeiten bestellt werden. An dem Bruchteil eines Grundstücks ist eine Grunddienstbarkeit nicht möglich; wohl aber an einem realen Teil eines Grundstücks, welches ev. wenn Verwirrung zu besorgen ist, nach § 6 Satz 2 GBO. mit besonderer Katasterbezeichnung im Grundbuch abzuschreiben ist.

Berechtigtes Subjekt der Grunddienstbarkeit ist der jeweilige Eigentümer des herrschenden Grundstücks. Zu Gunsten des Bruchteiles eines Grundstücks kann eine Grunddienstbarkeit nicht bestehen. Im ersten Entwurf § 968 BGB. war dieses besonders ausgesprochen, doch hat man diese Bestimmung als selbstverständlich fallen lassen. Ist zwar berechtigtes Subjekt zunächst der jeweilige Besitzer des herrschenden Grundstücks, so ist die Ausübung z. B. der Wegegerechtigkeit auch zulässig durch andere Personen, durch die Hausgenossen, Mieter 2c. des Berechtigten.

Die Grunddienstbarkeit ist Bestandteil des herrschenden Grundstücks nach § 96 BGB. und untrennbar von diesem. Mit Übertragung des herrschenden Grundstücks geht deshalb die Dienstbarkeit von selbst über auf dessen Erwerber.

Das Erfordernis, daß die beiden in Frage kommenden Grundstücke benachbart sein müssen, hat das BGB. nicht besonders zum Ausdruck gebracht. Auch hat das BGB. eine der l. 8 § 1 D. 8, 1 nemini res sua servit entsprechende Norm nicht aufgestellt. Gleichwohl ist die Begründung einer Grunddienstbarkeit zu Gunsten eines eigenen Grundstücks an einem anderen eigenen Grundstück durch den Eigentümer beider Grundstücke für ausgeschlossen zu erachten, weil die Möglichkeit eines Vertrages mit sich selbst fehlt.

Planck III S. 302. Turnau u. Förster I S. 415. Die Zulässigkeit eines dem Vertrage gleich wirksamen einseitigen Stiftungsakts wie code civil Art. 692 wird durch ein praktisches Bedürfnis nicht erfordert. Mot. III S. 480.

Die Baupolizeibehörden gestatten die Errichtung von Hinterhäusern nur dann, wenn von der Straße aus eine eigene Durchfahrt gesichert ist. Ist dieses auf dem Baugrundstücke selbst nicht zu ermöglichen, so begnügt sich die Behörde mit der Eintragung einer Grunddienstbarkeit auf dem Nachbargrundstück. Kompliziert wird der Fall, wenn beide Grundstücke demselben Eigentümer gehören, da das Reichsgericht in dem Beschl. v. 26. Jan. 1901, Entsch. Bd. 47 S. 202 eine solche Grunddienstbarkeit für nicht eintragungsfähig erklärt, solange beide Grundstücke demselben Eigentümer gehören. Auf Umwegen sucht man sich zu helfen. Zunächst würde die Eintragung einer Dienstbarkeit, welche an die Bedingung geknüpft ist, daß eins der beiden Grundstücke demnächst verkauft werde, nicht abzulehnen sein. Andernfalls bleibt der vom RG. an die Hand gegebene Ausweg, es überträgt der Baulustige einen geringen Teil eines der beiden Grundstücke einem Treuhänder zu Miteigentum, alsdann würde nach § 1009 BGB. der Einigung und Eintragung der Dienstbarkeit nichts entgegen stehen; denn kraft dieser Ausnahmevorschrift ist die Belastung eines gemeinschaftlichen Grundstücks zu Gunsten des einem der Miteigentümer gehörenden Grundstücks ausdrücklich für zulässig erklärt.

Um aber zu verhindern, daß das Erfordernis der Durchfahrt nicht durch demnächstige Löschung illusorisch gemacht werden kann, pflegt in derartigen Fällen bei Bestellung der Dienstbarkeit noch die besondere Vereinbarung getroffen zu werden, daß die Löschung der Dienstbarkeit nicht ohne Zustimmnng der Baupolizeibehörde erfolgen darf. Diesem mit dem Charakter der Grunddienstbarkeit unvereinbaren öffentlich-rechtlichen Zusatz wird aber gleichfalls die Eintragungsfähigkeit abzusprechen sein. Ob eine derartige Vereinbarung nach dem Beschluß des LG. Bochum v. 17. Mai 1900 mit Rücksicht auf § 137 BGB. nichtig ist, dürfte zweifelhaft sein. Unverkennbar liegt aber eine derartige Vereinbarung sowie die ganze hier behandelte Frage auf der Grenze zwischen Privatrecht und öffentlichem Recht; die Begriffe des einen lassen sich dem anderen nicht anpassen.

III. Zweck und Ausübung.

Ergibt sich im allgemeinen aus dem Vertrage der Zweck und Umfang der Dienstbarkeit, so muß nach § 1019 BGB. entsprechend der l. 5 D. 8, 5 servitus praedio utilis esse debet die Grunddienstbarkeit für die Benutzung des herrschenden Grundstücks einen Vorteil bieten. Dienstbarkeiten, welche lediglich den persönlichen Bedürfnissen des Eigentümers dienen, sind keine Grunddienstbarkeiten im Sinne des BGB. Das gilt von einer Fischereigerechtigkeit, vermöge deren Fische auch zum Verkauf gefangen werden können. RG. in Gruchot 31 S. 75. Ebenso beim Torfstich, RG.Entsch. Bd. 8 S. 210.

Unter den Begriff Vorteil fällt auch die Annehmlichkeit und Bequemlichkeit. In dem ersten Entwurf des BGB. war auch das Wort „Annehmlichkeit" enthalten, wurde aber später gestrichen, weil auch die Annehmlichkeit ein Vorteil sei. Ein Geldinteresse ist also nicht notwendig. Auch die im röm. Recht herrschende Auffassung, daß Grunddienstbarkeiten nur für die Landwirtschaft zulässig seien, ist dem BGB. fremd. Bei dem Vorteil kommt vielmehr jede gegenwärtige wie zukünftige Art in Betracht, in welcher die Benutzung des Grundstücks möglich ist. Wenn also die Bedürfnisse des herrschenden Grundstücks sich steigern nach dem naturgemäßen Betriebe, so ist die Inanspruchnahme des dienenden Grundstücks auch für den gesteigerten Verkehr berechtigt. Z. B. eine für ein Landgut bestimmte Wegegerechtigkeit kann sich über die landwirtschaftlichen Zwecke hinaus erweitern zu einer Holzabfuhr, wenn der bewaldete Teil des Landguts abgeholzt wird. Dagegen kann die für ein landwirtschaftliches Areal bestimmte Dienstbarkeit nicht in Anspruch genommen werden für die Fuhren einer später angelegten Ziegelei oder Fabrik.

Es kommt also darauf an, mit welchem Inhalt die Grunddienstbarkeit wirklich bestellt worden ist. Unzulässig aber ist es nicht, sie so zu bestellen, daß die zukünftige anderweite Benutzungsart — Fabrikanlage — schon ins Auge gefaßt wird. Planck § 1019 Note 2a. Es kann also für ein zur Zeit der Begründung der Dienstbarkeit land- oder forstwirtschaftlich benutztes Grundstück auch eine Grunddienstbarkeit im voraus bestellt werden, welche für die Benutzung des Grundstücks nur dann Vorteil bietet, wenn auf demselben eine Fabrik betrieben wird. Ebenso auch umgekehrt.

Das röm. rechtl. Erfordernis der causa perpetua hat das gemeine wie preußische Recht fallen lassen. RG.Entsch. Bd. 30 S. 205; ihnen ist das BGB. gefolgt. Immerhin macht die dauernde tatsächliche Unmöglichkeit der Ausübung das Recht gegenstandslos, während eine vorübergehende rechtliche oder tatsächliche Hinderung keinen Einfluß hat. Wird also dem herrschenden Grundstück eine andere Bestimmung gegeben, z. B. das Krankenhaus verlegt, das Haus definitiv zu einem Fabrikgebäude umgestaltet, so geht die Grunddienstbarkeit trotz Eintragung unter.

§ 1019 BGB. ist ebenso wie 1018 zwingender Natur. Die Vorschrift des § 1019 kann für Dienstbarkeiten, welche nach dem 1. Januar 1900 begründet wurden, auf Grund des Vorbehalts im Art. 115 EG. auch durch Landesgesetze nicht geändert werden. Dagegen findet der § 1019 auf die vor dem 1. Januar 1900 bestehenden Dienstbarkeiten nach Art. 184 EG. keine Anwendung.

1. **Nach § 1020 BGB.** wird der Berechtigte eingeschränkt durch den auch im bisherigen Rechte (ALR. I 19 §§ 15, 20; I 22 § 26) geltenden Grundsatz civiliter uti. Das Interesse des Eigentümers des dienenden Grundstücks ist tunlichst zu schonen. Sind verschiedene Arten der Ausübung ohne Beeinträchtigung des Berechtigten möglich, so soll die für das Interesse des Belasteten schonendste Art gewählt werden.

Zu den Interessen des Eigentümers gehört auch das Interesse derjenigen Personen, welche ihr Recht zur Benutzung des dienenden Grundstücks von dem Eigentümer ableiten z. B. Pächter und Mieter. Zuwiderhandlungen gegen die dem Berechtigten aus § 1020 obliegende Verpflichtung ist Beeinträchtigung des Eigentums an dem belasteten Grundstück im Sinne des § 1004 BGB. Geschieht es vorsätzlich oder fahrlässig, so kann nach § 823 Schadensersatz verlangt werden.

2. **Gesetzliche Unterhaltungspflicht** der Anlage. Satz 2 des § 1020 enthält die positive Verpflichtung für den Berechtigten, die etwaige Anlage in ordnungsmäßigem Zustande zu erhalten, soweit das Interesse des Eigentümers es erfordert. Dieser Anspruch richtet sich gegen den je-

weiligen Berechtigten, gleichviel ob er selbst oder sein Vorgänger oder ein Dritter oder ein Zufall den mangelhaften Zustand der Anlage veranlaßt hat. Der Anspruch auf Schadensersatz aber ist nur begründet gegen denjenigen, welcher den mangelhaften Zustand schuldhaft herbeigeführt hat.

Voraussetzung dieser gesetzlichen Unterstützungspflicht ist

a) daß der Berechtigte zur Ausübung einer Grunddienstbarkeit eine Anlage auf dem belasteten Grundstück hält. Das Vorhandensein einer Anlage auf dem belasteten Grundstück an sich genügt nicht. Es ist auch erforderlich, daß diese Anlage im Eigentum des Berechtigten steht. Z. B. bei der Berechtigung, einen Graben zur Abführung von Wasser durch das belastete Grundstück zu leiten, ist der Berechtigte nicht Eigentümer des Grabens. Nur unter der Voraussetzung, daß der Berechtigte ein Recht auf den Bestand und die Erhaltung der Anlage hat, kann man sagen, daß er die Anlage hält.

b) Daß das Interesse des Eigentümers die ordnungsmäßige Unterhaltung der Anlage erfordert. Dieses Interesse wird verletzt, wenn z. B. durch Undichtigkeit einer Leitung Wasser in das Grundstück dringt, oder von einem Balkon Stücke auf das Grundstück fallen oder zu fallen drohen.

3. **Rechtsgeschäftliche Unterhaltungspflicht.** Satz 2 § 1020 ist dispositiv; die Unterhaltungspflicht kann auch anders geordnet werden durch die Beteiligten. Der § 1021 gestattet die Zulässigkeit von zwei Vereinbarungen über jene Unterhaltungspflicht.

Nach Abs. 1 Satz 1 dahin, daß der Eigentümer des belasteten Grundstücks eine derartige Anlage zu unterhalten hat, soweit das Interesse des Berechtigten es erfordert. Das Gesetz läßt damit eine vertragsmäßige Abweichung von dem gemeinrechtlichen Grundsatz zu servitus in faciendo consistere nequit.

Nach der von der zweiten Kommission eingestellten Vorschrift Abs. 1 Satz 2 kann für den Fall, daß dem Eigentümer des belasteten Grundstücks das Mitbenutzungsrecht an einer derartigen Anlage zusteht, der Berechtigte zu deren Unterhaltung verpflichtet werden, soweit es für das Mitbenutzungsrecht des Eigentümers erforderlich ist.

Dieses deckt sich nicht mit § 1020, welcher dem Berechtigten nur die Unterhaltungspflicht auferlegt, soweit als das Interesse des Eigentümers an der ungeschmälerten Benutzung seines Grundstücks es erfordert, nicht aber auch soweit es durch sein Interesse an der Mitbenutzung der Anlage erfordert wird.

Nach Abs. 2 finden auf eine Unterhaltungspflicht der in Abs. 1 bezeichneten Art die Vorschriften über Reallasten entsprechende Anwendung, und zwar nur für die Beurteilung der Unterhaltungspflicht selbst, keineswegs für die Begründung der Dienstbarkeit. Es handelt sich hier nämlich nicht um eine selbständige Reallast, sondern um eine besondere Qualifikation der Grunddienstbarkeit. Anwendbar sind deshalb hier die §§ 1105, 1107, 1108, gegenstandslos aber die §§ 1106, 1109—1112.

Die Vorschriften des § 1021 gelten auch für die am 1. Januar 1900 bereits bestehenden Grunddienstbarkeiten.

4. **Der § 1022 BGB.** verallgemeinert die röm. rechtl. Vorschriften über

die servitus oneris ferendi. Ohne den § 1022 würde niemand zur Unterhaltung der baulichen Anlagen auf dem belasteten Grundstück verpflichtet sein. Der Eigentümer nicht, weil er prinzipiell nach § 1018 durch eine Dienstbarkeit nicht zu einem Tun verpflichtet wird; der Berechtigte nicht nach § 1019, weil es sich hier nicht um eine Anlage handelt, die er auf dem belasteten Grundstück hält.

a) Der § 1022 bezieht sich auf bauliche Anlagen jeder Art, ist deshalb aber nicht anwendbar bei Dienstbarkeiten dahingehend, auf einer natürlichen Erhöhung oder Vertiefung eine bauliche Anlage zu halten.

b) Der § 1022 ist dispositiv, d. h. er tritt nur in Wirksamkeit, „wenn nicht ein anderes bestimmt worden ist". Die Unterhaltungspflicht des § 1022 aber als einer gesetzlichen Qualifikation der Grunddienstbarkeit bedarf nicht der Eintragung in das Grundbuch; während bei der vertragsmäßig anders geregelten Unterhaltungspflicht die Eintragung hinzukommen muß, wenn dingliche Wirkung erzielt werden soll.

c) Nach Satz 2 finden auf derartige Unterhaltungspflichten des § 1022 auf die gesetzlichen wie vertraglichen die Bestimmungen über die Reallast Anwendung, und zwar in der Weise wie bei § 1021.

Der § 1022 hat rückwirkende Kraft auch auf die am 1. Januar 1900 bestehenden Grunddienstbarkeiten. Vorbehalte für die Landesgesetzgebung (vgl. EG. Art. 116) gibt es hier nicht.

IV. Beschränkungen.

Die in den §§ 1023—1026 BGB. gegebenen Einschränkungen sind eine Konsequenz des allgemeinen Grundsatzes civiliter uti. Hier wie dort ist der Zweck, den Eigentümer des belasteten Grundstücks vor unnützen Beschwerungen tunlichst zu schützen. So führen das Verlegungsrecht des § 1023 sowie die Spezialvorschriften der §§ 1024—1026 zu einer örtlichen Beschränkung der Ausübung, zwar ohne eine Änderung im Bestand und Inhalt des Rechtes selbst eintreten zu lassen, aber doch weitergehend als 1020, nämlich mit dinglicher ev. auch im Grundbuch erkennbarer Rechtsänderung.

1. Verlegung. Der § 1023 enthält eine positive über den § 1020 hinausgehende Vorschrift, welche auf wirtschaftlichen und durch das öffentliche Wohl gebotenen Rücksichten beruht.

Der § 1023 behandelt nur den Fall, wenn das ganze Grundstück mit der Dienstbarkeit belastet ist, also nach dem Inhalt der Dienstbarkeit ihre Ausübung an jeder Stelle zulässig ist. Der § 1023 ist somit nicht anwendbar, wenn nur derjenige Teil des Grundstücks mit der Dienstbarkeit belastet ist, auf welchem sie ausgeübt wird. Das Verlegungsrecht ist aber zutreffend sowohl, wenn die spezielle Örtlichkeit, an welchem die Dienstbarkeit auszuüben ist, rechtsgeschäftlich bestimmt, als auch wenn hierüber nichts bestimmt ist. Nach dem ersten Entwurfe war nur der erste Fall ins Auge gefaßt.

a) Die Anwendbarkeit des § 1023 ist abhängig von zwei Voraussetzungen.

Die Ausübung an der bisherigen Stelle muß für den Eigentümer des belasteten Grundstücks besonders beschwerlich sein. Nach dem ersten Entwurf sollte das Verlegungsrecht nur dann Anwendung finden, wenn durch nachträglich veränderte Umstände die besondere Beschwerlichkeit eingetreten war. Es ist das aber dahin geändert, daß die Verlegung auch dann verlangt werden kann, wenn schon bei der Bestellung die besondere Erschwerung vorauszusehen war. Beschwerung für den Eigentümer ist die Dienstbarkeit immer. Eine besondere Beschwerung aber liegt vor, wenn die Ausübung auf der einen Stelle weniger nachteilig ist, als auf der anderen.

Die Stelle, an welche die Ausübung verlegt werden soll, muß für den Berechtigten ebenso geeignet sein, als die bisherige. Ganz unerhebliche Unbequemlichkeiten des Berechtigten kommen nicht in Betracht. Sonst aber darf irgend welches Interesse des Berechtigten durch die Verlegung nicht verletzt werden. Unzulässig wird es sein, dem Berechtigten Änderungen des herrschenden Grundstücks zuzumuten, z. B. die sein Grundstück umgebende Mauer an einer anderen als der bisherigen Stelle durchbrechen zu müssen. Unzulässig wird es sein, eine bisher auf jeder beliebigen Stelle auszuübende Dienstbarkeit auf eine einzige Stelle zu beschränken, wenn der Berechtigte ein Interesse daran hat, die Dienstbarkeit je nach seinen Bedürfnissen oder je nach den Jahreszeiten bald an der einen bald an der anderen Stelle auszuüben.

b) Die Verlegung der Ausübung an eine andere Stelle hat die rechtliche Wirkung zur Folge, daß der Berechtigte an der bisherigen Stelle die Dienstbarkeit nicht ausüben darf, also eine dingliche Rechtsänderung herbeigeführt wird und zwar durch Rechtsgeschäft nötigenfalls durch Urteil. Einer Eintragung in das Grundbuch bedarf es nach § 873 BGB. nur dann, wenn die bisherige Stelle der Ausübung eingetragen war. Kuhlenbeck BGB. II S. 719.

Der Klageantrag muß nach § 253 ZPO. in bestimmter Weise den Ort der geforderten Verlegung enthalten. Die Klage ist auf Abschluß des dinglichen die Änderung des Inhalts der Dienstbarkeit bestimmenden Vertrages zu richten. Durch die rechtskräftige Verurteilung des Berechtigten wird die Vertragserklärung desselben nach § 894 ZPO. ersetzt, und der Eigentümer befugt, auf Grund des Urteils die Eintragung der Rechtsänderung im Grundbuch zu verlangen.

c) Ausdrücklich ist der § 1023 BGB. nach Satz 2 daselbst auch dann anwendbar, wenn der Teil des Grundstücks, auf welchen sich die Ausübung beschränkt, durch Rechtsgeschäft bestimmt ist. Sogar wenn die Verlegung gemäß § 1023 stattgefunden hat, bleibt dem Eigentümer unbenommen, später noch wieder die Verlegung an eine andere Stelle zu verlangen. Gegen einen Mißbrauch des dem Eigentümer aus § 1023 zustehenden Rechts schützt dessen Verpflichtung zur Tragung der Kosten.

Die Kosten der Verlegung, und zwar nicht nur diejenigen der rechtsgeschäftlichen Änderung sondern auch sämtliche Kosten der tatsächlichen Verlegung hat der Eigentümer kraft Gesetzes zu tragen und vorzulegen. Der Berechtigte, welcher die Veränderungen auszuführen hat, kann bis dahin deren Vornahme verweigern.

d) Die Vorschrift des § 1023 BGB. ist zwingender Natur, der darauf gegründete Anspruch des Eigentümers kann durch Rechtsgeschäfte nicht beschränkt oder ausgeschlossen werden. Es kann aber nur die Verlegung auf eine andere Stelle desselben Grundstücks verlangt werden. Dem Eigentümer das Recht einzuräumen, die Verlegung auch auf ein anderes ihm gehörendes Grundstück zu fordern, wurde ausdrücklich abgelehnt. Prot. II S. 3909. Letzteres würde die Begründung einer neuen Grunddienstbarkeit bedeuten. Kuhlenbeck S. 720. Auch ist der Eigentümer nicht befugt, lediglich eine Änderung in den zur Ausübung der Dienstbarkeit gehörenden Einrichtungen zu fordern. Der § 1023 findet auch auf die vor dem 1. Januar 1900 bestehenden Grunddienstbarkeiten Anwendung. Einf.Ges. Art. 184.

Durch den § 1023 wird trotz der anscheinenden räumlichen Einschränkung jedenfalls keine Wertsminderung der Grunddienstbarkeit herbeigeführt, und die an sich bestehende Belastung des ganzen Grundstücks nicht berührt. Nach § 92 des Zw.Vollstr.Ges. bezieht sich im Falle der Zwangsversteigerung der Ersatzanspruch des Servitutberechtigten auf den ganzen Erlös.

2. **Kollision. § 1024 BGB.** In gleicher Weise wie die Kollision der Rechte für den Nießbrauch durch den § 1060, für die beschränkt persönlichen Dienstbarkeiten durch den § 1090 geregelt ist, gibt der § 1024 BGB. eine Vorschrift für den Fall, daß mehrere in gleichem Range stehende Grunddienstbarkeiten miteinander oder mit einem sonstigen Nutzungsrechte kollidieren. Der § 1024 ist anwendbar auf den Fall, daß auf demselben Grundstück z. B. A eine Weidegerechtigkeit, B das Bleichrecht und C eine Fahrgerechtigkeit hat, oder auf den Fall, daß mehrere neben einander Wasser zu schöpfen berechtigt sind. Es muß die Ausübung eines jeden örtlich oder zeitlich beschränkt werden, und zwar durch Vertrag event. durch Urteil.

Der Klageantrag ist dahin zu fassen, daß der Beklagte zu der vom Kläger zu bezeichnenden Art der Regelung seine Zustimmung erteile. Mit der Rechtskraft des Urteils gilt nach § 894 ZPO. die Zustimmungserklärung als erfolgt, und steht dann der Eintragung in das Grundbuch nichts im Wege, welche hinzutreten muß wie bei einer rechtsgeschäftlichen Änderung des Inhalts einer Grunddienstbarkeit.

Fällt später die kollidierende Dienstbarkeit oder das sonstige Nutzungsrecht, dem gegenüber die Regelung erfolgte, fort, so kann das verbleibende Recht ipso jure wieder in seinem ursprünglichen Umfange ausgeübt werden.

Der aus dem § 1024 sich ergebende Anspruch unterliegt der Verjährung nicht, soweit es sich um ein eingetragenes Recht handelt. Der § 1024 findet auch Anwendung auf die am 1. Januar 1900 bestehenden Grunddienstbarkeiten.

3. **Die Teilung** des herrschenden Grundstücks bewirkt an sich keine Änderung im Bestand und Inhalt der Grunddienstbarkeit, gleichviel ob ein Wechsel im Eigentum der einzelnen Grundstücksteile eintritt oder nicht. Bei einem Eigentumswechsel kann zwar jeder Eigentümer eines Teils von

dem herrschenden Grundstücke die ganze Grunddienstbarkeit ausüben; nur darf sie für den Eigentümer des belasteten Grundstücks nicht beschwerlicher fallen. Tritt das aber ein, so stehen die mehreren Berechtigten in einem nach § 745 zu beurteilenden Gemeinschaftlichkeitsverhältnis. Hat nun die Dienstbarkeit ein bestimmtes Maß z. B. Weiderecht für eine bestimmte Anzahl Schafe, so erhält jedes Grundstück ein seiner Größe entsprechendes Teilrecht. Bei unbestimmten Dienstbarkeiten aber hat die Ausübung von allen Berechtigten gemeinschaftlich zu erfolgen. So die bisherige Judikatur. ObTr.Entsch. Bd. 79 S. 173 und Reichsgericht in Gruchot 26 S. 999; 32 S. 943, welcher der BGB. im Wesentlichen gefolgt ist.

An sich besteht die Dienstbarkeit für die einzelnen Teile fort. Tritt dadurch aber eine Steigerung des Gesamtbedürfnisses ein, so kommt es darauf an, ob nach der Absicht der Kontrahenten die Dienstbarkeit auf das ursprüngliche Bedürfnis sich beschränken oder auch das jeweilige gesteigerte Bedürfnis umfassen sollte. Läßt die Bestellung der Grunddienstbarkeit darüber Zweifel, so gibt der § 1025 Satz 1 Halbsatz 2 die Auslegungsregel, daß im Falle der Teilung die Dienstbarkeit die dadurch eingetretene Vermehrung des Bedürfnisses nicht mitumfaßt.

Die im ersten Halbsatz des § 1025 ausgesprochene Regel, daß bei Teilung des berechtigten Grundstücks die Dienstbarkeit für die einzelnen Teile fortbesteht, erleidet im Satz 2 eine Ausnahme: gereicht sie nur einem der Teile zum Vorteile, so erlischt sie für die übrigen Teile. Steht eine solche räumliche Beschränkung der Grunddienstbarkeit nach dem Begründungsvertrage fest, so tritt ein teilweises Erlöschen der Dienstbarkeit ein und zwar ipso jure, so daß dem Verpflichteten der Anspruch auf Berichtigung des Grundbuchs nach § 894 zusteht. Ist die Unrichtigkeit des Grundbuchs nachgewiesen, so bedarf es hierzu auch der Einwilligung des Berechtigten nicht. GBO. § 22 Abs. 1.

Die §§ 1025, 1026 finden auch Anwendung auf die am 1. Januar 1900 bestehenden Grunddienstbarkeiten.

4. **Bei Teilung** des belasteten Grundstücks, d. h. wenn aus demselben durch Abschreibung im Grundbuch mehrere selbständige Grundstücke entstehen, bleibt der Regel nach die Grunddienstbarkeit auf allen Teilen bestehen. Wenn aber die Ausübung auf einen bestimmten Teil beschränkt ist, so werden nach § 1026 BGB. diejenigen Teile frei, welche außerhalb des Bereichs der Ausübung liegen.

Die Ausnahme des § 1026 kommt in Betracht, wenn die Beschränkung wie bei der serv. oneris ferendi aus deren Inhalt sich von selbst ergibt, ferner wenn die Beschränkung rechtsgeschäftlich bei der Bestellung der Dienstbarkeit ausgesprochen war, oder endlich bei der später gemäß § 1023 eingetretenen Beschränkung.

Ist die räumliche Beschränkung der Dienstbarkeit klar gestellt, so kann auf Antrag der Grundbuchrichter die Dienstbarkeit auf den frei gewordenen Teilen löschen, ohne daß es der Einwilligung des Berechtigten bedarf. Kuhlenbeck, BGB.

Der Berechtigte erleidet im Falle des § 1025 wie des § 1026 durch die Teilung einen Nachteil hinsichtlich der nach § 1021 Abs. 1 Satz 1 und der nach § 1022 Satz 1 dem Eigentümer des belasteten Grundstücks obliegenden Unterhaltungspflicht einer auf seinem Grundstück befindlichen Anlage. Befindet sich die Anlage nämlich nur auf einem derjenigen Teile, in welche das belastete Grundstück zerlegt ist, so liegt die Unterhaltungspflicht nur dem Eigentümer dieses Teiles ob. Die Anwendung der Vorschriften über Reallasten ist hier ausgeschlossen.

V. Rechtsschutz der Grunddienstbarkeiten.

Zum Schutz des Eigentums gibt das BGB. im § 895 die Vindikationsklage bei totaler Verletzung, bei Vorenthaltung des Eigentums; im § 1004 die a° negatoria bei partieller Verletzung, bei Beeinträchtigung des Eigentums.

Zum Schutz der Grunddienstbarkeiten gewährt der § 1027 die a° confessoria, die nach Analogie des § 1004 zu behandeln ist. Sie setzt eine Störung, eine tatsächliche Beeinträchtigung voraus. Zulässig ist daneben auch die Feststellungsklage aus § 256 ZPO.

Klageberechtigt ist in beiden Fällen der Eigentümer des herrschenden Grundstücks, oder aber der Miteigentümer, Erbbauberechtigte, Nießbraucher, Pächter oder Mieter.

Beklagter ist der jeweilige Eigentümer des dienenden Grundstücks, oder auch ein Dritter, wenn er die Ausübung stört. Geht die Störung nur von einem Miteigentümer aus, so ist die Klage allein gegen diesen zu richten.

Im Falle des § 1027 kann die nominatio auctoris zutreffen, vgl. § 77 ZPO., sofern der Beklagte die Beeinträchtigung in Ausübung des Rechts eines Dritten vorgenommen zu haben behauptet. Erfolgt dann Streitverkündigung des Beklagten an den Dritten, so kann bis zu dessen Erklärung der Beklagte die Verhandlung zur Hauptsache verweigern. Bestreitet oder schweigt der Dritte, so kann Beklagter unbedenklich dem Klageantrag genügen. Erkennt der Dritte an, so kann er mit Bewilligung des Beklagten an dessen Stelle den Prozeß übernehmen.

Das petitum geht auf Beseitigung der Beeinträchtigung event. auf Unterlassung weiterer Störung, nicht aber auf Schadensersatz. Hierfür haftet der Beklagte erst bei hinzutretendem Verschulden nach §§ 823 ff. BGB. aus der Deliktsklage.

Der Anspruch aus § 1027 kann auch auf Unterhaltung der Anlage in Gemäßheit der §§ 1021 ff. gehen, wenn der Eigentümer des belasteten Grundstücks unterhaltungspflichtig ist.

Ist aber der Eigentümer des berechtigten Grundstücks unterhaltungspflichtig, so steht dem Eigentümer des belasteten Grundstücks der Anspruch unmittelbar aus § 1004 zu.

Der § 1027 an sich findet nach Art. 184 EG. auch Anwendung auf die unter der Herrschaft des alten Rechts begründeten Dienstbarkeiten. Turnau u. Förster.

Das BGB. kennt nur Sachbesitz, aber keinen Rechtsbesitz; gleichwohl gewährt es den Grunddienstbarkeiten Besitzschutz, indem es eine

Analogie zwischen dem Sachbesitz und dem Zustande der Ausübung bei Grunddienstbarkeiten anerkennt. Dem Sachbesitz entspricht nämlich bei den Grunddienstbarkeiten der Zustand der tatsächlichen Geltung, welcher in der nicht auf Widerstand stoßenden Betätigung seitens des Berechtigten zu Tage tritt. Prot. III S. 319.

So gewährt denn das BGB. nach § 1029 einen quasi-Besitzschutz den eingetragenen Grunddienstbarkeiten unter folgenden Voraussetzungen:

a) Die Dienstbarkeit muß im Grundbuch eingetragen sein. Der Schutz hält sich genau in den Grenzen der Eintragung; ist sie auch nur zu Unrecht gelöscht, so ist dieser Rechtsschutz ausgeschlossen.

b) Derjenige, welcher den Schutz in Anspruch nimmt, muß Besitzer des herrschenden Grundstücks sein, gleichviel ob Eigenbesitz, mittelbarer oder unmittelbarer Besitz.

c) Die Dienstbarkeit muß innerhalb eines Jahres vor der verletzenden Handlung, wenn auch nur einmal ausgeübt sein.

d) Der Besitzer des herrschenden Grundstücks muß in der Ausübung der servit. gänzlich oder teilweise gehindert sein.

Der Inhalt des Rechtsschutzes ergibt sich aus den Vorschriften über den Besitzschutz §§ 858 ff. BGB.

Der § 1029 regelt den Schutz nur für die eingetragenen Grunddienstbarkeiten. Übergangsvorschriften für die nicht eingetragenen enthält Art. 191 EG. Danach gelten für sie die bisherigen Gesetze über den Besitzschutz auch nach dem Inkrafttreten des BGB. bis zu dem Zeitpunkt, daß das Grundbuch als angelegt anzusehen ist. Für Preußen fällt dieser Zeitpunkt im allgemeinen mit dem 1. Januar 1900 zusammen. Von da ab gelten die Vorschriften des BGB. über Besitzschutz auch für Grunddienstbarkeiten, mit welchen das Halten einer dauernden Anlage verbunden ist, solange derartige Dienstbarkeiten nach Art. 128 oder 187 EG. dem Eintragungszwang nicht unterliegen.

Dasselbe gilt für andere Grunddienstbarkeiten mit der Maßgabe, daß sie in jedem der drei letzten Jahre vor der Störung mindestens einmal ausgeübt sein müssen.

Klageberechtigt ist nicht nur der Eigenbesitzer § 872, sondern auch der Teilbesitzer § 865, der Mitbesitzer § 866, und der mittelbare Besitzer § 868. Nicht notwendig ist, daß die Grunddienstbarkeit von dem klagenden Besitzer selbst ausgeübt wird. Es genügen die von dritten Personen, z. B. Mieter oder Pächter des herrschenden Grundstücks vorgenommenen Handlungen sofern sie objektiv dem Inhalt der Dienstbarkeit entsprechen.

Kapitel 3.

Die einzelnen Grunddienstbarkeiten.

I. Benutzung einer nachbarlichen Mauer.

ALR. I 22 § 55. Das Recht, auf die eigentümliche Mauer eines anderen zu bauen, oder einen Balken auf dieselbe zu legen, muß, als eine Grundgerechtigkeit besonders erworben werden.

§ 56. Eine solche Mauer muß der Eigentümer unterhalten, oder das Eigentum derselben aufgeben, und es dem Berechtigten überlassen.

§ 57. Wenn der Eigentümer einer Mauer, die das Gebäude eines anderen unterstützt, dieselbe ausbessert, oder von neuem aufführt: so muß er das Gebäude solange auf seine Kosten unterstützen.

§ 58. Hat aber ein bloßer Zufall den Bau notwedig gemacht; oder wird selbiger von dem Verpflichteten bloß zum Besten des Berechtigten geführt: so muß letzterer für die Unterstützung seines Gebäudes in der Zwischenzeit, bis der Bau vollendet werden kann, selbst sorgen.

Das gesetzliche Recht auf Benutzung einer gemeinschaftlichen Mauer ist im ALR. I 8 §§ 133—136 im wesentlichen normiert wie in den außerpreußischen Gesetzgebungen. Dagegen treten letztere in Gegensatz zu den Bestimmungen der hier qu. §§ 55—58 I 22, wo es sich um die Benutzung einer fremden Mauer handelt.

Nach § 55 I 22 ALR. kann das Recht auf Benutzung der nachbarlichen Mauer nur erlangt werden durch eine besondere Grundgerechtigkeit.

Dieses ist der im § 55 ausgesprochene Rechtsgrundsatz. Zu § 56 ibid. bemerkt Koch in der Anm. 60, daß „aufgeben" und „überlassen" beide den Begriff des Derelinquierens wiedergeben, der Ausdruck „überlassen" aber speziell andeutet, daß bei Immobilien zum Eigentumserwerb eine ausdrückliche Erklärung (die Auflassung) nötig ist. Auch ist in dieser Anm. 60 darauf aufmerksam gemacht, daß der § 56 eine Ausnahme von der allgemeinen Regel enthält, daß Servituten nicht in faciendo bestehen können; das ALR. gehe aber davon aus, bei dieser Servitut sei es immer stillschweigende Bedingung der Begründung, daß der Eigentümer des dienenden Grundstücks die Mauer im baulichen Zustand erhalte, oder, wenn er solches nicht mehr tun wolle, sein Eigentum daran aufgeben müsse.

Ob die hier qu. Rechte mit dem Untergang des berechtigten Gebäudes definitiv aufhören, oder nur ruhen, so lange bis ein neues Gebäude an Stelle des alten errichtet wird, ist quaestio facti je nach den obwaltenden Verhältnissen. Unzweifelhaft darf die früher bestandene Grundgerechtigkeit dann nicht für das neue Gebäude beansprucht werden, wenn letzteres in abweichenden Dimensionen aufgeführt und dadurch die Belastung der Mauer eine größere wird. Vgl. Grein, Baurecht 2. Bearb. S. 188; Turnau u. Förster I S. 498.

II. Traufrecht und Recht des Ausgusses.

ALR. I, 22 § 59. Auch die als Grundgerechtigkeit jemandem zukommende Befugnis der Dachtraufe, oder des Ausgusses auf das benachbarte Grundstück, muß allemal so eingerichtet werden, daß der Nachbar dadurch so wenig Nachteil, als möglich, erleide.

§ 60. Ist zur Abführung der Flüssigkeiten ein Kanal erforderlich, so muß derselbe bedeckt, und mit einem eisernen Gitter versehen werden.

§ 61. Wer das Traufrecht hat, muß dennoch geschehen lassen, daß der Nachbar in der nach allgemeinen Vorschriften zulässigen Nähe an seinen Gebäuden heraufbaue; wenn er nur unter der Traufe bleibt, und selbige unter sein Dach nimmt.

Das Traufrecht, serv. stillicidii, besteht in der Befugnis, das durch Naturereignisse herbeigeführte Wasser vom Dach des eigenen Gebäudes auf den nachbarlichen Grund und Boden in Tropfen niederfallen zu lassen.

Das Recht, dieses Wasser gesammelt auf das nachbarliche Grundstück zu leiten, z. B. unter seinem Dach in Rinnen aufzufangen, wird im Gesetz als das Recht des Ausgusses bezeichnet, und ist identisch mit der serv. fluminis recipiendi des römischen Rechts.

Beide Berechtigungen bezwecken zwar die Fortschaffung von Flüssigkeiten, zunächst aus atmosphärischen Niederschlägen, aus Regen wie Schnee; aber beim Traufrecht handelt es sich nur um die auf dem beschränkten Flächenraum des Daches sich sammelnden Flüssigkeiten, während beim Recht des Ausgusses alles dasjenige Wasser in Betracht kommt, welches auch auf den übrigen Punkten des berechtigten Grundstücks niederfällt.

Beim Traufrecht kann nur Regen oder Schnee in Frage kommen, beim Recht des Ausgusses aber auch Flüssigkeiten, welche nicht nur von Naturereignissen, sondern auch von dem Betrieb der Hauswirtschaft oder eines Gewerbes herrühren.

Bei der Dachtraufe gelangt das Wasser direkt und auf natürlichem Wege auf das nachbarliche Grundstück, beim Recht des Ausgusses wird es erst durch die Anlage einer Dachrinne, eines Kanals oder sonstiger Vorrichtungen künstlich auf das belastete Grundstück hingeleitet.

Die vorstehenden §§ 59—61 behandeln also zwei voneinander wesentlich verschiedene, sich gegenseitig völlig ausschließende Berechtigungen; es darf deshalb z. B. der Traufberechtigte nicht das Wasser in Rinnen gesammelt dem Nachbar zuführen; auch derjenige, dem das Recht des Ausgusses zusteht, ist keineswegs befugt, das Wasser in Tropfen auf das nachbarliche Grundstück fallen zu lassen.

1. Das Traufrecht.

Das Traufrecht anlangend, bestimmt zunächst der § 189 I, 8 ALR.:

Wer ein Gebäude an der Grenze aufführt, darf, insofern er nicht ein besonderes Recht dazu erworben hat, die Dachtraufe weder auf des Nachbars Grund und Boden, noch über denselben hinwegleiten.

Im Gegensatz zu dieser gesetzlichen Beschränkung spricht der § 59 I 22 von der als Grundgerechtigkeit jemandem zukommenden Befugnis der Dachtraufe.

Diese Grundgerechtigkeit verpflichtet den Nachbar nur dazu, das vom Dach herabfallende Wasser aufzunehmen. Es ist deshalb nach dem ObTrErk. v. 17. Februar 1854 — Strieth. Arch. Bd. 11 S. 232 — der Eigentümer des belasteten Grundstücks trotz des Traufrechts zu beliebigen Anstalten berechtigt, welche den ferneren Lauf des herabgefallenen Wassers behindern. Um ihn auch darin beschränken zu können, bedarf es eines besonderen, darauf speziell gerichteten Untersagungsrechts.

Nach § 59 I 22 soll der belastete Nachbar so wenig als möglich Nachteil erleiden; es darf deshalb ohne dessen Erlaubnis der Traufberechtigte sein Gebäude weder erhöhen noch erniedrigen, dem Dache keine größere Ausdehnung geben und schließlich den Vorsprung des Daches nicht weiter als bisher in den Luftraum des nachbarlichen Grundstücks führen, wenn nämlich nachweisbar durch dergleichen bauliche Änderungen dem belasteten Grundstück eine größere als die bisherige Wassermasse zugeführt wird.

Nach § 61 h. t. ist dem belasteten Nachbar der Bau unter der Traufe des Berechtigten für den Fall gestattet, wenn er die Traufe auf sein Dach aufnimmt.

Die Worte „wenn er nur unter der Traufe bleibt und selbige unter sein Dach aufnimmt“ enthalten nach den Bemerkungen der Gesetzrevisoren eine unkorrekte Ausdrucksweise und sind in fine zu berichtigen in „auf sein Dach aufnimmt“. Dieser Ansicht ist auch Grein beigetreten unter Hinweis auf den Wortlaut der §§ 1 u. 2 Tit. III der Bauobservanzen für Berlin. Desgleichen sind in dem ObTrErk. v. 7. Dezember 1854 — Strieth. Arch. Bd. 16 S. 81 — die qu. Worte des § 61 als Druckfehler bezeichnet, wobei auch namentlich der Rechtssatz aufgestellt ist, daß ein Bau unter der Traufe des Nachbars den Besitz des Traufrechts selbst nicht aufhebt.

Koch (Anm. 64 § 61 I 22) verteidigt dagegen die Fassung dieses Paragraphen „unter sein Dach nimmt“ als die richtige. Vgl. auch Turnau u. Förster I S. 499.

2. Das Recht des Ausgusses.

Auf das Recht des Ausgusses bezieht sich der § 60 h. t., welcher indessen nur die Bestimmung enthält, daß, falls zur Abführung von Flüssigkeiten ein Kanal erforderlich ist, derselbe bedeckt und mit einem eisernen Gitter versehen sein muß.

Wie die Dachtraufe gemäß § 189 I 8 ohne besonderes Recht dem nachbarlichen Grundstück nicht zugewendet werden darf, so hat auch hier gesetzlich jeder Eigentümer zunächst die Pflicht, das auf seinem Grundstück sich sammelnde Wasser von dem nachbarlichen Grundstück abzuhalten.

Erst der Erwerb der besonderen Grundgerechtigkeit des Ausgusses bringt ihn in die Lage, durch besondere Vorkehrungen das gesammelte Wasser dem nachbarlichen Grundstück zuführen zu dürfen.

Es sind aber hier nur solche Rechte gemeint, welche zwischen je zwei aneinander grenzenden Grundstücken bestehen; es gehören deshalb nicht hierhin umfangreichere Wasserleitungen, welche dazu dienen sollen, von einem größeren Komplex oder einer ganzen Ortschaft das Wasser aufzunehmen. Eine solche Anlage, welche sich auf verschiedene im Zusammenhang stehende Besitzungen bezieht, geht entschieden über den Begriff eines Ausgusses hinaus, selbst wenn es sich im wesentlichen nur um Regenwasser handelt. Vgl. ObTrErk. v. 10. Juli 1866, Strieth. Arch. Bd. 64 S. 211.

Bei dem § 60 h t. ist in Zweifel gezogen, ob der Kanal auf dem herrschenden oder dienenden Grundstück zu denken ist. Das ObTr. nimmt in dem Erk. v. 31. Oktober 1865 — Strieth. Arch. Bd. 61 S. 191 — an, daß es sich um einen Kanal auf dem herrschenden Grundstück handelt; denn es wäre, wenn § 60 einen auf dem dienenden Grundstück befindlichen Kanal meinte, nicht zu erklären, weshalb dabei bloß die Bedeckung und Vergitterung des Kanals ins Auge gefaßt worden, ohne etwas darüber zu bestimmen, wer überhaupt den Kanal anzulegen und zu unterhalten verpflichtet sein soll.

Mit Koch, ALR. (1875) Anm. 63 zu § 60 I 22, ist vorab die Frage zu stellen, welches Interesse kann der Besitzer des dienenden Grundstücks daran haben, ob der berechtigte Nachbar den auf seinem Hof befindlichen Kanal bedeckt hält oder nicht. Zu beachten ist ferner, daß ja auch meist das Gebäude, aus welchem das unreine Wasser z. B. eines Spülsteins sich ergießt, an der Grenze steht, dann also schon keine Rede sein kann von einem Kanal auf dem herrschenden Grundstück. Koch identifiziert das Recht des Ausgusses mit der serv. cloacae, also mit dem Recht, unreines Wasser von dem herrschenden Grundstück durch das nachbarliche Grundstück abzuführen.

Nach allem ist die Ansicht des ObTr. zu verwerfen, und § 60 h. t. nur so zu deuten, daß es sich um einen Abzugskanal durch das dienende Grundstück handelt. Selbstverständlich hat alsdann der Berechtigte für die Anlage und Unterhaltung des Kanals selbst zu sorgen. Begreiflich ist es dann auch, daß zum Schutz des belasteten Grundstücks die Bedeckung und Vergitterung des Kanals geboten ist, um Ausdünstungen von Abwässern und Jauche zu verhindern, wie auch andere Gegenstände als die betreffenden Flüssigkeiten zurückzuhalten.

Hiermit stimmt z. B. der § 491 des österreichischen Gesetzbuchs überein: Erfordern die abzuführenden Flüssigkeiten Gräben oder Kanäle, so muß sie der Eigentümer des herrschenden Grundes errichten; er muß sie auch ordentlich decken und reinigen, und dadurch die Last des dienstbaren Grundes erleichtern.

Tatsächlich handelt es sich nun beim Recht des Ausgusses keineswegs um Regenwasser allein, sondern meistens auch um Flüssigkeiten, welche vom Betrieb der Hauswirtschaft herrühren; dann aber auch, und dieses ist der weitgehendste Fall, um Wasser, welches durch den Betrieb eines Gewerbes auf dem berechtigten Grundstück sich sammelt.

III. Recht auf Licht und Aussicht.

ALR. I 22 § 62. Das Recht der freien Aussicht schließt die Befugnis in sich, auch in einer an des Verpflichteten Hof und Garten unmittelbar anstoßenden Mauer neue Fenster zu öffnen.

1. Recht auf Licht, serv. luminum.

Das Recht auf Licht ist im allgemeinen gesetzlich garantiert durch die Vorschriften der §§ 137, 138, 142—144 I 8 ALR. Es kann also jeder Eigentümer im Interesse seiner zehn Jahre oder länger vorhandenen Fenster gemäß §§ 142, 143 ibid. jeden nachbarlichen Bau untersagen, durch welchen ihm die Möglichkeit genommen wird, aus dem untersten beziehungsweise zweiten Stockwerk den Himmel zu erblicken.

Wer aber in größerem Umfang oder schon vordem als die qu. Paragraphen gestatten, dieses Untersagungsrecht ausüben will, muß dasselbe als Grundgerechtigkeit durch besonderen Rechtstitel (Verjährung ist hier nicht denkbar) erworben haben.

Nach Fahne: das Licht- und Fensterrecht in Kamptz' Jahrb. Bd. 45 S. 390, 391 sind die serv. luminum und serv. ne luminibus officiatur keineswegs zu identifizieren; beide betreffen zwar das Recht, vom fremden Grund Licht zu schöpfen, aber in sehr verschiedenem Umfang, so daß bei der serv. luminum der Belastete in seiner Baufreiheit nur beschränkt wird, während bei der umfangreicheren, aber seltnen serv. ne luminibus officiatur des Belasteten Baufreiheit völlig aufgehoben wird. Als Grundgerechtigkeit kann selbstredend das eine wie das andere vorkommen. Bei der serv. ne luminibus officiatur im strengen Sinn ist alsdann jeder Bau vor den berechtigten Fenstern unzulässig. Bei der serv. luminum aber ist beim Neubau zunächst diejenige Entfernung von den berechtigten Fenstern einzuhalten, welche bei Bestellung der Grundgerechtigkeit normiert worden ist. Liegen aber derartige Vereinbarungen nicht vor, so ist nach § 146:

Wo eine solche Grundgerechtigkeit obwaltet, da findet im Mangel ausdrücklich verabredeter, die gesetzliche Bestimmung des § 142 Anwendung.

wieder die Möglichkeit, den Himmel erblicken zu können, allein maßgebend.

Abweichend hiervon bestimmt § 3 Tit. IV der Berliner Bauobservanzen generell, daß der Neubau 8 Fuß von dem berechtigten Gebäude des Nachbars entfernt bleiben muß.

Eine andere Abweichung für Berlin liegt in dem § 6 Tit. IV der Bauobservanzen, demgemäß Fenster in den Seitenwänden und Giebeln der nach der Straße gehenden Gebäude verbaut werden können trotz entgegenstehender pacta oder servitutes.

2. Recht auf Aussicht, serv. prospectui.

Das Recht auf Aussicht ist gesetzlich nicht geschützt, und kann also nur als Grundgerechtigkeit vorkommen; es bezieht sich darauf einzig und allein der vorgedruckte § 62 I 22.

Dieser Paragraph hat die Bedeutung, daß derjenige, welchem das Recht der Aussicht als Grundgerechtigkeit zusteht, an die Beschränkungen des § 138 I 8 nicht gebunden, also nicht verpflichtet ist, die Fenster in der Grenzmauer 6 Fuß hoch vom Boden des Behältnisses anzulegen, sowie dieselbe zu vergittern und zu verstäben.

Diese Bestimmung durfte deshalb nicht fehlen, weil derartige Fenster nicht geeignet sein würden, Aussicht zu gewähren. Freilich ist mit Rücksicht hierauf namentlich von Koch die Ansicht aufgestellt worden, der § 62 befreie nur von der vorgeschriebenen Erhöhung; es müßten aber die Fenster in der Grenzmauer gleichwohl in allen Fällen mit eisernen Stäben oder mit einem Drahtgitter verwahrt werden; denn auch bei dieser Einrichtung sei die Aussicht sehr wohl möglich. A. A. Dernburg, Sachenrecht S. 492 Anm. 11.

Wem nun das volle Recht der Aussicht zusteht, der hat damit beides, nämlich das Recht, zur Erhaltung des Lichtrechts das Verbauen der Fenster zu untersagen, außerdem aber auch das Untersagungsrecht gegen jeden Bau, welcher den Fenstern zwar das Licht beläßt, die Aussicht aber beschränkt. Vgl. ObTrErk. v. 12. Oktober 1871, Strieth. Arch. Bd. 84 S. 53 und Schlesisches Arch. I, S. 359 ff.

Bei der serv. prospectui sind gesetzliche Normen ähnlich wie im § 142 I, 8 nicht denkbar, sondern hier ist stets nach den tatsächlichen Verhältnissen allein zu beurteilen, in welcher Entfernung resp. in welcher Höhe der beabsichtigte Bau ausgeführt werden darf, ohne die Aussicht zu beschränken.

In zweifelhaften Fällen, wo nicht genau zu ermitteln ist, ob serv. luminum oder serv. prospectui obwaltet, streitet die Vermutung für das geringere, nämlich für die serv. luminum.

Sind andere Grundgerechtigkeiten, als diese im ALR. speziell erwähnten, in Bezug auf Licht und Aussicht eingeräumt worden, so finden die allgemeinen gesetzlichen Vorschriften über Grunddienstbarkeiten Anwendung, welche den Umfang der Rechte und Verbindlichkeiten zwischen Nachbarn regeln.

Anhang.

1. Spezial-Bauobservanzen für Berlin.

Titel I.

Von den Zäunen und Mauern, und deren Haltung.

§ 1. Derjenige, welcher einen Scheidezaun zu halten schuldig ist, muß die Pfosten oder Stiele auf seinem eigenen Grund und Boden setzen, und die Bretter mit der glatten Seite in des Nachbars Fundo anschlagen lassen, und wenn die Stiele oben nicht mit einem Holm versehen sind, muß die Abdachung der Stiele nach den Seiten desjenigen Fundi hin bewerkstelligt werden, dessen Eigentümer den Zaun zu halten schuldig ist.

§ 2. Bei den Gärten wird von den Eigentümern mehrenteils der eingangs rechter Hand, der sogenannte Quer- oder Rückzaun aber, welcher gegenüber der Türe des Eingangs zu sein pflegt, von beiden Nachbarn zugleich auf gemeinschaftliche Kosten angefertigt und unterhalten, welche Regel jedoch nur in Ermangelung anderer Bestimmungen, wenn nämlich per pacta oder sonst nicht ausgemittelt ist, wer von beiden Teilen den Rückzaun allein halten muß, Anwendung findet.

§ 3. Die Vermutung für das Eigentum eines Zaunes und zugleich für die Schuldigkeit, solchen zu reparieren, wird daraus hergeleitet, wenn die Stiele und die rauhe Seite der Bretter und die Brettnagelspitzen sich auf jemandes Grund und Boden befinden; dahingegen kann sein Nachbar sein Espalier nicht unmittelbar an den erwähnten Brettern des Zauns befestigen, sondern er muß auf seinem Fundo besondere Pfähle dazu anbringen und aufrichten.

§ 4. Die Höhe eines Scheidezaunes in den Gärten muß 5 bis 6 Fuß, auf den Höfen aber 7 bis 8 Fuß sein; wiewohl auf den Höfen in der Stadt nicht leicht bretterne Wände, der Feuersgefahr wegen, geduldet werden sollen.

§ 5. Wegen des Überfliegens der Hühner muß ein Espalier 4 Fuß hoch über den Holm des Zaunes gesetzt werden, in welchem Espalier die Latten nicht mehr als 2 bis 4 Zoll breit in Lichten voneinander zu stellen, damit die Hühner nicht zwischendurch fliegen können.

§ 6. Wenn zwischen Nachbarn darüber Streit entsteht, welchen Scheidezaun ein jeder zu halten schuldig ist, wird nach der Observanz angenommen, daß ein jeder den Zaun auf rechter Seite seines Eingangs halten müsse, wofern er nicht erweisen kann, daß in seinem Revier nach der Observanz, jeder zur linken Hand den Zaun hält.

§ 7. Der äußerste und zuletzt anbauende Nachbar muß sich am Ende, wenn er daselbst eingezäunt sein will, endlich selbst einschließen, und wenn die Lage so beschaffen, daß noch jemand ferner anbauen kann, so muß allemal der folgende Neuanbauende des Vorhergehenden seinen äußersten Zaun wieder übernehmen, welches auch in dem Fall Statt finden muß, wenn der Nachbar aus seinem Felde einen Garten macht.

§ 8. Wenn ein Teil der Nachbarn die Zäune rechter Hand und der andere Teil wiederum linker Hand hält; so muß die Haltung der Zäune an beiden Seiten notwendig einen Fundum treffen, welcher sich in diesem Fall davon nicht ausschließen kann.

§ 9. Eingepfalzte Zäune werden in dubio gemeinschaftlich gehalten.

§ 10. Wenn ein Zaun zur Hälfte oder zum Teil gemeinschaftlich von beiden Nachbarn gehalten wird, so müssen die Pfähle des Teils, welches jeder hält, auf dessen Grund und Boden stehen.

§ 11. Derjenige wird für den Eigentümer einer Mauer gehalten, auf dessen Seite die Pfeiler und Bogen, oder Tripprecht der Mauer angelegt sind.

§ 12. Demjenigen Teile, welchem die Extrema einer Mauer zu beiden Seiten, so noch nicht fertig sind, zugehören, gehören auch die media der Mauer, worüber Streit ist.

Titel II.

Von Erhöhung und Erniedrigung eines Fundi, imgleichen von Bestimmung der Grenzen eines Grundstücks.

§ 1. Wenn jemand seinen Fundum mit fremder Erde erhöht, muß er entweder 3 Fuß breit von des Nachbars Zaun das Terrain in statu quo lassen, oder wenn er seine Erde dicht heranbringen und der Nachbar damit zufrieden sein will, alsdann die untersten Bretter von des Nachbars Zaun, die solchergestalt in die Erde hineinzuliegen kommen, auf seine Kosten unterhalten; auch den Zaun, so oft derselbe von der Erhöhung übergebogen wird, hinwiederum lotrecht herzustellen. Hingegen kann jedermann seinen von Natur unebenen Platz wohl planieren, und wenn dadurch mehr Erde an des Nachbars Zaun kommt, darf er diesen dafür nicht gerecht werden, sondern der Nachbar muß selbst Mittel vorkehren, den etwaigen Schaden abzustellen und sich imputieren, daß er auf den Fall, wann der andere planieren würde, nicht vorhero gleich auf seinem Fundo präkaviert und sich dagegen prospizieret habe.

§ 2. Wenn jemand seinen Fundum erniedrigt, muß er an des Nachbars Seite 3 bis 4 Fuß breit einen Wall stehen lassen, damit von des anderen Seite die Erde nicht nachschieße, oder der Zaun nicht niedergedrückt werde; auch damit nicht von den höheren Gärten die Feuchtigkeit und die Kraft der Erde sich nach dem erniedrigten, benachbarten Grund und Boden ziehe.

§ 3. Die publike Straße ist die Richtschnur, wonach jeder Hausbesitzer seinen Hof, des Abflusses, der Auffahrt und anderer Bequemlichkeiten willen, einrichten kann und muß, und wann der Nachbar seinen Platz hinter dem Hause niedriger zu haben gut findet, so kann er alsdann nicht verlangen, daß der andere, der seinen Fundum erhöhet und nach der Straße eingerichtet hat, einen drei Fuß breiten Graben so tief als das vicini fundus niedriger liegt, anfertigen lassen soll, sondern derjenige Nachbar, dessen Fundus niedriger ist, muß in einem solchen Fall einen verschälten Wall von 3 Fuß breit an der Grenze anlegen und halten; derjenige Nachbar aber, der seinen Fundum solchergestalt erhöhet, muß dem Scheidezaun die vorige Höhe auf seine Kosten geben.

§ 4. Die Grenzen eines Gebäudes bestimmt das Fundament; was überspringt, muß weggenommen werden.

§ 5. Mit Schweineställen, Priväten, Mistkuten, Lohkuten und dergleichen mehr muß einer von des anderen Gebäude oder Zaune 3 Fuß abbleiben, überdem die Behältnisse dazu in der Erde mit einer anderthalb Steine starken Mauer ausmauern lassen. Das Spatium der 3 Fuß, welche der Nachbar abbleiben muß, wird exklusive dieser Mauer gerechnet.

§ 6. Hat ein Nachbar die Grenze eines anderen Nachbars eingebauet, oder hat er ebenfalls einen Abtritt hart an des Nachbars Grenze oder Mauer, so wird im ersteren Fall der Raum, soweit jener Nachbar in die Grenze eingebauet hat, mit zu denen 3 Fuß gerechnet, welche der andere Nachbar von der Mauer abbleiben muß.

Z. B. A ist mit seiner Mauer in des B Grenze $1\frac{1}{2}$ Fuß eingerückt, so darf B nur $1\frac{1}{2}$ Fuß mit seinem Abtritt von des A Mauer abbleiben.

Im letzteren Fall hingegen darf der Nachbar seinen Abtritt gar nicht abrücken.

§ 7. Niemand kann an des Nachbarn Wand oder Mauer ohne Gegenwand, wider Willen desselben etwas bauen oder ansetzen, und wird die Stärke solcher Gegenwand allemal nach Beschaffenheit der Umstände und desjenigen Endzwecks, wozu sie dienen soll, determiniert.

§ 8. Eine gemeinschaftliche Wand kann nur so gemacht werden, daß es dem Miteigentümer nicht zur Unbequemlichkeit gereicht, daher keine Zeugmacherstühle an eine gemeinschaftliche Wand befestigt oder angesteifet werden dürfen.

Titel III.

Von der Trauf- und Wasserableitungsgerechtigkeit.

§ 1. Zu einem Trauffall, den ein Nachbar nach des anderen Seite exerziert, es sei dieses jure dominii oder servitutis, wird regulariter ein Platz von 18 Zoll breit gerechnet, und soviel muß auch einer von des anderen Gebäude, wovon die Traufe fällt, wenn er bauen will, zurückbleiben, es wäre dann, daß er mit dem Nachbar sich vergliche, und mit dessen Einwilligung dicht unter der Traufe anbaute, mithin sothane Traufe auf dem neuen Gebäude übernähme.

§ 2. Wenn die Traufe auf des Nachbars Grund und Boden fällt, so muß der Dominus praedii servientis mit dem Baue von dem praedio dominante so weit zurückbleiben, so weit der Trauffall in seinen Grund und Boden sich erstreckt; falls aber auf das andere Gebäude die Traufe fällt, und folglich servitus stillicidii auf ein Gebäude gelegt, so kann ein dergleichen Gebäude, wenn es höher gebaut werden soll, als es sonst gewesen ist, nicht anders höher gebaut werden, es sei denn, daß alles so eingerichtet würde, daß des Nachbars Traufe auch ferner noch unmittelbar und ohne Nachteil und Hindernisse übernommen werden könne.

§ 3. Bei Stillicidiis, suggrundiis et praetectionibus ist praesumtio, daß man das Dominium areae so weit habe, als das Aedificium oberwärts hervorragt, weil in dubio allemal eher pro Dominio als pro servitute präsumiert werden muß.

§ 4. Wenn jemand die Gerechtigkeit hat, das Wasser von seinem Fundo, mittels eines Kanals, unter der Straße und unter das gegen ihm über belegene Haus seines Nachbars, in den gleich dahinter, oder wohl gar unter dem Hause fließenden Stadtgraben oder Fluß, (wenn nämlich das Haus auf Pfählen stehet) abzuleiten, der Stadtgraben oder Fluß wird aber auf Befehl des Landesherrn ausgefüllt, so fällt diese Gerechtigkeit ob bonum publicum weg, und muß eingestellt werden, weil sonst das nachbarliche Gebäude durch den gehemmten weiteren Abfluß deterioriert und wohl gar umgestürzt werden würde.

§ 5. Wenn jemand die Gerechtigkeit hat, sein Wasser über des Nachbars Grundstück abzuleiten, so muß vor dem Abflußloch nicht ein Rost mit bloßen Stäben, sondern ein Rost mit einem Gitterwerk, dessen Stäbe ein Zoll im Quadrat voneinander stehen, befindlich sein, damit keine Unreinigkeiten zugleich durchgeführt werden können. Die Unterhaltung, Anschaffung und Anlegung dieses Gitters auf seiner Seite liegt dem Dominanti ob, als demjenigen Teile, der die Unreinigkeiten zurückhalten, und des Gitters als eines vorgeschriebenen Mittels sich hierzu bedienen muß, es sei denn, daß ein anderes unter den Nachbaren dieserhalb verabredet worden.

§ 6. Wenn jemand zwei Grundstücke akquirieret, und den Abfluß von dem einen über den zweiten durch den dritten fremden Fundum angelegt, oder bei der Akquisition beider Grundstücke diese Servitut schon vorgefunden hat, so leidet die Regel,

> daß res propria niemand dienen kann, und durch die Konfusion eine Servitut dergestalt aufgehoben wird, daß solches nicht einmal, wenn der Fundus dominans wieder in den abgesonderten Besitz eines Dritten kömmt, reviviszieret,

ihren Abfall, weil widrigenfalls dem obersten Grundstück seine Gerechtigkeit in Ansehung der letzteren Fundi interventiert werden würde, wenn der Durchfluß durch den mittelsten Fundum nach dem untersten, vermöge der geschehenen Konfusion aufhören sollte.

§ 7. Eine Senkkute muß mit einem halben Stein ausgemauert werden, oder eine Ölpipe zum Aufbehalte des Wassers darin angebracht werden, und nach Verhältnis des Wassers, welches darin abgeleitet werden soll, 4 bis 5 Fuß tief und 3 Fuß lang und 3 Fuß breit sein.

§ 8. Wenn jemand zwei nebeneinander liegende Grundstücke besitzt, und nach dem einen eine gewisse Bequemlichkeit für das andere Grundstück genossen hat, veräußert hiernächst eines dieser Grundstücke, so bleibet diese Bequemlichkeit als eine Servitute auf das veräußerte Grundstück haften, wenngleich davon im Kaufkontrakte nichts erwähnt ist.

Titel IV.

Von Anlegung der Fenster, Luft- und Lichtlöcher, imgleichen anderer Verbauung und Verstäbung.

§ 1. Ein Nachbar muß, salvo jure contraaedificandi, zugeben und sich gefallen lassen, daß der andere Nachbar, welcher sich von seiner eigenen Seite notdürftig Licht und Luft zu seinem Gebäude nicht verschaffen kann, ein Fenster ohne Schößchen nach jenem seiner Seite, so groß als nötig befunden wird, anlegen und durchbrechen lassen kann, doch muß solches Fenster 5 bis 6 Fuß vom Fußboden erhöhet, mit eisernen, 2 Zoll wenigstens voneinander gesetzten Stäben, oder mit einem wohl befestigten Drahtgitter verwahret werden.

§ 2. Nach vorstehendem § müssen Fenster, die nach des Nachbars Seite angelegt sind, 6 Fuß vom Fußboden erhöhet werden, es verstehet sich aber dabei, daß diese Erhöhung nach der Situation der Fenster und Höhe des Zimmers möglich, und dieses etwa nicht selbst 6 oder wohl gar nur 5 Fuß hoch ist.

§ 3. Wenngleich ein Nachbar Servitutem ne luminibus officiatur akquirieret hat, so kann dem anderen Nachbar deshalb nicht der Bau auf seinem Grund und Boden gänzlich untersaget werden, er muß aber 8 Fuß von dem Gebäude des Nachbars, welches jene Servitut hat, abbleiben.

§ 4. Der Nachbar kann auf Verstäbung der in seinem Fundum hineingehenden Fenster bestehen, obgleich dem anderen Nachbar, der die Fenster hält, Servitus ne luminibus officiatur zustehet, weil die Stäbe dazu gereichen, daß die Aussicht, das Ausgießen und Auswerfen vermieden werden, den Einfall des Lichts aber nicht benehmen.

§ 5. Wenngleich ein Nachbar sich anheischig gemacht hat, keine Fenster in seine Wand gegen den Nachbar zu anzulegen, so kann er doch Luft- und Lichtlöcher darin machen, weil diese unter dem Ausdruck Fenster nicht mitbegriffen sind.

§ 6. Fenster in den Seitenwänden und Giebeln der nach der Straße gehenden Gebäude können verbauet werden, obgleich pacta oder servitutes vorhanden sind, wenn eine wüste Stelle neben einem solchen Gebäude liegt, die bebaut werden soll, weil hier der Privatnutzen dem gemeinen Besten weichen muß.

§ 7. Luftlöcher in den Brau- und Darrhäusern nach dem Nachbar zu sollen nicht geduldet werden. Ein Gleiches hat bei Branntwein-Brennereien Anwendung.

§ 8. Wenn das Brauhaus eingehet, so können auch wieder Luftlöcher nach dem Nachbarn gemacht werden, weil der Grund des Gesetzes alsdann zessiert.

§ 9. In Pferdestallungen dürfen auch keine Luftlöcher nach des Nachbars Fundum zu eingelegt werden, weil der Dampf und Qualm sich dadurch nach des Nachbars Eigentum zu ziehet.

Titel V.

Von der Durchfahrts- oder Durchgangsgerechtigkeit, imgleichen der Rheinen.

§ 1. Wenn jemand die Durchfahrt oder Durchgang über seines Nachbars Hof hat, so ist er nicht befugt, einen eigenen Schlüssel zu dem Torwege oder Tür der Durchfahrt zu haben, der Besitzer des Fundi servientis aber ist schuldig, dem Dominanti den Torweg oder Tür zu aller Zeit, wenn er durchfahren oder durchgehen will, zu öffnen.

§ 2. Die Rheine oder sogenannten Pflugrechte zwischen zweier Nachbarn Ackerstücke werden, insofern nicht anders nachgewiesen werden kann, als gemeinschaftlich gehalten, und wird dahero, im Fall einer oder beider Nachbarn aus dem Acker einen Garten machen wollen, ein solcher Rhein zu gleichen Teilen verteilet, und der Scheidezaun auf die Mitte desselben gesetzet.

Titel VI.

Von der Gerechtigkeit, aus eines anderen Brunnen Wasser zu schöpfen.

§ 1. Der Brunnen, woraus mehrere Nachbarn Wasser schöpfen, ist entweder ein allen diesen Nachbarn gemeinschaftlicher Brunnen, wenn er nämlich auf einem gemeinschaftlichen Hofe stehet, dann muß er von allen, die daran Anteil haben, unterhalten werden oder es stehet einem Nachbar nur die Freiheit, aus des anderen Nachbars Brunnen Wasser zu schöpfen, jure servitutis zu, alsdann muß der Serviens den Brunnen auf seine Kosten unterhalten; oder der Brunnenkessel ist nur gemeinschaftlich und einer oder mehrere Nachbarn leiten das Wasser daraus mittels besonderer Röhren auf ihren Fundum, dann muß der Brunnenkessel gemeinschaftlich, jede besondere Röhre aber von dem Eigentümer derselben, unterhalten werden.

2. Bürgerliches Gesetzbuch.

I. Buch. Allgemeiner Teil.

2. Abschnitt. Sachen.

§ 90. Sachen im Sinne des Gesetzes sind nur körperliche Gegenstände.

§ 91. Vertretbare Sachen im Sinne des Gesetzes sind bewegliche Sachen, die im Verkehre nach Zahl, Maß oder Gewicht bestimmt zu werden pflegen.

§ 92. Verbrauchbare Sachen im Sinne des Gesetzes sind bewegliche Sachen, deren bestimmungsmäßiger Gebrauch in dem Verbrauch oder in der Veräußerung besteht.

Als verbrauchbar gelten auch bewegliche Sachen, die zu einem Warenlager oder zu einem sonstigen Sachinbegriffe gehören, dessen bestimmungsmäßiger Gebrauch in der Veräußerung der einzelnen Sachen besteht.

§ 93. Bestandteile einer Sache, die voneinander nicht getrennt werden können, ohne daß der eine oder der andere zerstört oder in seinem Wesen verändert wird (wesentliche Bestandteile), können nicht Gegenstand besonderer Rechte sein.

§ 94. Zu den wesentlichen Bestandteilen eines Grundstücks gehören die mit dem Grund und Boden fest verbundenen Sachen, insbesondere Gebäude, sowie die Erzeugnisse des Grundstücks, solange sie mit dem Boden zusammenhängen. Samen wird mit dem Aussäen, eine Pflanze wird mit dem Einpflanzen wesentlicher Bestandteil des Grundstücks.

Zu den wesentlichen Bestandteilen eines Gebäudes gehören die zur Herstellung des Gebäudes eingefügten Sachen.

§ 95. Zu den Bestandteilen eines Grundstücks gehören solche Sachen nicht, die nur zu einem vorübergehenden Zwecke mit dem Grund und Boden verbunden sind. Das gleiche gilt von einem Gebäude oder anderen Werke, das in Ausübung eines Rechtes an einem fremden Grundstücke von dem Berechtigten mit dem Grundstücke verbunden worden ist.

Sachen, die nur zu einem vorübergehenden Zwecke in ein Gebäude eingefügt sind, gehören nicht zu den Bestandteilen des Gebäudes.

§ 96. Rechte, die mit dem Eigentum an einem Grundstücke verbunden sind, gelten als Bestandteile des Grundstücks.

§ 97. Zubehör sind bewegliche Sachen, die, ohne Bestandteile der Hauptsache zu sein, dem wirtschaftlichen Zwecke der Hauptsache zu dienen bestimmt sind und zu ihr in einem dieser Bestimmung entsprechenden räumlichen Verhältnisse stehen. Eine Sache ist nicht Zubehör, wenn sie im Verkehre nicht als Zubehör angesehen wird.

Die vorübergehende Benutzung einer Sache für den wirtschaftlichen Zweck einer anderen begründet nicht die Zubehöreigenschaft. Die vorübergehende Trennung eines Zubehörstücks von der Hauptsache hebt die Zubehöreigenschaft nicht auf.

§ 98. Dem wirtschaftlichen Zwecke der Hauptsache sind zu dienen bestimmt:

1. bei einem Gebäude, das für einen gewerblichen Betrieb dauernd eingerichtet ist, insbesondere bei einer Mühle, einer Schmiede, einem Brauhaus, einer Fabrik, die zu dem Betriebe bestimmten Maschinen und sonstigen Gerätschaften;
2. bei einem Landgute das zum Wirtschaftsbetriebe bestimmte Gerät und Vieh, die landwirtschaftlichen Erzeugnisse, soweit sie zur Fortführung der Wirtschaft

bis zu der Zeit erforderlich sind, zu welcher gleiche oder ähnliche Erzeugnisse voraussichtlich gewonnen werden, sowie der vorhandene auf dem Gute gewonnene Dünger.

III. Buch. Sachenrecht.

3. Abschnitt. Eigentum. 1. Titel. Inhalt des Eigentums.

§ 903. Der Eigentümer einer Sache kann, soweit nicht das Gesetz oder Rechte Dritter entgegenstehen, mit der Sache nach Belieben verfahren und andere von jeder Einwirkung ausschließen.

§ 904. Der Eigentümer einer Sache ist nicht berechtigt, die Einwirkung eines anderen auf die Sache zu verbieten, wenn die Einwirkung zur Abwendung einer gegenwärtigen Gefahr notwendig und der drohende Schaden gegenüber dem aus der Einwirkung dem Eigentümer entstehenden Schaden unverhältnismäßig groß ist. Der Eigentümer kann Ersatz des ihm entstehenden Schadens verlangen.

§ 905. Das Recht des Eigentümers eines Grundstücks erstreckt sich auf den Raum über der Oberfläche und auf den Erdkörper unter der Oberfläche. Der Eigentümer kann jedoch Einwirkungen nicht verbieten, die in solcher Höhe oder Tiefe vorgenommen werden, daß er an der Ausschließung kein Interesse hat.

§ 906. Der Eigentümer eines Grundstücks kann die Zuführung von Gasen, Dämpfen, Gerüchen, Rauch, Ruß, Wärme, Geräusch, Erschütterungen und ähnliche von einem anderen Grundstück ausgehende Einwirkungen insoweit nicht verbieten, als die Einwirkung die Benutzung seines Grundstücks nicht oder nur unwesentlich beeinträchtigt oder durch eine Benutzung des anderen Grundstücks herbeigeführt wird, die nach den örtlichen Verhältnissen bei Grundstücken dieser Lage gewöhnlich ist. Die Zuführung durch eine besondere Leitung ist unzulässig.

§ 907. Der Eigentümer eines Grundstücks kann verlangen, daß auf den Nachbargrundstücken nicht Anlagen hergestellt oder gehalten werden, von denen mit Sicherheit vorauszusehen ist, daß ihr Bestand oder ihre Benutzung eine unzulässige Einwirkung auf sein Grundstück zur Folge hat. Genügt eine Anlage den landesgesetzlichen Vorschriften, die einen bestimmten Abstand von der Grenze oder sonstige Schutzmaßregeln vorschreiben, so kann die Beseitigung der Anlage erst verlangt werden, wenn die unzulässige Einwirkung tatsächlich hervortritt.

Bäume und Sträucher gehören nicht zu den Anlagen im Sinne dieser Vorschriften.

§ 908. Droht einem Grundstücke die Gefahr, daß es durch den Einsturz eines Gebäudes oder eines anderen Werkes, das mit einem Nachbargrundstücke verbunden ist, oder durch die Ablösung von Teilen des Gebäudes oder des Werkes beschädigt wird, so kann der Eigentümer von demjenigen, welcher nach dem § 836 Abs. 1 oder den §§ 837, 838 für den eintretenden Schaden verantwortlich sein würde, verlangen, daß er die zur Abwendung der Gefahr erforderliche Vorkehrung trifft.

§ 909. Ein Grundstück darf nicht in der Weise vertieft werden, daß der Boden des Nachbargrundstücks die erforderliche Stütze verliert, es sei denn, daß für eine genügende anderweitige Befestigung gesorgt ist.

§ 910. Der Eigentümer eines Grundstücks kann Wurzeln eines Baumes oder eines Strauches, die von einem Nachbargrundstück eingedrungen sind, abschneiden und behalten. Das gleiche gilt von herüberragenden Zweigen, wenn der Eigentümer dem

Besitzer des Nachbargrundstücks eine angemessene Frist zur Beseitigung bestimmt hat und die Beseitigung nicht innerhalb der Frist erfolgt.

Dem Eigentümer steht dieses Recht nicht zu, wenn die Wurzeln oder die Zweige die Benutzung des Grundstücks nicht beeinträchtigen.

§ **911.** Früchte, die von einem Baume oder einem Strauche auf ein Nachbargrundstück hinüberfallen, gelten als Früchte dieses Grundstücks. Diese Vorschrift findet keine Anwendung, wenn das Nachbargrundstück dem öffentlichen Gebrauche dient.

§ **912.** Hat der Eigentümer eines Grundstücks bei der Errichtung eines Gebäudes über die Grenze gebaut, ohne daß ihm Vorsatz oder grobe Fahrlässigkeit zur Last fällt, so hat der Nachbar den Überbau zu dulden, es sei denn, daß er vor oder sofort nach der Grenzüberschreitung Widerspruch erhoben hat.

Der Nachbar ist durch eine Geldrente zu entschädigen. Für die Höhe der Rente ist die Zeit der Grenzüberschreitung maßgebend.

§ **913.** Die Rente für den Überbau ist dem jeweiligen Eigentümer des Nachbargrundstücks von dem jeweiligen Eigentümer des anderen Grundstücks zu entrichten.

Die Rente ist jährlich im voraus zu entrichten.

§ **914.** Das Recht auf die Rente geht allen Rechten an dem belasteten Grundstück, auch den älteren, vor. Es erlischt mit der Beseitigung des Überbaues.

Das Recht wird nicht in das Grundbuch eingetragen. Zum Verzicht auf das Recht sowie zur Feststellung der Höhe der Rente durch Vertrag ist die Eintragung erforderlich.

Im übrigen finden die Vorschriften Anwendung, die für eine zu Gunsten des jeweiligen Eigentümers eines Grundstücks bestehende Reallast gelten.

§ **915.** Der Rentenberechtigte kann jederzeit verlangen, daß der Rentenpflichtige ihm gegen Übertragung des Eigentums an dem überbauten Teile des Grundstücks den Wert ersetzt, den dieser Teil zur Zeit der Grenzüberschreitung gehabt hat. Macht er von dieser Befugnis Gebrauch, so bestimmen sich die Rechte und Verpflichtungen beider Teile nach den Vorschriften über den Kauf.

Für die Zeit bis zur Übertragung des Eigentums ist die Rente fortzuentrichten.

§ **916.** Wird durch den Überbau ein Erbbaurecht oder eine Dienstbarkeit an dem Nachbargrundstücke beeinträchtigt, so finden zu Gunsten des Berechtigten die Vorschriften der §§ 912—914 entsprechende Anwendung.

§ **917.** Fehlt einem Grundstücke die zur ordnungsmäßigen Benutzung notwendige Verbindung mit einem öffentlichen Wege, so kann der Eigentümer von den Nachbarn verlangen, daß sie bis zur Hebung des Mangels die Benutzung ihrer Grundstücke zur Herstellung der erforderlichen Verbindung dulden. Die Richtung des Notwegs und der Umfang des Benutzungsrechts werden erforderlichen Falles durch Urteil bestimmt.

Die Nachbarn, über deren Grundstücke der Notweg führt, sind durch eine Geldrente zu entschädigen. Die Vorschriften des § 912 Abs. 2 Satz 2 und der §§ 913, 914, 916 finden entsprechende Anwendung.

§ **918.** Die Verpflichtung zur Duldung des Notwegs tritt nicht ein, wenn die bisherige Verbindung des Grundstücks mit dem öffentlichen Wege durch eine willkürliche Handlung des Eigentümers aufgehoben wird.

Wird infolge der Veräußerung eines Teiles des Grundstücks der veräußerte oder der zurückbehaltene Teil von der Verbindung mit dem öffentlichen Wege abgeschnitten, so hat der Eigentümer desjenigen Teiles, über welchen die Verbindung bisher stattgefunden hat, den Notweg zu dulden. Der Veräußerung eines Teiles steht die Veräußerung eines von mehreren demselben Eigentümer gehörenden Grundstücken gleich.

§ 919. Der Eigentümer eines Grundstücks kann von dem Eigentümer eines Nachbargrundstücks verlangen, daß dieser zur Errichtung fester Grenzzeichen und, wenn ein Grenzzeichen verrückt oder unkenntlich geworden ist, zur Wiederherstellung mitwirkt.

Die Art der Abmarkung und das Verfahren bestimmen sich nach den Landesgesetzen; enthalten diese keine Vorschriften, so entscheidet die Ortsüblichkeit.

Die Kosten der Abmarkung sind von den Beteiligten zu gleichen Teilen zu tragen, sofern nicht aus einem zwischen ihnen bestehenden Rechtsverhältnisse sich ein anderes ergibt.

§ 920. Läßt sich im Falle einer Grenzverwirrung die richtige Grenze nicht ermitteln, so ist für die Abgrenzung der Besitzstand maßgebend. Kann der Besitzstand nicht festgestellt werden, so ist jedem der Grundstücke ein gleich großes Stück der streitigen Fläche zuzuteilen.

Soweit eine diesen Vorschriften entsprechende Bestimmung der Grenze zu einem Ergebnisse führt, das mit den ermittelten Umständen, insbesondere mit der feststehenden Größe der Grundstücke, nicht übereinstimmt, ist die Grenze so zu ziehen, wie es unter Berücksichtigung dieser Umstände der Billigkeit entspricht.

§ 921. Werden zwei Grundstücke durch einen Zwischenraum, Rain, Winkel, einen Graben, eine Mauer, Hecke, Planke oder eine andere Einrichtung, die zum Vorteile beider Grundstücke dient, voneinander geschieden, so wird vermutet, daß die Eigentümer der Grundstücke zur Benutzung der Einrichtung gemeinschaftlich berechtigt seien, sofern nicht äußere Merkmale darauf hinweisen, daß die Einrichtung einem der Nachbarn allein gehört.

§ 922. Sind die Nachbarn zur Benutzung einer der im § 921 bezeichneten Einrichtungen gemeinschaftlich berechtigt, so kann jeder sie zu dem Zwecke, der sich aus ihrer Beschaffenheit ergibt, insoweit benutzen, als nicht die Mitbenutzung des anderen beeinträchtigt wird. Die Unterhaltungskosten sind von den Nachbarn zu gleichen Teilen zu tragen. Solange einer der Nachbarn an dem Fortbestande der Einrichtung ein Interesse hat, darf sie nicht ohne seine Zustimmung beseitigt oder geändert werden. Im übrigen bestimmt sich das Rechtsverhältnis zwischen den Nachbarn nach den Vorschriften über die Gemeinschaft.

§ 923. Steht auf der Grenze ein Baum, so gebühren die Früchte und, wenn der Baum gefällt wird, auch der Baum den Nachbarn zu gleichen Teilen.

Jeder der Nachbarn kann die Beseitigung des Baumes verlangen. Die Kosten der Beseitigung fallen den Nachbarn zu gleichen Teilen zur Last. Der Nachbar, der die Beseitigung verlangt, hat jedoch die Kosten allein zu tragen, wenn der andere auf sein Recht an dem Baume verzichtet; er erwirbt in diesem Falle mit der Trennung das Alleineigentum. Der Anspruch auf die Beseitigung ist ausgeschlossen, wenn der Baum als Grenzzeichen dient und den Umständen nach nicht durch ein anderes zweckmäßiges Grenzzeichen ersetzt werden kann.

Diese Vorschriften gelten auch für einen auf der Grenze stehenden Strauch.

§ 924. Die Ansprüche, die sich aus den §§ 907 bis 909, 915, dem § 917 Abs. 1, dem § 918 Abs. 2, den §§ 919, 920 und dem § 923 Abs. 2 ergeben, unterliegen nicht der Verjährung.

5. Abschnitt. Dienstbarkeiten. 1. Titel. Grunddienstbarkeiten.

§ 1018. Ein Grundstück kann zu Gunsten des jeweiligen Eigentümers eines anderen Grundstücks in der Weise belastet werden, daß dieser das Grundstück in einzelnen Beziehungen benutzen darf oder daß auf dem Grundstücke gewisse Handlungen nicht vorgenommen werden dürfen oder daß die Ausübung eines Rechtes ausgeschlossen ist, das sich aus dem Eigentum an dem belasteten Grundstücke dem anderen Grundstücke gegenüber ergibt (Grunddienstbarkeit).

§ 1019. Eine Grunddienstbarkeit kann nur in einer Belastung bestehen, die für die Benutzung des Grundstücks des Berechtigten Vorteil bietet. Über das sich hieraus ergebende Maß hinaus kann der Inhalt der Dienstbarkeit nicht erstreckt werden.

§ 1020. Bei der Ausübung einer Grunddienstbarkeit hat der Berechtigte das Interesse des Eigentümers des belasteten Grundstücks tunlichst zu schonen. Hält er zur Ausübung der Dienstbarkeit auf dem belasteten Grundstück eine Anlage, so hat er sie in ordnungsmäßigem Zustande zu erhalten, soweit das Interesse des Eigentümers es erfordert.

§ 1021. Gehört zur Ausübung einer Grunddienstbarkeit eine Anlage auf dem belasteten Grnndstücke, so kann bestimmt werden, daß der Eigentümer dieses Grundstücks die Anlage zu unterhalten hat, soweit das Interesse des Berechtigten es erfordert. Steht dem Eigentümer das Recht zur Mitbenutzung der Anlage zu, so kann bestimmt werden, daß der Berechtigte die Anlage zu unterhalten hat, soweit es für das Benutzungsrecht des Eigentümers erforderlich ist.

Auf eine solche Unterhaltungspflicht finden die Vorschriften über die Reallasten entsprechende Anwendung.

§ 1022. Besteht die Grunddienstbarkeit in dem Rechte, auf einer baulichen Anlage des belasteten Grundstücks eine bauliche Anlage zu halten, so hat, wenn nicht ein anderes bestimmt ist, der Eigentümer des belasteten Grundstücks seine Anlage zu unterhalten, soweit das Interesse des Berechtigten es erfordert. Die Vorschrift des § 1021 Abs. 2 gilt auch für diese Unterhaltungspflicht.

§ 1023. Beschränkt sich die jeweilige Ausübung einer Grunddienstbarkeit auf einen Teil des belasteten Grundstücks, so kann der Eigentümer die Verlegung der Ausübung auf eine andere, für den Berechtigten ebenso geeignete Stelle verlangen, wenn die Ausübung an der bisherigen Stelle für ihn besonders beschwerlich ist; die Kosten der Verlegung hat er zu tragen und vorzuschießen. Dies gilt auch dann, wenn der Teil des Grundstücks, auf den sich die Ausübung beschränkt, durch Rechtsgeschäft bestimmt ist.

Das Recht auf die Verlegung kann nicht durch Rechtsgeschäft ausgeschlossen oder beschränkt werden.

§ 1024. Trifft eine Grunddienstbarkeit mit einer anderen Grunddienstbarkeit oder einem sonstigen Nutzungsrecht an dem Grundstücke dergestalt zusammen, daß die Rechte nebeneinander nicht oder nicht vollständig ausgeübt werden können, und haben die Rechte gleichen Rang, so kann jeder Berechtigte eine den Interessen aller Berechtigten nach billigem Ermessen entsprechende Regelung der Ausübung verlangen.

§ 1025. Wird das Grundstück des Berechtigten geteilt, so besteht die Grunddienstbarkeit für die einzelnen Teile fort; die Ausübung ist jedoch im Zweifel nur in der Weise zulässig, daß sie für den Eigentümer des belasteten Grundstücks nicht beschwerlicher wird. Gereicht die Dienstbarkeit nur einem der Teile zum Vorteile, so erlischt sie für die übrigen Teile.

§ **1026.** Wird das belastete Grundstück geteilt, so werden, wenn die Ausübung der Grunddienstbarkeit auf einen bestimmten Teil des belasteten Grundstücks beschränkt ist, die Teile, welche außerhalb des Bereichs der Ausübung liegen, von der Dienstbarkeit frei.

§ **1027.** Wird eine Grunddienstbarkeit beeinträchtigt, so stehen dem Berechtigten die im § 1004 bestimmten Rechte zu.

§ **1028.** Ist auf dem belasteten Grundstück eine Anlage, durch welche die Grunddienstbarkeit beeinträchtigt wird, errichtet worden, so unterliegt der Anspruch des Berechtigten auf Beseitigung der Beeinträchtigung der Verjährung, auch wenn die Dienstbarkeit im Grundbuch eingetragen ist. Mit der Verjährung des Anspruchs erlischt die Dienstbarkeit, soweit der Bestand der Anlage mit ihr in Widerspruch steht.

Die Vorschriften des § 892 finden keine Anwendung.

§ **1029.** Wird der Besitzer eines Grundstücks in der Ausübung einer für den Eigentümer im Grundbuch eingetragenen Grunddienstbarkeit gestört, so finden die für den Besitzschutz geltenden Vorschriften entsprechende Anwendung, soweit die Dienstbarkeit innerhalb eines Jahres vor der Störung, sei es auch nur einmal, ausgeübt worden ist.

---

3. Allgem. Landrecht für die Preußischen Staaten.

Teil I, Titel 8. Vom Eigentume.

Von Schweineställen, Kloaken ꝛc.

§ 125. Schweineställe, Kloake, Dünger- und Lohgruben, und andere den Gebäuden schädliche Anlagen müssen wenigstens drei Fuß rheinländisch von den benachbarten Gebäuden, Mauern und Scheunen entfernt bleiben.

§ 126. Auch müssen dergleichen Gruben und Behältnisse von Grund aus aufgemauert werden.

§ 127. Von Bäumen des Nachbars müssen dergleichen Anlagen wenigstens drei Werkschuhe zurücktreten.

Von Rinnen und Kanälen.

§ 128. Wer auf seinem Grunde und Boden, jedoch an der Seite des Nachbars hin, Rinnen und Kanäle an der Erde zur Abführung des Wassers anlegen will, muß gegen die Wand des Nachbars wenigstens noch einen Raum von einem Werkschuhe frei lassen.

Von Brunnen.

§ 129. Anlagen, durch welche der schon vorhandene Brunnen des Nachbars verunreinigt oder unbrauchbar gemacht werden würde, sind unzulässig.

§ 130. Dagegen kann die Grabung eines Brunnens auf eigenem Grund und Boden, wenngleich dadurch dem Nachbar sein Wasser entzogen wird, dem Eigentümer nicht gewehrt werden, sobald der Nachbar desfalls kein besonderes Untersagungsrecht erlangt hat.

§ 131. Doch darf innerhalb dreier Werkschuhe von des Nachbars Grenze kein neuer Brunnen angelegt werden.

Vom Gebrauche einer gemeinschaftlichen Mauer.

§ 133. Back-, Brenn- oder Schmelzöfen und Feuerherde können an der gemeinschaftlichen oder dem Nachbar gehörenden Scheidewand, ohne desselben Bewilligung nicht angelegt werden.

Vom Licht und von der Aussicht.

§ 137. Um Licht in sein Gebäude zu bringen, kann ein jeder Öffnungen und Fenster in seine eigene Wand oder Mauer machen, wenn dieselben gleich eine Aussicht über die benachbarten Gründe gewähren.

§ 138. Sollen jedoch die Öffnungen in einer unmittelbar an des Nachbars Hof oder Garten stoßenden Wand oder Mauer gemacht werden, so müssen dieselben, wo es die Umstände gestatten, sechs Fuß von dem Boden des Zimmers oder Behältnisses erhöht; in allen Fällen aber mit eisernen nur zwei Zoll voneinander stehenden Stäben, oder mit einem Drahtgitter verwahrt sein.

§ 139. Neu errichtete Gebäude müssen von älteren schon vorhandenen Gebäuden des angrenzenden Nachbars, wenn nicht besondere Polizeigesetze ein anderes vorschreiben, wenigstens drei Werkschuhe zurücktreten.

§ 140. Stößt aber das neue Gebäude auf einen unbebauten Platz des Nachbars, so ist ein Abstand von anderthalb Werkschuhen hinreichend.

§ 142. Sind jedoch die Fenster des Nachbars, vor welchen gebaut werden soll, schon seit zehn Jahren oder länger vorhanden, und die Behältnisse, wo sie sich befinden, haben nur von dieser Seite her Licht, so muß der neue Bau soweit zurücktreten, daß der Nachbar noch aus den ungeöffneten Fenstern des unteren Stockwerks den Himmel erblicken könne.

§ 143. Hat in diesem Falle das Gebäude des Nachbars, in welchem die Fenster sich befinden, noch von einer anderen Seite Licht, so ist genug, wenn der neue Bau nur so weit zurücktritt, daß der Nachbar aus den ungeöffneten Fenstern des zweiten Stockwerks den Himmel sehen könne.

§ 144. Sind aber die Fenster des Nachbars, vor welchem gebaut werden soll, noch nicht seit zehn Jahren vorhanden, so ist der Bauende bloß an die § 139 bestimmte Entfernung gebunden.

§ 146. Wo eine solche Grundgerechtigkeit obwaltet, da findet im Mangel ausdrücklich verabredeter, die gesetzliche Bestimmung des § 142 Anwendung.

§ 147. In allen §§ 139, 140, 142, 143, 146 bestimmten Fällen bleibt der unbebaute Zwischenraum nach wie vor seinem bisherigen Eigentümer, und kann von demselben zu jedem in den Gesetzen nicht verbotenen Gebrauche angewendet werden.

Von Türen.

§ 148. Neue Türen, welche unmittelbar auf des Nachbars Grund und Boden führen, dürfen wider dessen Willen niemals angelegt werden.

Von Zäunen, Planken und Scheidewänden.

§ 152. Wer eine neue Scheidung in einer Gegend, wo bisher noch keine vorhanden gewesen ist, anlegen will, muß nicht nur die Anlage, sondern auch die fernere Unterhaltung auf seine Kosten besorgen.

§ 153. Überhaupt liegt die Unterhaltung solcher Scheidungen demjenigen ob, welchem erweislich das Eigentum derselben gebührt.

§ 155. Dagegen muß ihm aber der Nachbar, von dessen Seite die Bretter angeschlagen sind, den Zutritt auf seinen Grund und Boden bei notwendigen an der Planke sich ereignenden Bauen und Reparaturen gestatten.

§ 156. Die Abdachung der Stiele muß nach der Seite desjenigen Grundes geschehen, dessen Eigentümer die Planke gehört.

§ 162. Bei Zäunen oder Wellerwänden ist in der Regel jeder Besitzer städtischer Grundstücke und Gärten den Zaun rechter Hand, vom Eintritt in den Haupteingang, zu bauen und zu unterhalten schuldig.

§ 163. Hat aber jemand durch einen neuen Bau seinen Haupteingang gänzlich verändert, so behält er dennoch, in Rücksicht der zu unterhaltenden Zäune, eben die Verbindlichkeit, welche er vor der Veränderung gehabt hat.

§ 164. Hat bisher ein Gebäude die Haltung eines Zaunes unnötig gemacht, so muß der, welcher dies Gebäude wegnimmt, den dafür anzulegenden Zaun bauen und unterhalten; selbst wenn er sonst, nach der Regel des § 162, dazu nicht verpflichtet sein würde.

§ 165. Wenn ein zur linken Hand neu anbauender Nachbar seinen Hof oder Garten schließen will, so muß er den daselbst bereits vorhandenen Zaun seines Nachbars zur Unterhaltung übernehmen.

§ 166. Die Kosten der ersten Anlage aber ist er dem Nachbar zu vergüten nicht schuldig.

§ 167. Der Quer- oder Rückzaun muß von beiden gegeneinander stoßenden Nachbarn gemeinschaftlich angelegt und unterhalten werden.

§ 169. Scheidungen zwischen Höfen müssen in der Regel nicht unter sechs; zwischen Gärten aber, sowohl in Städten als auf dem Lande, nicht unter fünf Fuß hoch sein.

§ 170. Wo es die Umstände zulassen, sollen künftig statt der hölzernen Zäune, bei Gärten und geschlossenen Ackerstücken, lebendige Hecken angelegt werden.

§ 171. Auch ist der Eigentümer eines hölzernen Scheidezauns allezeit befugt, an dessen Stelle eine lebendige Hecke anzulegen.

§ 172. Er ist aber auch schuldig, die Anlage, nach der Anweisung der Sachverständigen, so zu machen und zu unterhalten, daß durch die Hecke das Eigentum des Nachbars eben so gut, als durch den Zaun gesichert werde.

§ 173. Lebendige Hecken, welche zwei geschlossene Grundstücke voneinander unterscheiden, müssen stets so angelegt werden, daß dadurch dem Nachbar kein Schade geschehe.

§ 174. Will also jemand gegen die Grenze seines Nachbars eine neue lebendige Hecke anlegen, so muß er ohne Unterschied der Holzart, welche dazu gewählt wird, anderthalb Fuß von des Nachbars Grenze zurücktreten.

§ 175. Das Eigentum an diesem anderthalb Fuß breiten Erdreiche bleibt inzwischen dem, welcher die Hecke zu seinem Gebrauche angelegt hat, vorbehalten.

§ 176. Auch bleibt ihm in solchem Falle die Benutzung des Auswuchses der Hecke von beiden Seiten.

§ 177. Doch ist der Nachbar den Auswuchs der Hecke, oder deren Wurzeln, über der Grenzlinie zu dulden nicht verpflichtet. (Tit. 9 §§ 285 sqq.).

§ 178. Eine mit Bewilligung beider Nachbarn statt eines bisherigen gemeinschaftlichen Zaunes angelegte Hecke wird ebenfalls, sowohl in Ansehung der Unterhaltung als der Abnutzung, gemeinschaftlich.

§ 179. Jeder Nachbar ist also den Auswuchs auf seiner Seite sich zuzueignen wohlberechtigt.

§ 180. Eine solche gemeinschaftliche Hecke muß auf derselben Linie, wo vorhin der Zaun gestanden hat, angelegt werden.

§ 181. Doch müssen beide Nachbarn dahin sehen, daß durch die Hecke die gesetzmäßige Breite des daran hingehenden Weges in der Folge nicht geschmälert werde.

§ 182. Wider den Willen des einen Nachbars ist der andere, einen bisherigen gemeinschaftlichen Zaun in eine lebendige Hecke zu verwandeln, der Regel nach nicht befugt.

§ 183. Will jedoch derselbe mit der Hecke von der bisherigen Linie um die § 174 bestimmte Breite zurücktreten, und sowohl die Kosten der Anlegung, als der künftigen Unterhaltung, allein übernehmen, so gebührt dem Nachbar dagegen kein Recht zum Widerspruche.

§ 184. Von einer solchen Hecke gilt alsdann alles, was §§ 175 bis 177 verordnet ist.

Von Erhöhungen des Bodens.

§ 185. Wer seinen Grund und Boden erhöhen will, muß mit dieser Erhöhung drei Fuß von dem Zaune, der Mauer oder Planke des Nachbars zurückbleiben.

§ 186. Daraus, daß der Nachbar die Erhöhung in einer größeren Nähe ohne ausdrücklichen Widerspruch geschehen läßt, folgt noch nicht, daß er dem Ersatze des daraus in der Folge erwachsenden Schadens entsagt habe.

Teil I, Titel 22. Von Gerechtigkeiten der Grundstücke gegeneinander.

Grundgerechtigkeiten auf Gebäude.

§ 55. Das Recht, auf die eigentümliche Mauer eines anderen zu bauen, oder einen Balken auf dieselbe zu legen, muß, als eine Grundgerechtigkeit besonders erworben werden.

§ 56. Eine solche Mauer muß der Eigentümer unterhalten, oder das Eigentum derselben aufgeben, und es dem Berechtigten überlassen.

§ 57. Wenn der Eigentümer einer Mauer, die das Gebäude eines anderen unterstützt, dieselbe ausbessert, oder von neuem aufführt, so muß er das Gebäude so lange auf seine Kosten unterstützen.

§ 58. Hat aber ein bloßer Zufall den Bau notwendig gemacht, oder wird selbiger von dem Verpflichteten bloß zum Besten des Berechtigten geführt, so muß letzterer für die Unterstützung seines Gebäudes in der Zwischenzeit, bis der Bau vollendet werden kann, selbst sorgen.

§ 59. Auch die als Grundgerechtigkeit jemandem zukommende Befugnis der Dachtraufe, oder des Ausgusses auf das benachbarte Grundstück, muß allemal so eingerichtet werden, daß der Nachbar dadurch so wenig Nachteil, als möglich, erleide.

§ 60. Ist zur Abführung der Flüssigkeiten ein Kanal erforderlich, so muß derselbe bedeckt, und mit einem eisernen Gitter versehen werden.

§ 61. Wer das Traufrecht hat, muß dennoch geschehen lassen, daß der Nachbar in der nach allgemeinen Vorschriften zulässigen Nähe, an seinen Gebäuden heraufbaue; wenn er nur unter der Traufe bleibt, und selbige unter sein Dach nimmt.

§ 62. Das Recht der freien Aussicht schließt die Befugnis in sich, auch in einer an des Verpflichteten Hof oder Garten unmittelbar anstoßenden Mauer neue Fenster zu öffnen.

Seitenzeiger.

Lippert & Co. (G. Pätz'sche Buchdr.), Naumburg a/S.

FSC
www.fsc.org
MIX
Papier | Fördert gute Waldnutzung
FSC® C083411

Kolibri 360 GmbH
Ferdinand-Jühlke-Straße 7
99095 Erfurt, Deutschland
produktsicherheit@kolibri360.de